칼질법과 NCS 조리실무

저자 김태성·이은주

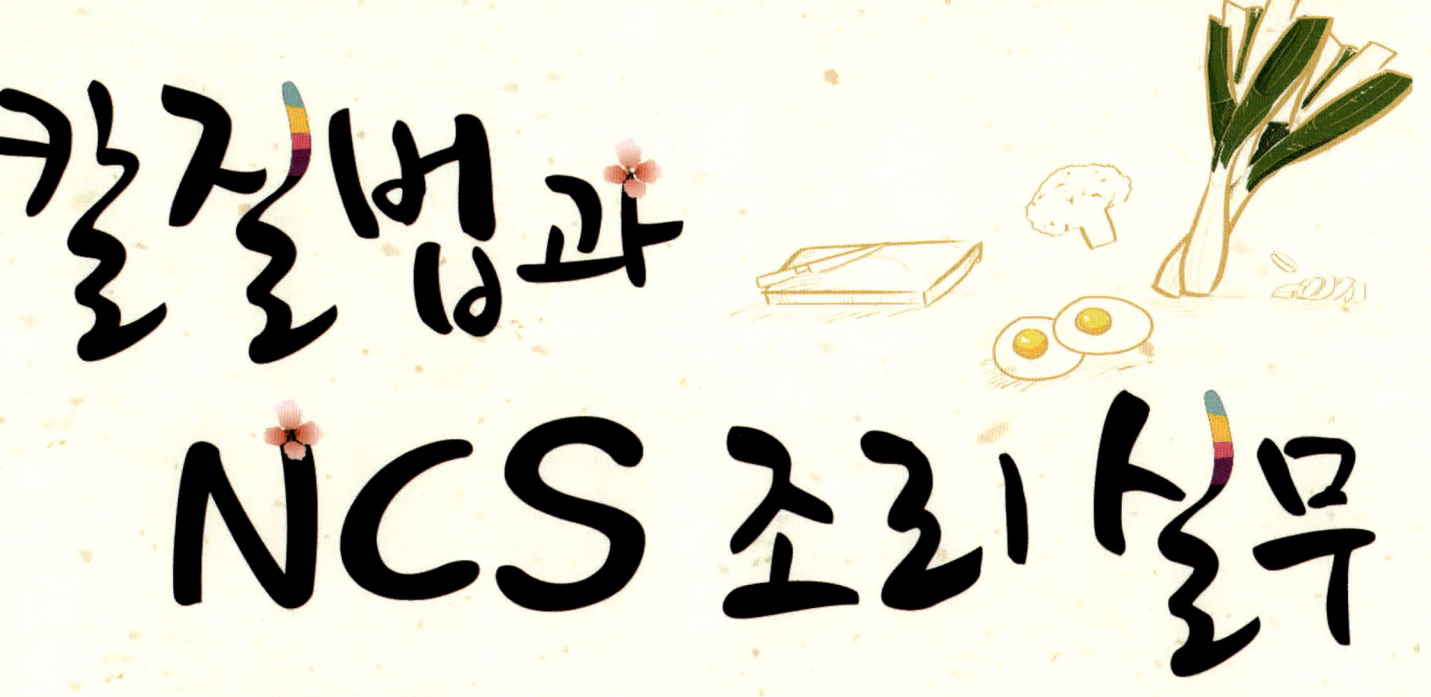

도서출판 엔플북스

국립중앙도서관 출판시도서목록(CIP)

이 도서의 국립중앙도서관 출판예정도서목록(CIP)은 서지정보유통지원시스템 홈페이지(http://seoji.nl.go.kr)와 국가자료종합목록시스템(http://www.nl.go.kr/kolisnet)에서 이용하실 수 있습니다. (CIP제어번호 : 2019010305)

행운을 잡을 수 있는 그릇이 되기를 바라며……

세상은 운명이라는 것이 아마도 있지 않을까?

세상에 태어나며 내가 어떤 일을 하게 될지, 그리고 어떤 길을 가야 할지 알 수는 없지만 누구에게는 행운이 주어지기도 하고 불운이 주어지기도 한다. 지나간 삶은 그 자체가 보배처럼 소중한 것이라는데 그 소중함을 뒤늦게 깨닫게 되는 경우도 너무 많다.

무심코 흘려보낸 일들이 세월이 흐른 후 돌이켜 보면 그 자체가 행운이었는데 그것을 잡지 못하고 저버리는 경우가 많은 것은 그것을 볼 수 있는 안목이 없었기 때문에 그런 것이기도 하고 때에 따라서는 그것을 담을 그릇이 못되었기 때문에 그냥 흘려보냈을 수도 있다.

지난 일이 나에게는 벅찬 일, 힘든 일이었으니까 라고 생각하며 스스로를 위로하며 위안을 삼지만 누군가가 옆에서 이건 행운이라고 알려주었다면 지금처럼 힘들지는 않았을 터인데 하며 원망과 푸념을 한다.

본 저자는 이 책을 쓰면서 독자들이 가는 길이 가시밭길이 되지 않게 하기 위해 조금이나마 경험하고 배운 노하우를 이곳에 풀어 놓았다. 학창시절 식품영양학을 전공하고, 군대에서 경험하며 배운 기술, 그리고 여기저기 일하며 습득한 기술까지 이 모든 것들을 후학들에게 보여줄 때가 되었기에 부족하지만 감히 용기를 내어 세상에 책을 출간하게 되었습니다.

타짜가 되려면 타짜에게 ~~~

세상에는 노력만으로는 되지 않는 일이 있다. 특히 기술은 그러하다. 고스톱을 오래 친다고 타짜가 되겠는가?

열심히 친다고 타짜가 되는가? 여기에 대한 해답은 한마디로 타짜가 되려면 타짜에게 기술을 배워야 한다는 것이다.

본 저자는 요리하는데 타짜는 아니지만 가르치는 것만큼은 타짜로 불려지고 싶다. 특히 칼질을 가르치는 것만큼은 둘째가라면 조금 서운할 것 같다.

칼질을 잘 한다는 것이 아니라 오랫동안 가르치는 것을 직업으로 하다 보니 이제는 남들보다 빨리 칼질을 가르치는 노하우를 가지고 있다는 것이다.

요리를 하면서 수십 번, 수백 번 베인다는 것은 칼질을 잘못 배웠기 때문이라고 필자는 자신 있게 말할 수 있다.

멀리 가기 위해서는 지금 당장은 늦을지라도 기초부터 차분히 철저하게 연마를 하고 출발을 한다면 누구보다도 멀리 달려갈 수 있는 역량을 키울 수 있을 것이라고 생각한다.

요리하는 분들이 칼질 하나 잘못 배우면 평생을 고치지 못하고 일하게 된다. 여러분들이 처음부터 저에게 칼질법을 배우고 숙지한다면 어디를 가던지, 어떤 일을 하던지 칼질 능력이 떨어져서 못하는 일이 발생하지는 않을 것이라고 생각한다.

사랑을 베푸는 요리사가 되십시오.

나는 어머니가 해준 밥이 지금도 세상에서 제일 맛이 있다. 된장찌게에 김치 하나 만으로도 어머니 사랑이 묻어있기에 맛이 있는 것이다. 그 어떤 진수성찬도 그 맛을 따라오지 못하는 이유는 그 안에 따듯한 사랑이 담겨있기 때문이리라.

50에 들어선 지금도, 하루, 이틀 시간이 흘러 한 살 한 살 나이를 먹을수록 어머니의 손맛이 더 소중하게 느껴진다.

끝없는 어머니의 사랑처럼 사랑이 담겨있는 음식을 만드는 것이 진정한 요리사가 아닐까 생각한다. 이 책으로 기술을 익히고, 자격증을 취득하고, 직장에서 일을 하는 모든 독자분들은 부디 이런 어머니의 음식을 만드는 진정한 요리사가 되기를 바란다.

감사의 인사와 마음을 전하며……

3년이 넘는 시간 동안 자료를 준비하고, 원고를 정리하며 여러 사람의 도움을 받았다.

옆에서 도움을 준 많은 제자들과, 사진을 찍고 시연하는데 도움을 준 홍영수 사장님, 조리기능장회 (흑룡35) 회원, 직장 동료 선생님들, 출판사 사장님과 편집장님 그리고 옆에서 응원해준 가족들 모두에게 감사의 마음을 전합니다.

저자 법무부 직업훈련소 김 태 성
강동대학교 이 은 주

목차

PART 1 칼질법과 NCS 조리 실무

Chapter 1 칼과 칼질법

1 칼 갈기와 칼 모양 • 3
  1. 칼과 칼 모양 ·········· 3
  2. 칼 갈기 ·········· 8

2 칼질하기 • 17
  1. 기본 칼질법 익히기 ·········· 17
  2. 칼질하기 ·········· 28
  3. 중요 칼질법 익히기 ·········· 35
  4. 칼질 연습하기 ·········· 39

Chapter 2 조리복장 갖추기
  1. 조리복장 갖추기 ·········· 45

Chapter 3 위생관리

1 개인위생관리 • 49
  1. 개인위생 ·········· 49
  2. 주방 위생관리 ·········· 51
  3. 구충·구서 ·········· 51
  4. 위생관리 및 점검 ·········· 52

2 식중독 관리 • 52

　　1. 식중독이란 ·· 52
　　2. 식중독의 원인 ·· 53
　　3. 식중독 분류 ··· 53
　　4. 세균성 식중독 ·· 54
　　5. 화학물질에 의한 식중독 ································ 56
　　6. 자연독에 의한 식중독 ·································· 57
　　7. 식중독 방지를 위한 개인위생관리 ·················· 57
　　8. 위생 불량으로 나타나는 식중독 ····················· 58

3 식중독 방지를 위한 과정별 위생 • 60

　　1. 구입할 때 ·· 60
　　2. 조리 준비할 때 ··· 61
　　3. 조리할 때 ·· 62
　　4. 보존할 때 ·· 63
　　5. 제공할 때 ·· 63
　　6. 조리를 마친 다음에 ····································· 63

4 식재료 위생관리 • 64

　　1. 구입과 검수 ··· 64
　　2. 식재료 보관 방법 ·· 65

5 조리과정 위생관리 • 64

　　1. 해동 방법 ·· 66
　　2. 교차오염 방지 ·· 67
　　3. 전처리와 소독 ·· 67
　　4. 무치기 작업 ··· 67
　　5. 가열 작업 ·· 67

6 식중독 방지를 위한 기구 세척 살균 • 68

　　1. 세척·소독 방법 ·· 68
　　2. 세척 순서 ·· 68

    3. 소독의 종류 및 방법 ··· 68

7 주방관련 시설과 위생 • 70

    1. 주방 내 시설 ··· 70
    2. 매장 ··· 70
    3. 창고, 식품 저장고, 주방 입구, 매장 등의 시설 ······························· 70
    4. 화장실 소독 및 청소 관리 ·· 70

8 기타 식중독 예방 • 71

    1. 도시락의 보관과 운반 섭취요령 ·· 71
    2. 여름철 식중독 예방 ·· 71
    3. 여름철 장보는 순서 ·· 72
    4. 일반음식점 식중독 주의 사항 ·· 72
    5. 식중독 방지를 위한 조리사 준수사항 ··· 72

9 이물질 사고 예방 • 73

    1. 이물질의 혼입 ·· 74
    2. 이물질 혼입방지 및 예방법 ··· 74

10 냉장고 관리 • 75

    1. 냉장고 ··· 75
    2. 냉장고의 원리 ·· 75
    3. 냉장방식 ··· 76
    4. 고장 및 청소 ·· 78
    5. 냉장고 관리 및 식재료 보관 방법 ··· 80
    6. 냉동고 관리(전반적인 내용은 냉장고 관리와 같음) ······················· 81
    7. 무건조실(야채실) 관리 ··· 82

11 조리 기구 장비 세척 • 82

    1. 세제의 종류 ··· 82
    2. 합성세제 ··· 83
    3. 세척 작업 ··· 85
    4. 식품조리기계 세척 ·· 87

5. 주방 시설물의 세척방법 ……………………………………… 88
6. 기타 주방 특수 세제 …………………………………………… 89

12 소독약품 사용법 • 89

1. 조리기구 식기 식품의 소독법 ………………………………… 89
2. 정제 차아염소산나트륨(락스) 사용법 ………………………… 91

Chapter 4 안전관리

1 가스 사용법 • 93

1. LNG와 LPG 가스 ……………………………………………… 93
2. 가스 밸브의 구조와 차단원리 ………………………………… 95
3. 가스 감지기 ……………………………………………………… 96
4. 가스누출 검사 …………………………………………………… 97
5. 가스 사용법 ……………………………………………………… 97

2 화재 및 화상 예방조치 • 97

1. 소화기 …………………………………………………………… 99
2. 방출 방식에 따른 소화기 분류 ………………………………… 100
3. 소화기 사용방법 및 화재예방 ………………………………… 102
4. 소화기 보관 및 점검사항 ……………………………………… 102
5. 화재 예방을 위한 조리장 안전 수칙 ………………………… 103
6. 화재발생 시 대처법 …………………………………………… 104

3 조리장 미끄럼 방지 장치 조치 • 106

4 응급사고 발생 시 대책 • 107

1. 응급약품 ………………………………………………………… 107
2. 상처 소독 및 응급 치료 ……………………………………… 108
3. 화상 ……………………………………………………………… 110
4. 화상 응급 처치 ………………………………………………… 111
5. 상처별 응급처치 ………………………………………………… 112

- **5** 기계 취급 안전수칙 • 111
  - 1. 조리 기계 취급 안전수칙 ········· 113
- **6** 개인 안전조치 • 112
  - 1. 안전수칙 ········· 114
  - 2. 기타 안전 관리 ········· 118

Chapter 5 메뉴관리

- **1** 메뉴관리란 • 121
- **2** 메뉴의 기능 • 121
- **3** 메뉴의 분류 • 122
- **4** 메뉴관리 • 122
  - 1. 메뉴의 조절과 변경 ········· 122
  - 2. 조리사와 주방의 조리작업 수행 능력 파악 ········· 123
  - 3. 조리 양목표 작성(표준 레시피) 및 배포 ········· 123
- **5** 조리사, 매장직원, 관리직원, 기타 관계 직원 상호간의 교류와 정보 공유 • 123
- **6** 칼재료의 수입과 불출 및 보관 • 124
- **7** 잔반의 관리 • 124
  - 1. 제공된 식사의 잔식 검사 ········· 124
  - 2. 주방에서 조리한 후 제공되지 못하고 남은 잔반 검사 ········· 125
  - 3. 전체 음식물 쓰레기로 버려지는 잔반의 검사 ········· 125
- **8** 메뉴계획 확정과 시행 • 125

Chapter 6 구매관리

1 구매와 구매관리 • 127

　　1. 구매와 관리 …………………………………………………………… 127
　　2. 구매의 절차 …………………………………………………………… 127
　　3. 구매 시 고려해야 할 사항 …………………………………………… 129
　　4. 구입을 고려한 메뉴 작성 시 알아야 할 것 ………………………… 129
　　5. 계약구매 ……………………………………………………………… 130
　　6. 검수관리 ……………………………………………………………… 130
　　7. 발주 …………………………………………………………………… 132

Chapter 7 식재료관리

1 칼요리에 맞는 육류·가금류의 종류와 품질등급 선별 • 133

　　1. 축산물 등급과 선별 …………………………………………………… 135
　　2. 소고기의 부위별 명칭, 특징, 용도 …………………………………… 135
　　3. 소 도체 등급 판정 …………………………………………………… 139
　　4. 소고기 등급 판정 ……………………………………………………… 142
　　5. 돼지고기의 부위별 명칭, 특징, 용도 ………………………………… 144
　　6. 돼지 도체의 1차 등급 판정 기준 …………………………………… 146
　　7. 도체 2차 등급 판정 기준 …………………………………………… 147
　　8. 닭의 품질 등급 ………………………………………………………… 148
　　9. 계란 등급 판정 ………………………………………………………… 151
　　10. 오리고기 등급 판정 ………………………………………………… 153

2 산지 계절 특성에 따라 요리에 맞는 채소, 과일, 생선 선별 • 154

3 전처리 식재료 신선도 유지 • 157

　　1. 식품의 미생물과 온도 ………………………………………………… 159
　　2. 식품 신선도 유지 보관 ……………………………………………… 160
　　3. 식재료 신선도 판정 및 식재료 검수하기 …………………………… 161

Chapter 8 기초 기능 익히기

1 조리기구 사용법 익히기 • 165

　　1. 계량스푼 사용법 ·· 165
　　2. 계량컵 ·· 166
　　3. 가스 불의 크기 조정 ·· 167
　　4. 팬 돌리기 ·· 168
　　5. 팬 길들이기 ·· 169

2 담기 • 170

　　1. 담기 ·· 171
　　2. 음식 담기 ·· 171
　　3. 담는 방법의 분류 ·· 171

3 조리 기초 기술 • 173

　　1. 양념 만들기 ·· 173
　　2. 지단 부치기 ·· 175
　　3. 겨자 발효시키기 ·· 181
　　4. 고기 다지기 ·· 182
　　5. 소 양념 및 치대기 ·· 182
　　6. 국수 삶기 ·· 183
　　7. 데치기 ·· 184
　　8. 밀가루 반죽하여 만두 만들기 ································ 185
　　9. 밀가루 반죽하기 ·· 186
　　10. 두부 물기 짜기 ·· 187
　　11. 생강즙 짜기 ·· 187
　　12. 새우젓 짜기 ·· 187
　　13. 양념장 만들기 ·· 188
　　14. 육수 만들기와 고기 삶기 ·· 189
　　15. 은행 볶기 ·· 190
　　16. 밥하기 ·· 190
　　17. 시럽 만들기 ·· 194

18. 완자 빼기 …………………………………………………… 195
19. 더덕 손질 …………………………………………………… 196
20. 잣 다지기 …………………………………………………… 197
21. 닭뼈 자르기 ………………………………………………… 197
22. 파 다지기(소량 다지기) …………………………………… 198
23. 마늘 다지기 ………………………………………………… 199
24. 배 자르기 …………………………………………………… 200
25. 표고 손질 및 채썰기 ……………………………………… 201
26. 석이 손질하기 ……………………………………………… 202
27. 도라지 까기 ………………………………………………… 202
28. 호박 채썰기 ………………………………………………… 203
29. 돌려 깎기 …………………………………………………… 203
30. 닭뼈 바르기 ………………………………………………… 204
31. 생선 포 뜨기 ……………………………………………… 207
32. 사과 깎기 …………………………………………………… 208

PART 2 NCS 능력단위별 고려사항

Chapter 1 국가직무능력표준(NCS)

1. 국가직무능력표준(NCS, national competency standards) …… 211
2. 국가직무능력표준 수준체계 ……………………………… 212
3. 국가직무능력표준 분류체계 ……………………………… 215

Chapter 2 직무명 : 한식 조리

1 직무 정의 • 217

2 능력단위별 능력단위 요소 • 218

3 능력단위별 적용범위 및 직업 상황 • 221

✓ 능력단위 명칭 : 한식 면류 조리 ……………………………… 221
능력단위 명칭 : 한식 국·탕 조리 ……………………………… 222
능력단위 명칭 : 한식 찜·선 조리 ……………………………… 222
능력단위 명칭 : 한식 구이 조리 ……………………………… 223
능력단위 명칭 : 김치 조리 ……………………………………… 224
능력단위 명칭 : 음청류 조리 …………………………………… 224
능력단위 명칭 : 한과 조리 ……………………………………… 225
능력단위 명칭 : 장아찌 조리 …………………………………… 226
능력단위 명칭 : 한식 위생관리 ………………………………… 227
능력단위 명칭 : 한식 안전관리 ………………………………… 229
능력단위 명칭 : 한식 메뉴관리 ………………………………… 230
능력단위 명칭 : 한식 구매관리 ………………………………… 231
능력단위 명칭 : 한식 재료관리 ………………………………… 232
능력단위 명칭 : 한식 기초조리실무 …………………………… 234
능력단위 명칭 : 한식 밥 조리 …………………………………… 234
능력단위 명칭 : 한식 죽 조리 …………………………………… 235
능력단위 명칭 : 한식 찌개 조리 ………………………………… 235
능력단위 명칭 : 한식 전골 조리 ………………………………… 236
능력단위 명칭 : 한식 조림·초 조리 …………………………… 237
능력단위 명칭 : 한식 볶음조리 ………………………………… 237
능력단위 명칭 : 한식 전·적 조리 ……………………………… 238
능력단위 명칭 : 한식 튀김 조리 ………………………………… 238
능력단위 명칭 : 한식 생채·회 조리 …………………………… 239
능력단위 명칭 : 한식 숙채 조리 ………………………………… 240

Chapter 3 직무명 : 양식 조리

1 직무 개요 • 241

1. 직무 정의 ……………………………………………………… 241

2 능력단위별 능력단위 요소 • 242

3 능력단위별 적용범위 및 작업 상황 • 245

    ✓ 능력단위 명칭 : 양식 스톡 조리 ·················· 245
        능력단위 명칭 : 양식 소스 조리 ·················· 245
        능력단위 명칭 : 양식 스프 조리 ·················· 246
        능력단위 명칭 : 양식 전채 조리 ·················· 247
        능력단위 명칭 : 양식 샐러드 조리 ················ 248
        능력단위 명칭 : 양식 어패류 조리 ················ 249
        능력단위 명칭 : 양식 육류 조리 ·················· 250
        능력단위 명칭 : 양식 파스타 조리 ················ 251
        능력단위 명칭 : 양식 조식 조리 ·················· 252
        능력단위 명칭 : 양식 위생관리 ··················· 253
        능력단위 명칭 : 양식 안전관리 ··················· 253
        능력단위 명칭 : 양식 메뉴관리 ··················· 253
        능력단위 명칭 : 양식 구매관리 ··················· 253
        능력단위 명칭 : 양식 재료관리 ··················· 254
        능력단위 명칭 : 양식 기초 조리실무 ·············· 254
        능력단위 명칭 : 양식 샌드위치조리 ··············· 255
        능력단위 명칭 : 양식 사이드 디쉬 ················ 256
        능력단위 명칭 : 양식 디저트 조리 ················ 258
        능력단위 명칭 : 양식 연회 조리 ·················· 259
        능력단위 명칭 : 양식 푸드 플레이팅 ·············· 259
        능력단위 명칭 : 조리외식경영 ···················· 261

Chapter 4 직무명 : 중식 조리

1 직무 개요 • 263

    1. 직무 정의 ·· 263

2 능력단위별 능력단위 요소 • 264

3 능력단위별 적용범위 및 작업 상황 • 267

✓ 능력단위 명칭 : 중식 절임·무침 조리 ·············· 267
　능력단위 명칭 : 중식 육수·소스 조리 ·············· 267
　능력단위 명칭 : 중식 냉채 조리 ····················· 269
　능력단위 명칭 : 중식 스프·탕 조리 ················ 270
　능력단위 명칭 : 중식 볶음 조리 ····················· 270
　능력단위 명칭 : 중식 튀김 조리 ····················· 271
　능력단위 명칭 : 중식 찜 조리 ······················· 271
　능력단위 명칭 : 중식 조림 조리 ····················· 272
　능력단위 명칭 : 중식 구이 조리 ····················· 272
　능력단위 명칭 : 중식 면 조리 ······················· 273
　능력단위 명칭 : 중식 밥 조리 ······················· 274
　능력단위 명칭 : 중식 후식 조리 ····················· 274
　능력단위 명칭 : 중식 위생관리 ······················ 275
　능력단위 명칭 : 중식 안전관리 ······················ 275
　능력단위 명칭 : 중식 메뉴관리 ······················ 275
　능력단위 명칭 : 중식 구매관리 ······················ 275
　능력단위 명칭 : 중식 재료관리 ······················ 276
　능력단위 명칭 : 중식 기초조리실무 ·················· 276
　능력단위 명칭 : 중식 식품조각 ······················ 278

Chapter 5 직무명 : 일식·복어 조리

1 직무 개요 • 279

　1. 직무 정의 ··· 279

2 능력단위별 능력단위 요소 • 282

3 능력단위별 적용범위 및 작업 상황 • 286

✓ 능력단위 명칭 : 일식 무침 조리 ·········· 287
능력단위 명칭 : 일식 국물 조리 ·········· 288
능력단위 명칭 : 일식 냄비 조리 ·········· 288
능력단위 명칭 : 일식 조림 조리 ·········· 289
능력단위 명칭 : 일식 찜 조리 ·········· 290
능력단위 명칭 : 일식 튀김 ·········· 291
능력단위 명칭 : 일식 구이 ·········· 293
능력단위 명칭 : 일식 면류 조리 ·········· 294
능력단위 명칭 : 일식 밥류 조리 ·········· 296
능력단위 명칭 : 일식 굳힘 조리 ·········· 297
능력단위 명칭 : 복어 부재료 손질 ·········· 298
능력단위 명칭 : 복어 양념장 준비 ·········· 298
능력단위 명칭 : 복어 껍질 굳힘 조리 ·········· 298
능력단위 명칭 : 복어껍질 초회 조리 ·········· 299
능력단위 명칭 : 복어구이 조리 ·········· 299
능력단위 명칭 : 복어튀김 조리 ·········· 300
능력단위 명칭 : 복어찜 조리 ·········· 300
능력단위 명칭 : 복어 죽 조리 ·········· 300
능력단위 명칭 : 복어 술 제조 ·········· 301
능력단위 명칭 : 일식 위생관리 ·········· 301
능력단위 명칭 : 일식 안전관리 ·········· 301
능력단위 명칭 : 일식 메뉴관리 ·········· 301
능력단위 명칭 : 일식 구매관리 ·········· 301
능력단위 명칭 : 일식 재료관리 ·········· 301
능력단위 명칭 : 일식 기초조리실무 ·········· 301
능력단위 명칭 : 일식 흰살생선 회 조리 ·········· 302
능력단위 명칭 : 일식 붉은살생선 회 조리 ·········· 306

능력단위 명칭 : 일식 패류 회조리 ················· 306
능력단위 명칭 : 일식 모둠 초밥조리 ················· 307
능력단위 명칭 : 일식 알초밥 조리 ················· 309
능력단위 명칭 : 복어 위생관리 ················· 310
능력단위 명칭 : 복어 안전관리 ················· 310
능력단위 명칭 : 복어 메뉴관리 ················· 310
능력단위 명칭 : 복어 구매관리 ················· 310
능력단위 명칭 : 복어 재료 관리 ················· 310
능력단위 명칭 : 복어 기초조리실무 ················· 310
능력단위 명칭 : 복어 선별·손질관리 ················· 310
능력단위 명칭 : 복어회 학모양 조리 ················· 311
능력단위 명칭 : 복어회 국화모양 조리 ················· 311
능력단위 명칭 : 복어 샤브샤브 ················· 312
능력단위 명칭 : 복어 맑은탕 조리 ················· 312
능력단위 명칭 : 복어 초밥 조리 ················· 312
능력단위 명칭 : 복어 구슬 초밥 조리 ················· 313

Memo

칼질법과 NCS 조리 실무

1. 칼과 칼질법
2. 조리복장 갖추기
3. 위생관리
4. 안전관리
5. 메뉴관리
6. 구매관리
7. 식재료관리
8. 기초 기능 익히기

PART 1. 칼질법과 NCS 조리 실무

칼과 칼질법

1 칼 갈기와 칼 모양

1. 칼과 칼 모양

(1) 칼의 용도에 따른 분류
한식칼, 양식칼, 일식칼, 중식칼, 과도, 조각칼

(2) 칼날 모양에 따른 분류

양면칼	양손 사용
일면칼	좌수도
	우수도

(3) 칼의 재질
스테인리스강 중에 400번 계열을 주로 사용하고 그중에 스테인리스강 420J2, 스테인리스강 440과 같은 재질을 주로 이용하는데 니켈, 크롬, 바나듐 등의 재료를 혼합하여 경도와 인성을 조절 가공하여 만든다.

(4) 칼의 부위별 명칭

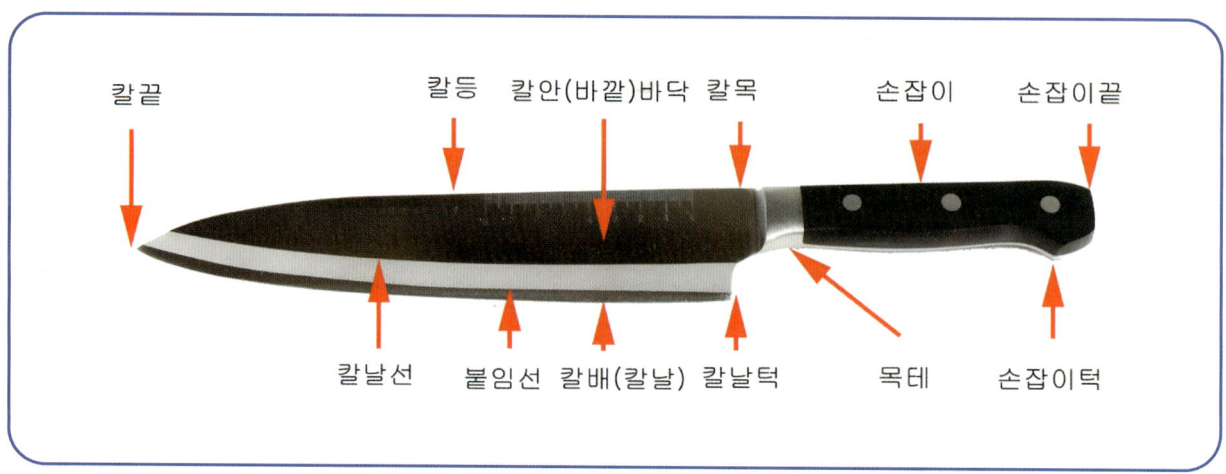

(5) 칼의 경도

경도는 HRc 45~50 정도가 주로 쓰이고 탄소의 함량이 많을수록 취성이 강해 부러지기 쉬워져 음식에 들어갈 염려가 있고 반대로 인성이 강하면 날이 잘 물러져서 쉽게 날이 일그러진다.

좋은 칼은 강하면서도 인성이 좋은 것이 좋은데 많은 두드림과 담금질의 단조 작업으로 만들어진다. 칼날을 불에 달구거나 그라인더로 갈면 열에 의해 경도가 변해서 칼을 버리게 된다.

(6) 칼과 칼날의 모양

PART 1. 칼질법과 NCS 조리 실무

중식칼		 일면칼
회 칼		 일면칼
대바칼	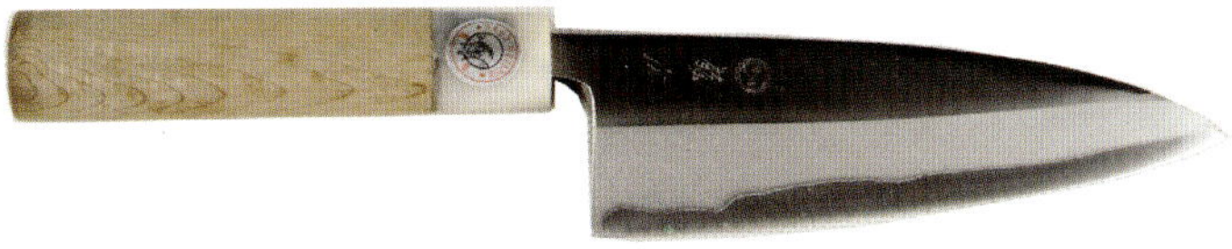	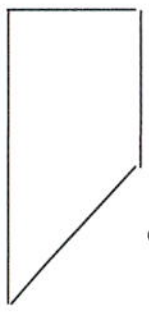 일면칼
발골도		 양면칼
과도		 양면칼

 단조명장 주용부 선생님 칼 실물 자료 제공

Chapter 1. 칼과 칼질법

기타 칼

- 복어회칼
- 안전칼(흉기로 사용할 수 없게 만든 칼)
- 우스바보조(채소 전용칼)
- 조각칼
- 조각도
- 냉면칼

(7) 단조 복합강

① 복합강이란 성질이 다른 두 개의 철강을 붙여 하나로 만드는 것을 말한다.
② 날철은 강한 재질로 만들고 떡철은 연하고 무른 것을 붙여 가공하는 것을 말한다.
③ 보편적으로 날철은 아주 얇고 날철에 붙이는 떡철은 두껍게 하여 날철을 잡아주는 역할을 한다.
④ 두 개를 잘 붙여 얼마만큼의 강도로 만드는가 하는 것이 관건이고 과한 열처리는 날이 부러지고 약하며 물러진다. 칼을 잘 만드는 것은 어느 정도 단조를 잘 하느냐에 따라 결정이 되는 것이다.
⑤ 칼바닥은 평평한 것과 약간 들어간 것이 있는데 약간 들어간 형태로 안바닥만 된 경우와 양면이 모두 들어간 형태로 나누어진다.
⑥ 바닥이 들어간 것은 따로 칼의 각도를 조절하지 않고 갈 수 있다.
⑦ 칼 안바닥이 들어간 것은 칼질할 때 칼이 파고드는 것을 방지하는 목적이 크다. 그래서 일면 칼에서는 반드시 있어야 칼질할 때 칼이 파고들지 않고 주로 회칼과 대바칼에서 볼 수 있는

형태이다.

| | 복합강이 분리된 모습 | 복합강이 분리된 모습 |

(8) 지역별 칼 모양

경기도형	
서울형	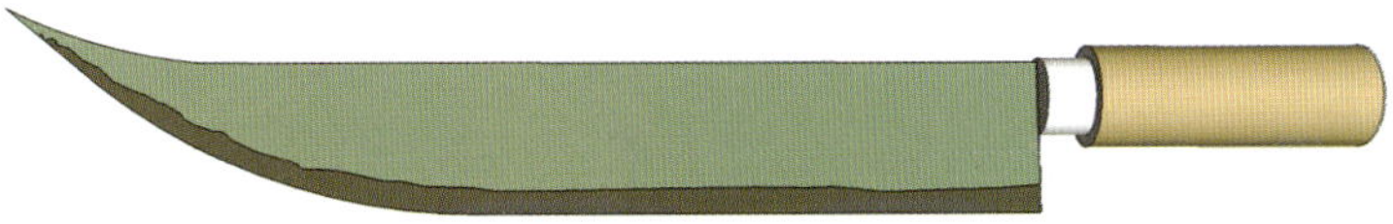
충청, 전라형	
경상도형	

2. 칼 갈기

(1) 숫돌의 종류

① 400# **다이아몬드 숫돌**
② 400# 거친 숫돌(새 칼의 경우 길들이기 위해서 사용하거나 많이 갈아내야 할 때 사용)
③ 1000# 고운 숫돌(일반적으로 쓰던 칼을 갈기 위해 사용)
④ 4000~6000# 마무리 숫돌(칼을 갈고 마지막으로 날을 세우기 위해서 마무리용으로 사용)

(2) 준비

① 숫돌의 수평 맞추기

여러 번 사용하던 숫돌은 가운데가 움푹 들어가거나 한쪽이 파여 잘 갈리지 않으므로 시멘트바닥에 물을 뿌려 놓고 원을 그리며 갈아주면 숫돌이 갈려서 평평하게 된다.
숫돌을 자주 갈아줄 필요는 없지만 가운데가 들어간 것은 수평을 맞추어주는 것이 좋다.

② 숫돌의 전처리

숫돌을 물에 담가 충분히 물을 먹인 후에 꺼내서 사용한다.

③ 숫돌의 고정 방법

숫돌집이나 받침을 준비(쓰지 못하는 걸레 or 신문 or 스티로폼)

(3) 사전 확인하기

① 갈린 부분, 갈아야 할 부분, 중점적으로 갈아야 할 부분 확인하기

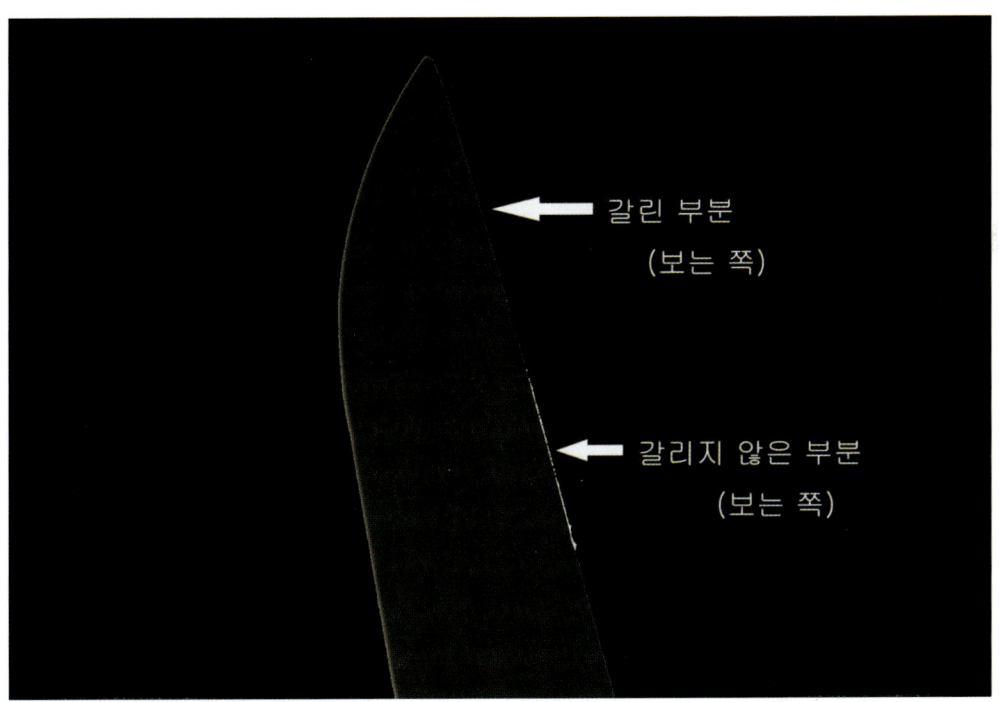

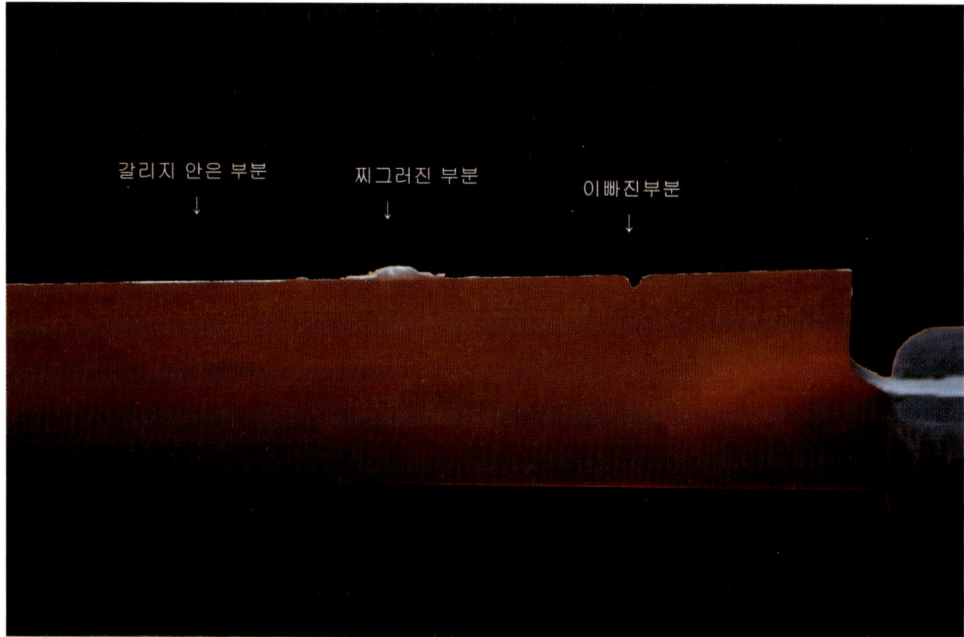

칼날의 갈린 부분과 갈리지 않은 부분을 확인한다.
◎ **갈리지 않은 부위** : 빛을 등 뒤로 하여 칼날을 좌우로 상하로 돌려가며 보면 갈리지 않은 부분과 이가 빠진 부분은 반짝임이 있다.
◎ **갈린 부위** : 반짝임이 전혀 없는 부위는 갈린 부위로 보면 된다.

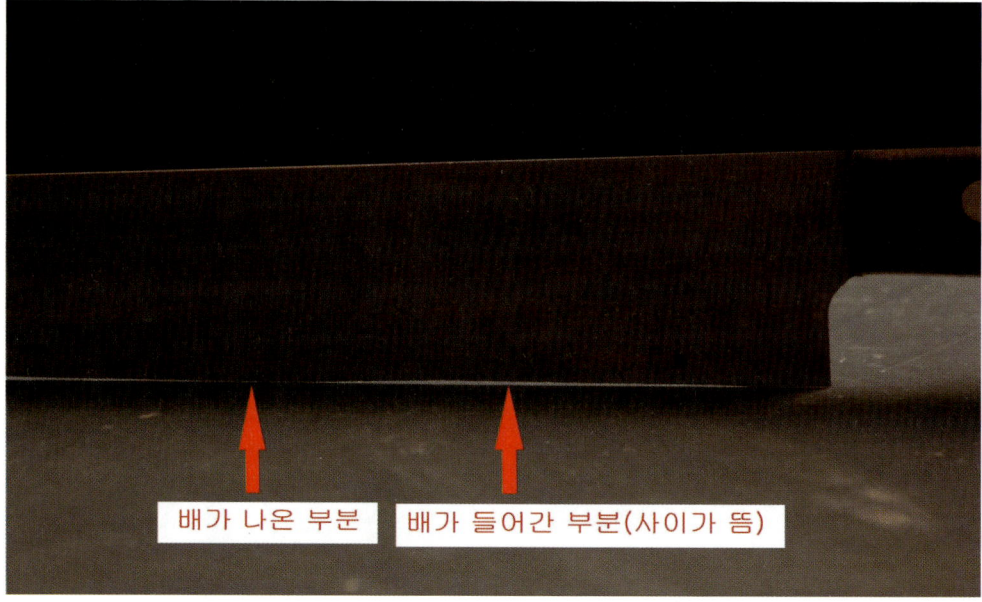

PART 1. 칼질법과 NCS 조리 실무

② 칼 수평 확인하기
  ㉠ 평평한 곳에 칼날이 바닥에 닿게 놓고 대보면 배가 들어가거나 배가 나온 경우 틈이 생기게 된다. 이 부위는 칼을 아무리 잘 갈아도 도마와 닿지 않으므로 썰리지 않는다. 수평으로 맞추어 배가 나온 부위를 갈아내고 칼을 갈아야 한다.
  ㉡ 칼질을 하다 보면 칼날의 한 부위만 중점적으로 쓰게 되는 경우가 많으므로 한 부위를 계속 사용하면 같은 부분을 계속적으로 갈게 되므로 배가 들어가고 덜 쓰는 부위는 배가 나온다. 칼날은 수평을 맞추거나 약간 배가 나올 정도로 갈아주어야 하며 칼끝 1/3정도는 약간 둥근 형태의 날 모양을 유지하는 것이 좋다.

③ 칼날 모양 확인
  좌수도, 우수도와 칼의 각도를 확인한다.

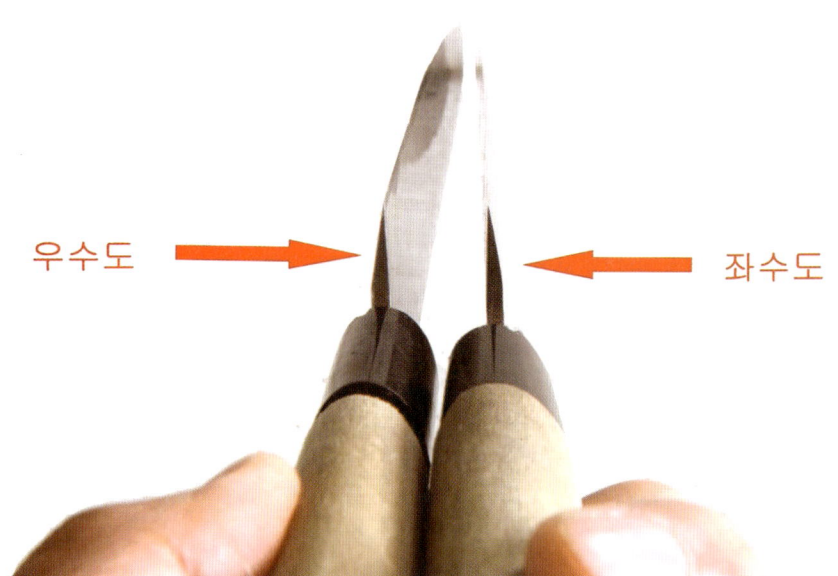

좌수도(왼손잡이용)와 우수도(오른손잡이용)는 칼날의 각이 서로 반대로 되어 있다.

Chapter 1. 칼과 칼질법

④ 칼의 각도 조절과 방법

	숫돌에 가는 방법 예시	날모양
야채 써는 칼의 각도	각이 좁다	
토막 치는 칼의 각도	각이 넓다	
일면 칼의 각도		
날이 넘는 경우 (칼끝만 숫돌에 닿음)		
날이 갈리지 않는 경우 (칼끝이 들림)		

(4) 칼 가는 방법

숫돌과 칼의 방향에 따라 사선 갈기와 직각 갈기로 나눈다.
① 사선 갈기
　㉠ 장점은 칼날의 수평이 잘 이루어져서 배가 나오거나 들어간 것이 맞추어져 갈기 쉽고 칼에 갈리는 부분이 넓어 빨리 갈 수 있다.

PART 1. 칼질법과 NCS 조리 실무

ⓛ 단점은 칼끝의 둥근 부분까지 한 번에 갈 수 없기 때문에 날이 둥근 칼끝은 한 번 더 갈아주어야 한다.

① 숫돌 불리기

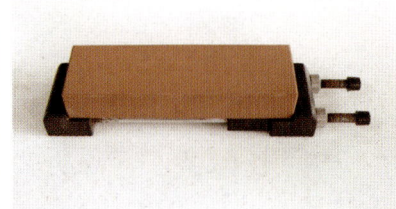
② 숫돌 고정하기

③ 칼 각도 잡기
엄지로 눌러 각도 잡는다

④ 칼 잡기(오른손)

⑤ 칼 잡고(왼손) 밀기

⑥ 당기기

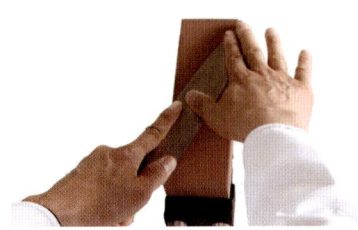
⑦ 반대쪽 갈기
날이 안쪽으로 오게 잡고 밀고 당기기를 반복하여 갈아준다.

Chapter 1. 칼과 칼질법 13

② 직각 갈기
  ㉠ 장점은 안 드는 부분만 갈 수 있다.
  ㉡ 단점은 숫돌의 중앙이 많이 파여 날의 각도가 변하고 가는 데 시간이 오래 걸린다.

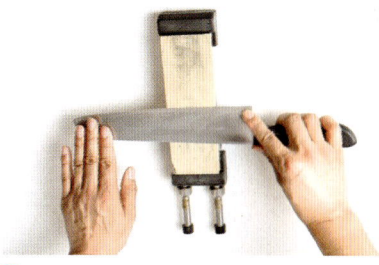 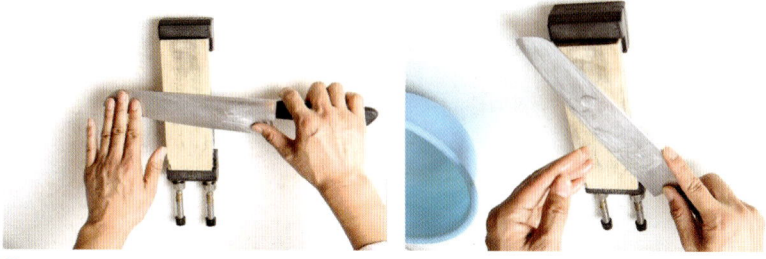

① 날이 밖으로 오게 갈고 ② 반대쪽은 안쪽으로 오게 하여 갈아 준다. ③ 중간에 물을 뿌려가며 갈아준다.

④ 한쪽으로 살살 문질러 마무리한다.

③ 누르는 힘의 강약 조절에 따라 분류
  ㉠ 세게 누르기 : 칼을 처음에 갈을 때는 길을 들여야 하기 때문에 많이 갈아야 한다. 그래서 거친 숫돌로 강하게 문질러 가는 것이 빨리 갈 수 있는 방법이다. 200~400#의 거친 숫돌을 쓰는 것이 좋다.
  ㉡ 가볍게 누르기 : 어느 정도 갈아진 칼이나 쓰던 칼은 가볍게 문질러 갈아 주어야 날이 넘지 않는다. 세게 누르면 날이 넘어버려 다시 갈아야 하기 때문에 상태에 따라서 1000~6000# 고운 숫돌로 갈아주는 것이 좋다.
  ㉢ 한손으로만 대고 갈기 : 거의 갈릴 때 마무리하는 단계에서 한손으로 가볍게 대고 살살 문질러서 마무리하는 방법이다. 4000~6000#의 고운 숫돌로 갈아준다.
  ㉣ 마무리 갈기 : 한손으로 잡고 가볍게 한쪽으로만 밀어 주기만 해서 마지막에 최종정리 하는 방법이다.

(5) 칼 갈린 상태 검사하는 법

① 엄지로 밀어 넘은 날 확인

② 중지와 인지로 밀어 넘은 날 확인

③ 빛의 반사로 확인

④ 손톱에 문질러 확인

⑤ 종이 썰어 확인

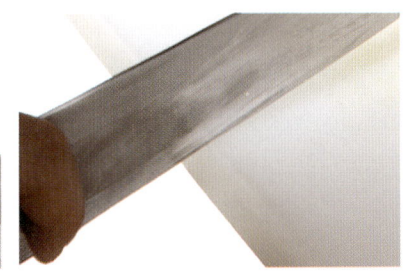
⑥ 도마에 문질러 확인

⑦ 고추 썰어보기

⑧ 팬으로 검사

①, ② 손으로 밀어서 확인(좌측, 우측 넘은 날 확인하기)

칼을 날이 위로 향하게 하여 엄지와 검지로 칼날의 끝을 아주 살짝 대고 밀어서 까칠까칠하면 까칠까칠한 쪽으로 넘은 것이고 까칠까칠한 것이 느껴지지 않으면 넘지 않은 것이다.

③ 빛의 반사로 확인(이 빠진 날, 전혀 들지 않는 날 확인)

칼을 잡고 빛이 있는 쪽을 등지고 서서 칼날을 보면 갈리지 않은 부분이나 날이 빠진 부분은 반짝반짝 빛이 나고 갈린 부분은 이런 것들이 보이지 않는다.

④ 손톱으로 확인하기(면도할 수 있을 정도를 원할 때)

칼을 세워 잡고 엄지손톱에 칼날을 아주 살짝 대봐서 칼이 밀리지 않으면 잘 갈린 것이고 밀리면 안 갈린 것이다.
⑤ 종이 썰어 확인하기(약간 잘 드는 정도 원할 때)
⑥ 도마에 문질러 갈린 것 확인하기(일반적인 야채 썰기 정도를 원할 때)
칼을 도마의 한쪽 모서리에 대고 밀어 칼이 밀리지 않으면 잘 갈린 것이고 밀리면 안 갈린 것이다.
⑦ 고추나 피망 썰어보기(일반적인 야채 썰기 정도를 원할 때)
썰어서 자를 때 뚝뚝 소리가 나면 갈리지 않은 것이고 삭삭 부드럽게 잘리는 것은 잘 갈린 것이다.
⑧ 펜으로 검사
칼을 세워 잡고 플라스틱 볼펜이나 사인펜, 매직펜 등 엄지손톱을 대신해서 펜으로 해보는 것으로 칼날을 아주 살짝 대봐서 칼이 밀리지 않으면 잘 갈린 것이고 밀리면 안 갈린 것이다.
⑨ 기타
㉠ 화장지로 확인하기(이가 빠지거나 넘은 날)
㉡ 화장지를 접어서 문질러 보아 날에 화장지가 걸리면 날이 넘거나 이가 빠진 부분이 확인된다.
㉢ 갈린 칼을 면도하는 것처럼 머리카락에 대봐서 머리카락이 잘리면 잘 갈린 것이고 밀려나면 안 갈린 것이다.

(6) 칼 세척하기
세제로 씻어주고 깨끗한 행주로 양쪽 옆면의 칼 바닥을 닦아 주어야 한다.

PART 1. 칼질법과 NCS 조리 실무

2 칼질하기

1. 기본 칼질법 익히기

(1) 칼 잡는 법

① 칼등 말아 잡기
밀어 썰기할 때 통상 이 방법을 가장 많이 쓴다.
칼날을 엄지와 검지로 잡는 방법으로 칼을 2개의 손가락으로만 잡았다고 생각할 정도로 가볍게 잡아야 한다. 초보자들에게는 이해가 안 되겠지만 날을 잡아주는 것은 칼날이 옆으로 젖혀지는 것을 방지하기 위함으로 손잡이만 잡고 하는 것보다 훨씬 안전하다. 처음에는 검지손가락 안쪽에 물집이 생기거나 아플 수가 있다. 그럴 때는 일회용 밴드를 감고 하는 것도 좋은 방법이 된다. 칼을 꽉 잡고 칼질을 하려면 칼질이 안 되므로 아주 가볍게 잡아야 한다는 것을 잊지 말아야 한다.

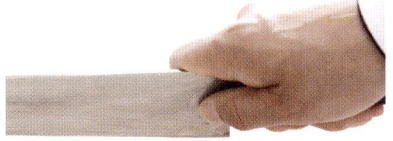

② 검지 걸어 잡기
후려 썰기에 적당한 방법으로 검지를 손잡이 끝에 걸고 새끼손가락으로만 잡았다고 생각하고 칼끝으로 도마를 살짝 누른다는 느낌을 가질 정도로 해서 잡고 나머지 손가락은 가볍게 대주기만 한다는 기분으로 잡아야 한다. 몸에 완전히 힘을 빼고 잡는다는 기분으로 아주 가볍게 잡아야 후려 썰기 칼질이 된다.

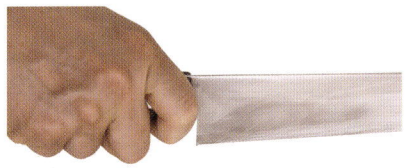

③ 손잡이 말아 잡기(밀어 썰기, 후려 썰기)
손잡이만 잡는 방법도 많이 하기는 하지만 그리 좋은 방법은 아니다. 재료를 썰다가 칼이 돌아가 다치는 경우가 있기 때문이다.

Chapter 1. 칼과 칼질법 17

④ 엄지 눌러 잡기(눌러 썰기)
얼은 고기를 썰거나 딱딱한 재료를 썰 때 손목에 무리가 가므로 힘의 축을 자르는 칼날부위 가까이 이동하면 손목에 무리가 가지 않는다. 즉 써는 재료 위를 엄지로 눌러 써는 것이다.

⑤ 검지 펴서 잡기(당겨 썰기)
대부분 일식조리사들이 회칼을 잡는 모양인데 칼의 폭이 좁아 손가락을 말아 잡기가 불편할 뿐만 아니라 칼의 움직임도 크기 때문에 이 방법을 많이 쓰고 칼을 뉘어 포를 뜨는 경우도 많아 검지를 펴서 잡는 것이 편하고 안정되어 이런 모양으로 잡는다.

⑥ 칼 바닥 잡기
주로 칼을 45° 정도 뉘어서 사용할 때 잡는 방식으로 검지로 칼 바닥을 잡고 오징어나 한치 등에 칼집 넣을 때 주로 쓰는 방식이다.

(2) 길잡이 손가락

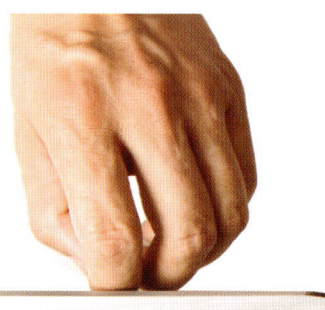

• 검지 길잡이
통상 가장 많이 사용하는 방법이며 가장 편한 방법이기도 하다. 필요에 따라 재료잡기와 칼의 각도 조절 등에 가장 자유롭게 칼질을 할 수 있기 때문에 검지손가락을 길잡이로 쓰는 것이다.

• 중지 길잡이
칼과 손의 각도를 조절하거나 재료를 잡기가 검지 길잡이에 비해서 약간 불편한 점이 있긴 하지만 일부 사람들이 중지를 길잡이로 쓰는 경우가 있다. 하지만 필자는 처음 배우는 사람이라면 중지보다는 검지를 길잡이로 쓰는 것을 권하고 싶다.

(3) 도마와 손의 각도

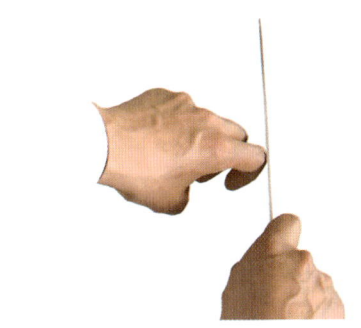

(X)

- 도마에 직각으로 썰기(발을 옆으로 서서 작업)
  옆으로 서서 써는 자세로 오랜 시간 작업하면 자세이상으로 통증이 생길 수 있다.

(O)

- 도마에 대각으로 썰기(발을 중앙에 놓고 작업)
  바른 자세(칼질하기 편한 자세)

(4) 왼손의 손 모양

사진처럼 당근을 대각으로 잡고 모양을 유지한 상태에서 당근만 빼면 왼손 모양이 그대로 이루어진 것이다

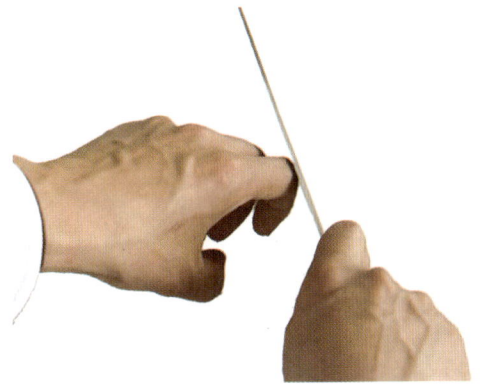

당근을 잡았다고 생각하고 당근을 빼낸 모양

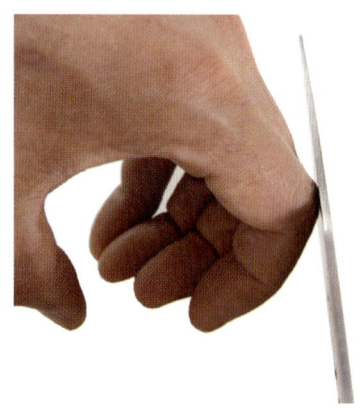

칼을 대고 있는 측면에서 본 모양

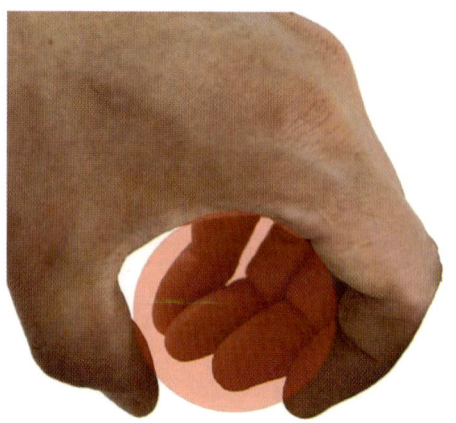

측면에서 본 모양. 사진처럼 손모양이 동그랗게 되어야 하며 둥근 모양이 찌그러지면 손가락의 첫째마디가 앞으로 나와 손을 베기가 쉽다.

(5) 손목의 움직임

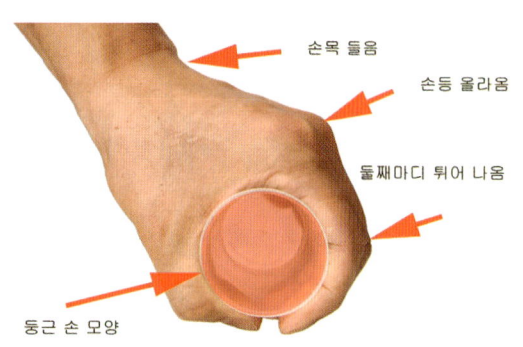

- **손목 들고 썰기(손목 들고 손등 올라온 모양)**
  둥근 손모양이 가장 이상적인 형태이고 칼에 베지 않는 방법이다. 모양이 흐트러지면 칼의 상하이동거리가 짧아져 다치기 쉬우므로 항시 둥근 모양을 유지해 주어야 다치지 않고 칼질을 할 수 있다. 손 안에 원이 당근을 잡은 것처럼 둥근 모양으로 둘째마디가 칼에 닿아 칼질이 되는 가장 안전한 모양이다. 빠른 칼질을 할 수 있고 후려 썰기, 밀어 썰기 등 모든 칼질에 기본이 되는 모양이다.(소주 컵을 잡은 상태)

- **손목 대고 썰기(손목내리고 손등 올라온 모양)**
  손끝을 접었고 손등이 튀어나와 있는 모양으로 손목 들고 써는 것보다는 위험하지만 많이 취하는 자세이다. 손 안에 원이 약간 눌린 모양으로 약간 위험하기는 하지만 작은 것을 썰거나 정교한 칼질에 좋다.

PART 1. 칼질법과 NCS 조리 실무

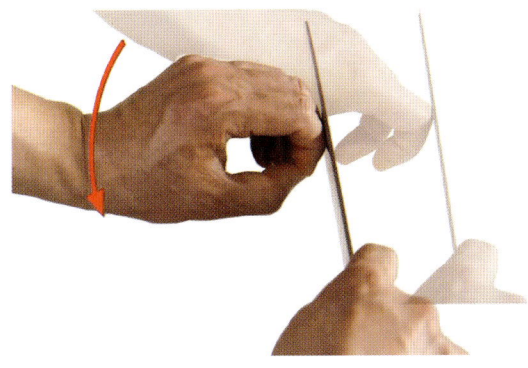

- **손목을 들었다 놓으며 썰기**
  위에 설명한 "손목 들고 썰기"와 "손목 대고 썰기"를 모두 이용하는 방법으로 처음에는 손목을 들어서 썰다가 재료가 짧아지면서 손목을 내려가며 써는 방법으로 처음에는 속도를 빨리 하여 썰다가 재료가 짧아지면 손목을 숙여가며 속도를 낮추어 천천히 마무리하는 방법으로 가장 많이 쓰는 방법이며 또한 가장 이상적인 방법이기도 하다.

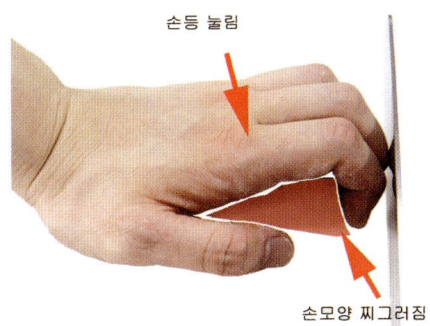

(X)

- **잘못된 모양(손등이 눌린 모양으로 매우 위험)**
  손끝을 접었고 첫째마디가 나와 있기는 하지만 손등이 눌려지면 손끝이 밖으로 나오게 되므로 매우 위험한 방법이다.

(X)

- **잘못된 모양(손끝을 펼친 모양으로 절대로 이런 모양으로 칼질하면 안 됨)**
  손끝을 펼치고 있는 모양으로 손끝을 펼치면 가장 위험한 손의 형태로 절대 이런 모양을 취하면 안 된다.

Chapter 1. 칼과 칼질법   **21**

(6) 재료 잡는 법

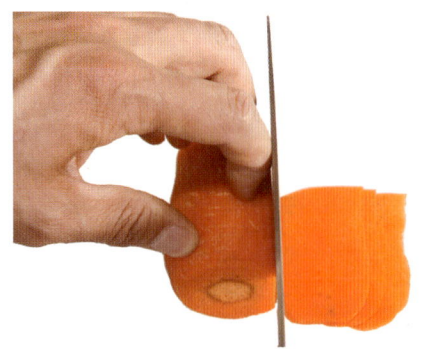

- 눌러 잡기 : 무, 당근, 호박 등 딱딱한 재료를 썰 때

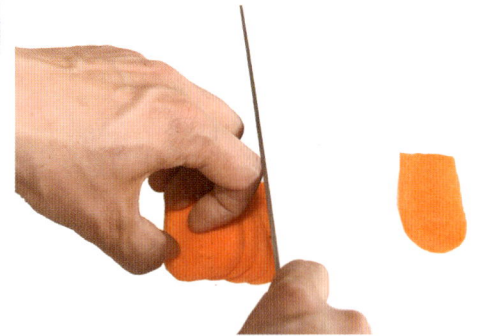

- 겹쳐 잡기 : 납작하게 편으로 썬 것을 여러 겹으로 겹쳐서 썰 때(무생채 썰 때)

- 모아 잡기 : 가는 파 여러 개를 송송 썰 때, 무·당근 등 채 썬 것을 다시 잘게 썰 때 하는 방식으로 손끝으로 재료를 눌러 잡고 손목의 각도를 높였다 놓으면서 칼질을 한다.

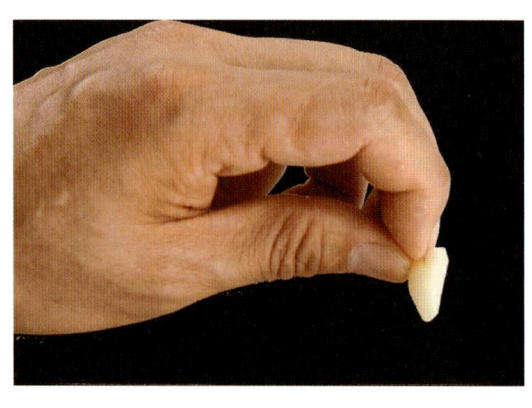

- 손끝 잡기 : 재료가 경사지거나 너무 얇아 썰기가 곤란할 경우 뒤쪽에 엄지손가락을 받치고 검지손가락 손톱 끝으로 재료를 잡고 썬다.(생강, 마늘 등을 납작하게 편으로 썰기 할 때)

PART 1. 칼질법과 NCS 조리 실무

(7) 길잡이 손가락 마디

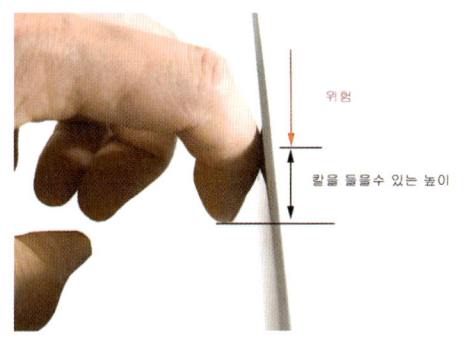

① **손가락 첫째마디 기준(약간 위험)**
칼을 들 수 있는 높이가 낮아 칼에 베이기 쉬운 모양으로 정교하게 썰 때 좋지만 많은 양을 빨리 썰기에는 적당하지 않다. 이런 칼질은 많은 숙련이 필요한 칼질법으로 베이기 쉬우며 속도를 빨리 하다 보면 실수를 하여 다치는 경우가 많다. 첫마디 기준으로 칼질을 하는 조리사는 자주 손을 베어 다치는 경우가 많다.

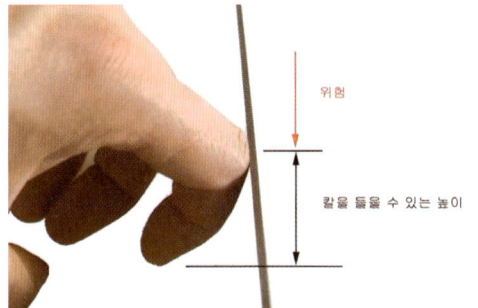

② **손가락 둘째마디 기준(가장 안전, 칼질에서 가장 중요한 사항)**
첫째마디로 할 때보다 칼을 들 수 있는 높이가 2배 가까이 높아져 손을 베는 경우가 그리 많지 않다. 하지만 정교함이 떨어지고 마무리 단계에서는 속도를 줄여 첫째마디에 칼을 닿게 해주어야 한다. 통상 둘째마디를 기준으로 하는 것이 조리의 기본이라 할 수 있다. 결론으로 말하자면 칼을 들 수 있는 높이를 높여 주는 것이 손을 베지 않는 비결이라 할 수 있다.

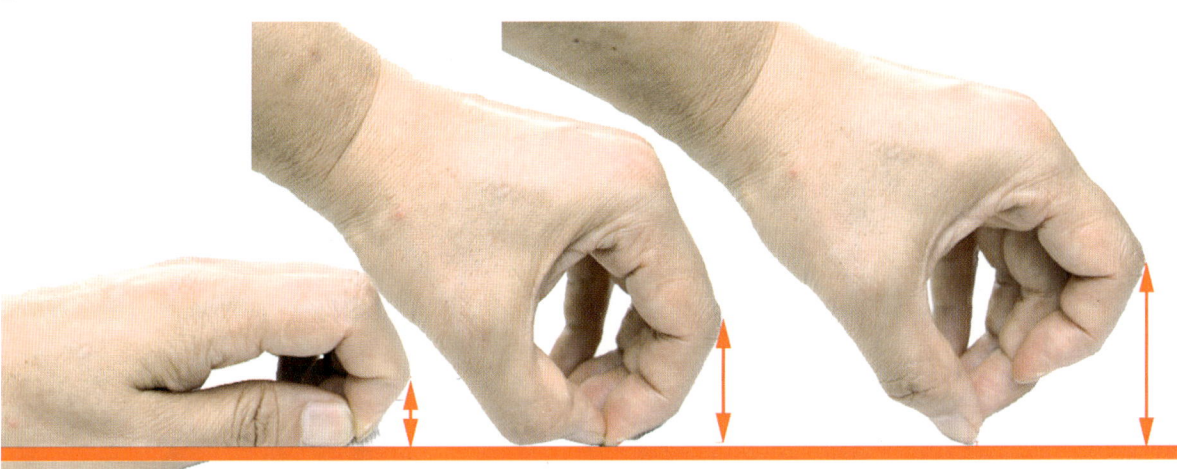

[손목대고 썰기]	[손목 들고 썰기]	[손목 들고 검지 들어 썰기]
칼을 들 수 있는 높이가 2~3cm 정도로 가장 낮아 칼에 베일 가능성이 제일 높으며 마지막에 조금 남았을 때나 작은 재료를 써는 방법으로 칼질 속도를 천천히 썰어야 한다.	칼을 들 수 있는 높이가 3~4cm 정도로 칼의 폭이 좁은 칼로 칼질할 때 적당하며 손목을 들고 검지를 바닥에서 약간 들릴 정도로 하며 검지 둘째마디가 제일 앞으로 나오게 해야 한다.	칼을 들 수 있는 높이가 5~7cm 정도로 칼의 폭이 넓은 칼이나 중식칼 사용 시에 적당하며 손목을 들고 검지를 들어 둘째마디가 제일 앞으로 나오게 해야 한다.

Chapter 1. 칼과 칼질법

(8) 왼손 힘주기

- **왼손에 힘을 어느 정도 주어야 할까**
  사진처럼 벽에 양손을 대고 서서 칼질할 때처럼 손 모양을 한 다음 25cm 정도 뒤로 물러서서 손에 받는 힘 정도를 칼질할 때 항상 힘을 주고 있어야 한다. 칼을 대고 문질러도 손가락이 움직이지 않아야 칼질이 잘 된다.

(9) 왼손 검지의 높이 맞추기

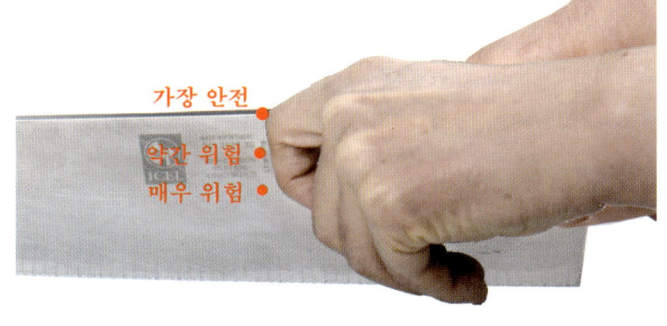

- **왼손 검지 부위별 안전성**
  칼질할 때 왼손을 칼에 대고 문지른다. 칼과 손이 닿는 부위에 따라 칼에 베일 수도 있고 안전하게 칼질을 할 수도 있다.
  검지 둘째마디가 칼등의 가장 높은 곳에 닿으면 가장 안전한 상태이며 칼질을 하다보면 닿는 부위가 낮아지면 낮아질수록 위험하다.

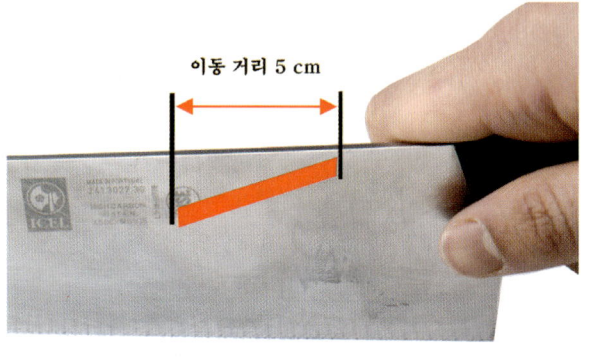

- 왼손 검지 이동 부위

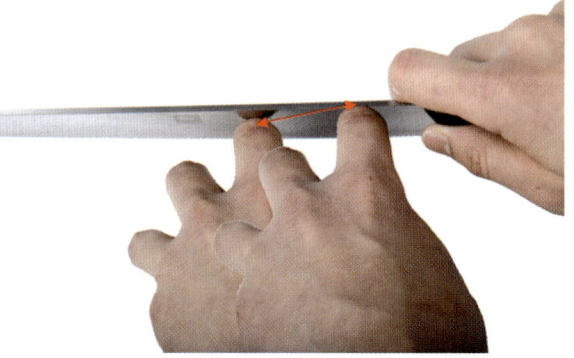

- 왼손 검지 이동 실사진

(10) 손가락 이동하는 방법

① 축(엄지와 새끼손가락) 고정하고 이동

가장 이상적이고 일정한 간격과 섬세하게 칼질할 수 있는 방법이다.

㉠ 축 고정하고 걸어서 이동 : 중지와 약지가 걸어가는 것처럼 움직이는 것

㉡ 축 고정하고 끌어서 이동 : 중지와 약지를 손을 긁듯이 끌어서 이동하는 방법으로 여러 개가 겹쳐진 것보다는 호박, 당근, 무와 같이 통으로 된 것을 썰 때 적당하다.

② 축(엄지와 새끼손가락)을 이동하며 써는 방법

폭을 넓게 썰어야 할 때 주로 이용되고 통으로 된 것을 썰 때도 이용된다.

㉠ 축(엄지와 새끼손가락)을 끌어서 이동

㉡ 축(엄지와 새끼손가락)을 교차하여 걸어가듯이 이동

③ 손목 각도로 이동

모아잡기를 한 경우에 손가락을 이동하기가 나쁘므로 손목의 각도를 높였다 낮추어가며 칼질을 하는 방법

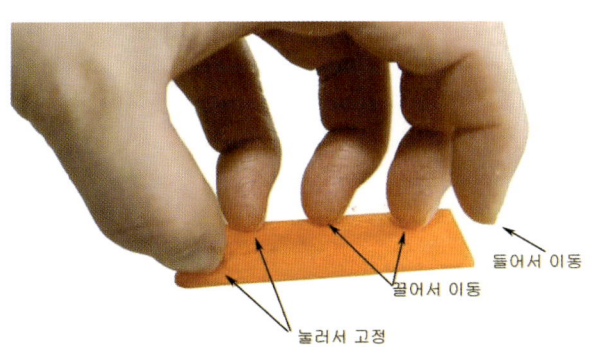

• 칼질할 때 축(엄지와 새끼손가락) 고정 이동방법과 손가락모양

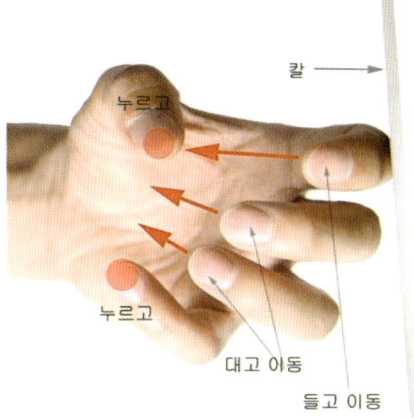

• 밑에서 본 모양

(11) 칼과 손가락의 닿는 위치, 칼질하는 손목과 손모양의 움직임

연속동작사진	방법	손목	엄지와 검지 간격	손가락 칼 닿는 부분	속도
①↓	손목을 들고 엄지와 검지를 **벌리고** 검지손가락 둘째마디가 칼에 닿게 하여 칼질을 시작한다.	들고	벌리고	검지 둘째마디	빨리
②↓	엄지손가락과 검지손가락이 점점 **가까워지고** 있다.	들고	줄이고	검지 둘째마디	빨리
③↓	**손목을 숙여** 가며 썰고 있고 검지손가락 둘째마디에 대고 쓸고 있다.	약간 내리고	붙이고	검지 둘째마디	빨리
④	팔목이 완전히 **도마에 닿고** 칼은 검지손가락의 첫마디에 닿아 썰고 있다.	완전히 내리고	붙이고	검지 첫째마디	천천히

PART 1. 칼질법과 NCS 조리 실무

①↓

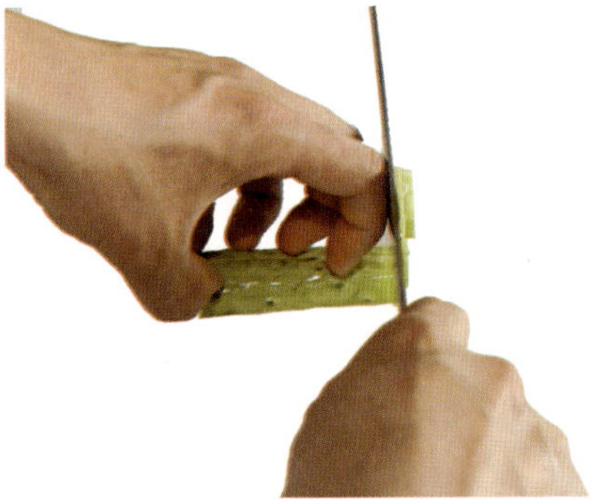

②↓

③↓

④

실제 칼질 모습

Chapter 1. 칼과 칼질법 27

2. 칼질하기

(1) 칼질 잘하는 방법

① 썰려고 하면 칼질이 잘 안 된다. 검지 둘째마디에 대고 칼을 문지른다고 생각하라.
② 눈감고 문질러라.(처음에는 넓은 플라스틱자를 이용하고 다음에는 손을 베지 않도록 날을 갈아 없앤 상태에서 검지에 밴드를 감고 아무것도 썰지 말고 도마에 대고 칼을 손에 대고 대각선으로 문지른다고 생각하고 문지른다)
③ 손모양이 찌그러지지 않게 하라.(당근을 잡은 것처럼, 또는 다회용 소주컵을 잡은 것처럼 하고 손 모양을 교정한다)
④ 칼과 검지손가락이 닿는 위치를 높여라.(첫째마디보다 둘째마디가 안전)

(2) 칼질하는 방법

① 칼의 움직임에 따라

   1) 밀어서 썰기
      ㉠ 밀어 썰기　　　㉡ 칼끝 대고 밀어 썰기　　㉢ 뉘어서 밀어 썰기

   2) 당겨서 썰기
      ㉠ 당겨치기　　　㉡ 칼끝 대고 당겨 썰기　　㉢ 당겨서 밀어붙여 썰기
      ㉣ 당겨서 떠내 썰기　㉤ 칼끝으로 당겨 썰기　㉥ 뉘어서 당겨 썰기

   3) 제자리 썰기
      ㉠ 후려 썰기　　　㉡ 작두 썰기(칼끝 대고 눌러 썰기)
      ㉢ 칼끝 제자리 썰기　㉣ 눌러 썰기　　㉤ 제자리 내려치기
      ㉥ 눌렀다 들며 썰기　㉦ 손끝 박아 썰기

   4) 깎아서 썰기
      ㉠ 당겨서 깎아썰기　㉡ 밀어서 깎아썰기　㉢ 돌려서 깎아썰기
      ㉣ 돌려 깎기

   5) 밀기 당기기 혼합법
      ㉠ 톱질 썰기　　　㉡ 당겨 눌러 썰기

(3) 칼질법의 종류

- **밀어 썰기**
가장 많이 사용하는 칼질법으로 소리가 작고 피로도가 적어 일반적으로 가장 많이 하는 칼질이고 또한 안전사고도 적다. 시험을 준비하는 분들은 이 칼질을 반드시 배워야 한다. 이 칼질만 배우면 어떤 재료든 써는 데는 크게 문제가 되지 않는다. 한식을 하는 분들이 주로 이 칼질을 많이 한다.

- **칼끝 대고 밀어 썰기**
밀어썰기 보다 조금 더 쉬우며 이 칼질법은 소리가 작은 것이 장점이며 쉽게 배울 수 있다. 밀어 썰기와 작두썰기를 합한 방법이로고 할 수도 있다.
배우기 쉽긴 하지만 두꺼운 재료를 썰기에는 부적당하다. 칼끝이 약간 위로 올라간 서울형, 경기도 형의 칼이 이런 방식에 적당하며 경상도 형의 칼은 조금 어렵다. 주로 양식조리사 들이 이 칼질법을 많이 쓰는 경우가 많다. 처음 시작할 때 이 칼질을 배우면 다른 칼질이 어려우므로 밀어 썰기부터 배워야 제대로 된 칼질을 할 수 있다.

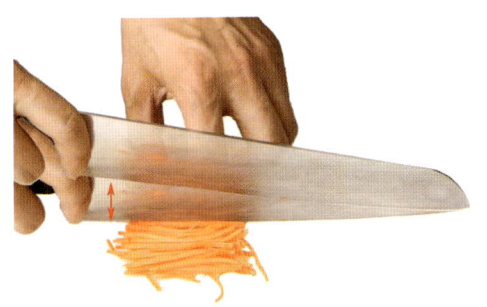

- **작두 썰기(끝 대고 눌러 썰기)**
처음에 배우기는 무척 쉽긴 하지만 무, 당근과 같이 두꺼운 재료를 썰기에는 부적당하다. 특히 긴 칼을 사용할 때 적합하고 칼이 잘 들지 않을 때 이 방법을 쓰면 편하다. 주로 양식하는 분들이 이 칼질법을 많이 쓰는 경우가 많다. 처음 시작할 때 이 칼질을 먼저 배우면 다른 칼질이 어려우므로 밀어 썰기부터 배워야 한다.

- **후려 썰기**
속도도 빠르고 손목의 스냅을 이용하기 때문에 힘도 적게 든다. 만일 이 칼질을 하는 데 힘이 든다면 스냅을 이용하지 못해서이다. 많은 양을 썰 때 적당하다. 정교함이 떨어질 수 있고 소리가 크게 나는 단점이 있다. 칼날이 좁으면 손을 다치기 쉬우므로 칼날이 넓은 칼을 사용하는 것이 좋다. 조리를 직업으로 하는 사람은 반드시 배워야 하는 칼집법이다.

• 칼끝 제자리 썰기
  양파를 다지거나 곱게 썰 때 양파의 뿌리 쪽을 그대로 두어 양파가 전체적으로 흩어지지 않게 하기 위해 칼끝으로 한쪽을 남기고 써는 방법으로 한식에서는 다질 때, 양식에서는 찹(다지는 것)할 때, 중식에서는 양파나 양배추를 썰 때도 이 방법을 많이 쓴다.

• 칼끝 당겨 썰기
  단무지나 피클 등을 흩어지지 않게 하기 위해 사용하는 칼질 방법이다.

• 칼끝대고 당겨서 썰기
  파 채썰기, 오징어 채썰기에 적당한 방법인데 칼끝을 도마에 대고 손잡이를 약간 들었다 당기며 눌러 써는 방법이다.

• 당겨서 눌러 썰기
  김밥을 썰 때 칼에 물을 묻히고 내려치듯이 당겨 썰고 그대로 살짝 눌러 김이 썰리게 하는 방법으로 초밥이나 김밥을 썰 때 가장 좋은 방법이다.

PART 1. 칼질법과 NCS 조리 실무

- **당겨서 밀어붙여 썰기**
  발라 낸 생선살을 일정한 간격으로 썰 때 적당하다. 주로 회를 썰 때 많이 쓰는 칼질법으로 무른 생선살을 썰 때 적당하다. 칼을 당겨서 썰어 놓은 회감을 차곡차곡 옆으로 밀어 붙여 차곡차곡 겹쳐 가며 써는 방법이다.

- **당겨서 떠내어 썰기**
  발라 낸 생선살을 일정한 두께로 떠내는 방법으로 주로 회를 썰 때 많이 쓰는 칼질법으로 탄력이 좋은 생선 즉 복어, 광어를 썰거나 초밥 생선을 자를 때 주로 많이 사용하는 방법이다.

- **뉘어서 당겨 썰기(뉘어서 밀어 썰기)**
  오징어 칼집 넣을 때 칼을 45° 정도 뉘워서 칼집을 넣을 때 이 칼질법을 이용해 썬다.

- **당겨서 깎아썰기**
  요즘에는 필러가 나와서 잘 쓰지 않는 방법이지만 엄지손가락에 칼날을 붙이고 껍질을 일정한 간격으로 벗기는 방법이다.

Chapter 1. 칼과 칼질법

- **밀어서 깎아썰기**
무를 모양 없이 깎아 썰거나 우엉을 깎아 썰 때 많이 쓰는 방법이다.

- **돌려서 깎아썰기**
당겨서 깎아썰기와 같은 원리로 엄지손가락에 칼을 붙이고 돌려가며 껍질을 까는 방법이다.

- **톱질 썰기**
어선, 섭산적, 짜춘권처럼 말이로 한 것이나 잘 부서지는 것을 썰 때 부서지지 않게 하기 위해 톱질하는 것처럼 왔다갔다하며 써는 방법

- **눌렀다 들며 썰기**
밀어 썰기와 비슷하지만 대각으로 썰지 않고 즉 칼을 앞뒤로 밀거나 당기지 않고 칼끝을 도마에 먼저 대고 눌러 썰고 칼끝부터 들었다 놓으며 써는 방법으로 지단채 썰 때 지단이 흩어지지 않게 할 때 좋다.

PART 1. 칼질법과 NCS 조리 실무

• **돌려 깎기**
오이나 당근 무 등을 돌려가며 얇게 떠서 써는 방법. 돌려 깎기를 할 때는 칼을 무조건 좌측으로 깎으려고만 하지 말고 칼이 상하로 움직이게 하고 칼날은 엄지손가락 중앙에 오게 하여 엄지로 두께를 가늠하고 상단은 눈으로 보아가며 두께를 조절한 다음 재료를 돌려가며 깎아 준다.

• **엄지 눌러 썰기**
특별히 배울 필요는 없지만 얼은 고기나 딱딱한 재료를 썰 때 가장 좋다.

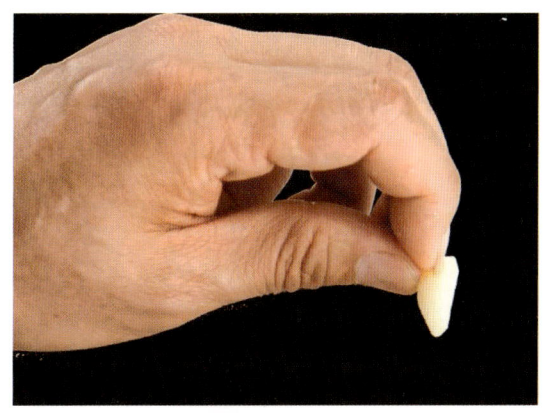

• **손끝 박아 썰기**
마늘처럼 작고 모양이 불규칙적이고 잡기가 나쁠 때 손톱 끝으로 재료를 고정시키고 써는 방법이다.

• **당겨치기**
칼을 앞으로 들어서 당겨가며 내려쳐 써는 방법으로 후려 썰기와 비슷하지만 오래 칼질하면 매우 힘든 칼질법이다. 채소류를 썰거나 작은 것을 썰 수 있는 방법으로 빠르게 썰 수는 있지만 팔에 힘이 많이 들어가 오랫동안 칼질하기는 힘들고 크고 두꺼운 재료를 썰기는 어려운 칼질법이다.

Chapter 1. 칼과 칼질법

- **제자리 내려치기**

이 칼질법은 칼을 위로 들었다 아래로 쳐서 써는 방법으로 칼의 이동 거리가 매우 짧아 손에 스냅을 줄 수가 없어 오로지 손의 힘으로만 써는 방법이다.

칼이 상하로만 이동하며 썰기 때문에 조금만 실수를 해도 다칠 가능성이 매우 높아 주의를 기울이지 않으면 안 된다. 당겨 치기와 비슷하지만 팔에 힘이 많이 들어 오래하면 매우 힘든 칼질법이다.

채소류를 썰거나 작은 것을 썰 수 있는 방법으로 빠르게 썰 수는 있지만 칼질법 중에 제일 힘이 많이 든다.

PART 1. 칼질법과 NCS 조리 실무

3. 중요 칼질법 익히기

(1) 밀어 썰기

① 가장 많이 사용하는 칼질법으로 모든 칼질에 기본이 되는 칼질법으로 검지손가락 둘째마디에 대고 대각선으로 비빈다는 기분으로 해야 하고 도마에 닿는 순간에 콕콕 소리가 날 정도로 1초에 평균 3회 정도 눌러 왕복하며 썰어준다.

칼질이 약간의 소리나 나지만 시험 준비생들에게 적당한 방법이고 모든 칼질에 기본이 되므로 반드시 익혀야 한다.

② 왕초보자는 넓은 자를 가지고 손에 비빈다는 기분으로 연습을 하는데 눈을 감고 연습을 해야 한다. 눈으로 보고 썰려면 칼질이 되지 않으니 넓은 자를 가지고 칼 대용으로 충분히 연습을 하는 것이 중요하며 연습 중에도 절대 칼을 높이 들지 않도록 해야 한다.

Chapter 1. 칼과 칼질법

(2) 칼끝대고 밀어 썰기

① 이 칼질법은 밀어 썰기와 작두 썰기를 합한 방법으로 칼 안바닥을 검지손가락 둘째 마디에 대고 칼끝을 도마에 대고 누른 상태에서 손잡이를 들어 칼을 앞뒤로 밀고 당기면서 칼질을 한다. 이 칼질은 쉽기는 하지만 밀어 썰기를 우선 배우고 나면 더 쉽게 배울 수 있다
굵은 채소를 썰기는 불편하지만 고기처럼 질긴 것을 썰 때 힘이 분산되지 않고 한곳으로 집중되어 썰기 좋다.

② 초보자는 밀어 썰기를 먼저 배우고 이 칼질을 배우기를 권하며 필자의 경험으로는 처음부터 이 칼질을 배우면 다른 칼질은 어려워 배우지 못하는 경우가 많으니 참고하기 바란다.
이 칼질을 배우고 나면 밀어 썰기 하기가 힘들어서 밀어 썰기를 배우고 나서 배우기를 권한다.

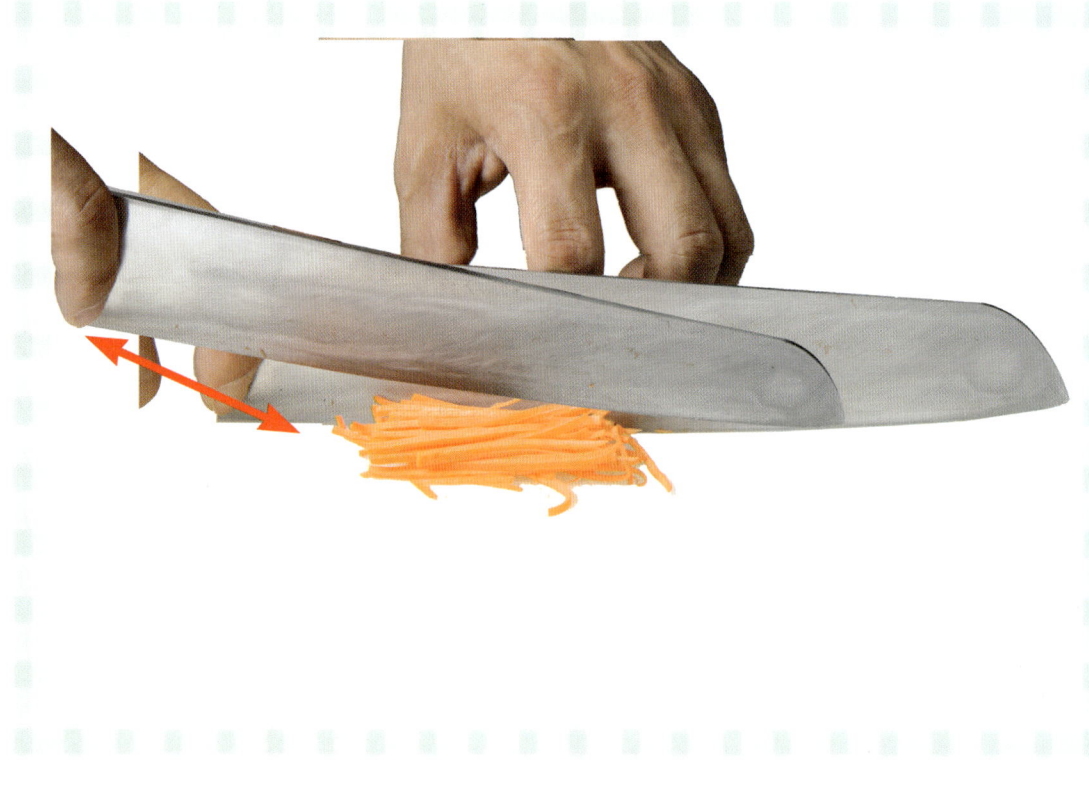

(3) 작두 썰기(칼끝대고 눌러 썰기)

① 칼 옆을 검지손가락 둘째마디에 대고 칼끝을 도마에 대고 누른 상태에서 손잡이를 쿡쿡 누르며 작두질하는 것처럼 칼질을 한다. 이 칼질을 할 때는 칼의 길이가 27cm 이상 되는 칼로 하는 것이 편하다.

② 초보자는 밀어 썰기를 먼저 배우고 이 칼질을 배우기를 권하며 필자의 경험으로는 처음부터 이 칼질을 배우면 다른 칼질은 어려워 배우지 못하는 경우가 많으니 참고하기 바란다.

(4) 후려 썰기

동작 1. 칼이 도마에 닿아 있는 상태

동작 2. 칼끝을 누른 상태에서 칼 손잡이를 들어 가는 상태

동작 3. 손잡이를 올렸다 내리려고 하는 상태(칼끝이 손목의 스냅으로 들려 올라가는 상태)

동작 4. 손잡이를 빠른 속도로 내리는 상태(칼끝이 후려져서 바닥을 향해 내려가는 순간)

① 위 동작은 연속적으로 이루어지고 1초에 3~7회 정도의 칼질이 이루어지며 칼을 잡은 상태에서 칼끝을 항상 누르고 있다고 생각하고 칼질을 해야 한다. 즉 칼끝을 누른 상태에서 순간적으로 손목을 들어 후린다는 기분으로 해야 한다.

② 처음 연습할 때는 오른손을 대지 말고 반듯한 나무토막이나 플라스틱자를 세워 놓고 거기에 대고 연습하는 것이 좋다.

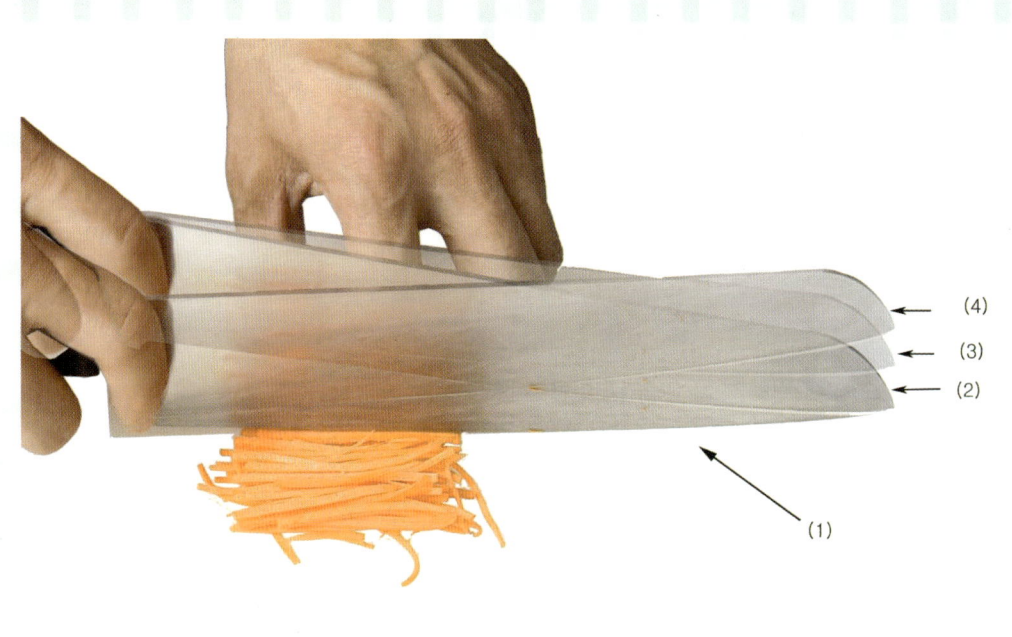

4. 칼질 연습하기

가로×세로×높이 (실칫수)	분야	이 름
1cm×1cm×5cm	한식	1cm 막대 썰기
	중식	조(條/텨우)
0.6cm×0.6cm×6cm	한식	0.5cm 막대 썰기
	양식	batonnet(바토넷), Pont neuf (퐁느프) large julienne(라지 줄리엔느)
	일식	효시키기리(拍子切り)
	중식	세조(細條 씨텨우)
0.5cm×0.5cm×3cm	한식	0.5cm 굵은 채 썰기
	양식	Russe(뤼스)
	중식	단조(短條/돤텨우)
0.3cm×0.3cm×6cm	한식	채 썰기
	양식	Allumette(알류메트)/ Julienne(쥴리엔느)
	일식	센기리(千切り)
	중식	사(絲/쓰)
0.15cm×0.15cm×5cm	한식	실채 썰기
	양식	Fine julienne (파인 줄리엔느)
	일식	하리기리 (はりぎり)
	중식	세사(細絲/씨쓰)
2cm×2cm×2cm	한식	깍둑 썰기, 2cm 주사위 썰기
	양식	cube(큐부) / large dice(라지다이스)
	중식	대정(大丁/따띵)
1.2cm×1.2 cm×1.2cm	한식	1.2cm 주사위 썰기
	양식	medium dice(미디엄다이스) Macedoine (마세도앙)
	일식	사이노메기리(賽の目切り)
	중식	정(丁/띵)
0.6cm×0.6cm×0.6cm	한식	0.6cm 주사위 썰기
	양식	small dice (스몰다이스)
	중식	소정(小丁쇼우띵)

가로×세로×높이 (실칫수)	분야	이름
0.5cm×0.5cm×0.5cm	한식	0.5cm 주사위 썰기
	양식	Concasse(콩까세) - 토마토 썬 것
	일식	아라레기리 (あられぎり)
	중식	소정(小丁/쇼우띵)
0.3cm×0.3cm×0.3cm	한식	0.3cm 주사위 썰기
	양식	brunoise (브뤼누아즈)
	중식	세소정(細小丁/씨쇼우띵)
0.15cm×0.15cm×0.15cm	한식	0.15 주사위 썰기
	양식	Fine brunoise (파인 브뤼누아즈)
2cm×3cm×0.2cm	한식	골패형
	일식	단자쿠키리(知冊切り)
	중식	장방편(長方形片/창팡싱팬)
2.5~3cm×2.5~3cm×0.2cm	한식	나박 썰기
	일식	이로가미기리(色紙切り)
	중식	정방편(正方形片/쩡팡싱팬)
1.2cm×1.2cm×0.3cm	한식	1.2 cm 나박 썰기
	양식	paysanne (페이잔느)
	중식	소편(小片/쇼팬)
1.2cm×1.2cm×0.3cm	한식	마름모 썰기
	양식	Printanier(프렝타니에) Lozenge(로젠지)
	중식	상안괴(象眼塊/쌍엔구이 2~3cm)

자르는 모양	분야	이 름
	한식	말아 썰기
	양식	Chiffonade(쉬포나드)
	중식	권사(卷絲/줸쓰)
	한식	얇게 썰기
	양식	Emincer(에멩세) / Slice(슬라이스)
	일식	우스즈쿠리(薄造り/회를 뜻하기도 함)
	중식	편(片/팬)
	양식	Chateau(샤또)/cocotte(코코트)
	양식	olivette(올리베토)
	양식	Carrot Vichy(케럿 비취)
	한식	원형썰기
	양식	Rondelie(롱델)
	일식	와기리([わぎり]
	중식	원형 (圓形/웬싱)
	양식	Tourner(투르네)

자르는 모양	분야	이 름
	한식	파내기
	양식	perisienne(피리지엔)
	중식	굴(掘/와)
	한식	쪼개 썰기
	양식	웨이지형
	일식	쿠시가타기리(しがたぎり)
	한식	반달 썰기
	일식	한게쯔기리(半月切り)
	중식	반원(半圓/빤위엔)
	한식	은행잎 썰기
	일식	이쪼기리(銀杏切)
	중식	은행잎(銀杏葉/인씽이에)
	한식	부채꼴 썰기
	일식	지가미기리(地紙切)
	중식	부채형(싼즈싱)
	한식	빗살무늬 썰기
	일식	쓰에히로기리(末廣切り)
	한식	어슷 썰기
	일식	나나메기리(斜め切り)
	중식	사선썰기(斜線/씨에즈채)

자르는 모양	분야	이 름
	한식	돌려깎기
	일식	가쯔라무끼(桂剝き)
	중식	돌려 썰기(回轉/휘이좐채)
	한식	눈섭나물 썰기
	한식	송송 썰기
	일식	고구치기리(小口切り)
	중식	세미편(細微片/씨웨이팬)
	한식	막 썰기
	일식	란기리(亂切り)
	중식	마제형(馬蹄形/마티싱), 난(亂切/롼채)
	한식	깎아 썰기(삐져썰기)
	일식	사사가키(ささがき)
	중식	삭(削/셔우)
	한식	모서리 다듬기
	일식	맨도리(面取り)
	중식	변각채(邊角切/뺀죠우채)

자르는 모양	분야	이 름
	한식	다지기
	양식	Hacher (아세)/ chopping(찹핑)
	일식	미징기리(みじん切り)
	중식	말(沫/뭐어)
	한식	으깨기
	양식	Mince(민스)
	중식	니(泥/니)

PART 1. 칼질법과 NCS 조리 실무

조리복장 갖추기

1. 조리복장 갖추기

(1) 앞치마 매기

	① 앞치마를 한 번 접어서 두르고
	② 서로 엇갈려 오른쪽 옆에 교차시켜
	③ 교차부위가 가운데 오도록 오른쪽 끈을 접어가며 교차부위를 누르고
	④ 남은 끈 하나를 밖으로 풀리지 않게 교차부위를 꼭꼭 말아 나비모양을 만든 다음
	⑤ 남은 끈은 허리 안쪽으로 접어 넣는다.

(2) 위생모 쓰기

위생모 쓰는 방법

머리 정리하기(여)

(3) 타이(스카프) 매기

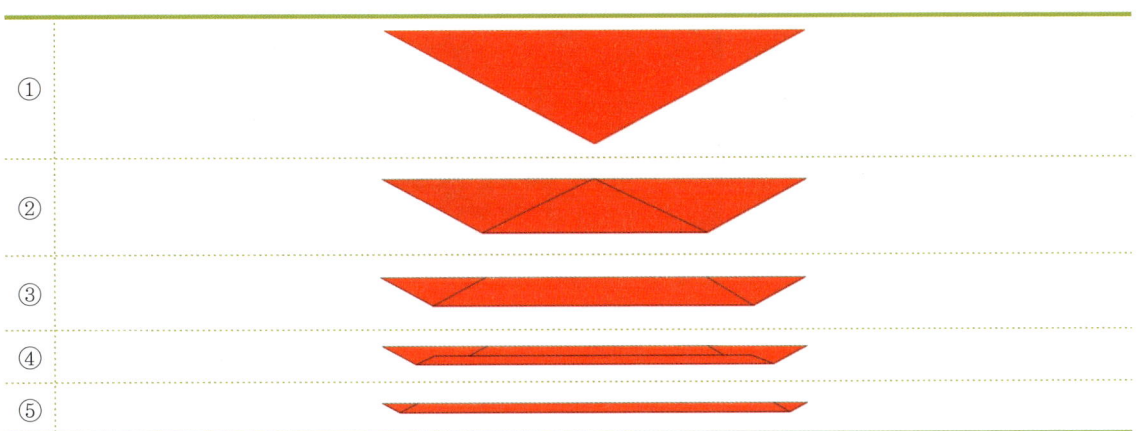

타이 접는 순서

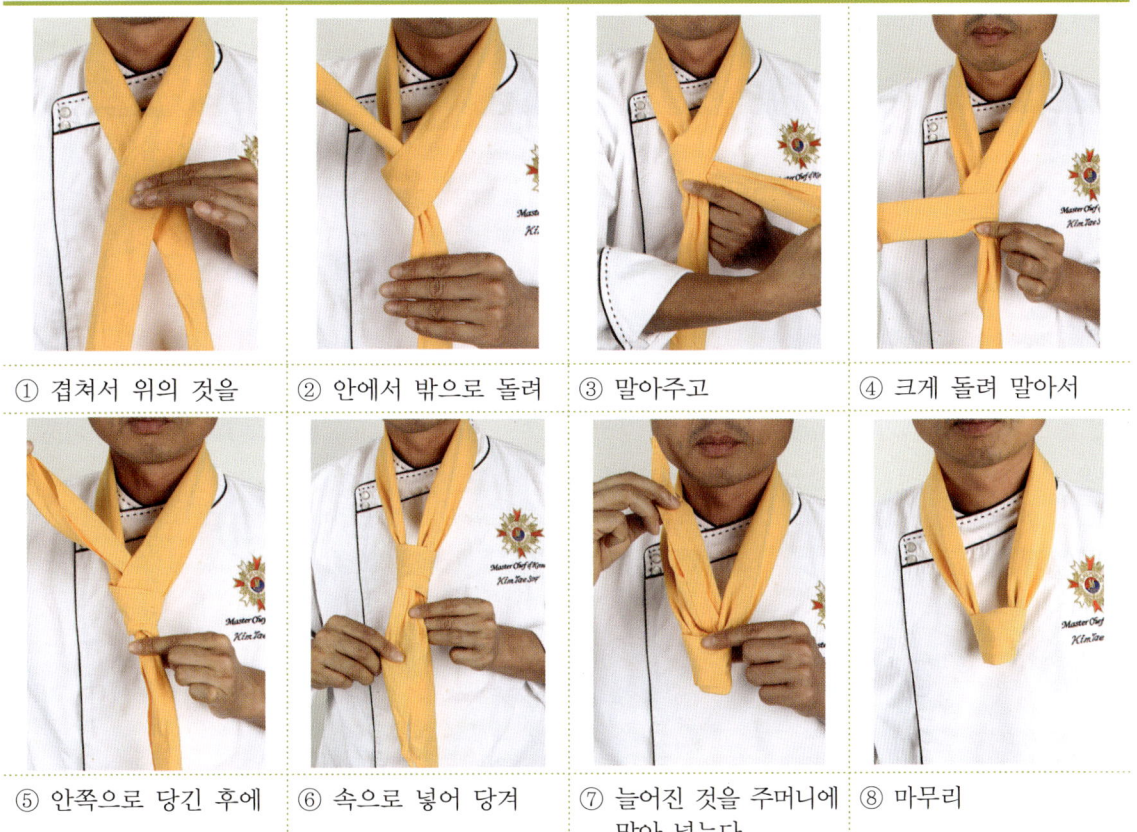

| ① 겹쳐서 위의 것을 | ② 안에서 밖으로 돌려 | ③ 말아주고 | ④ 크게 돌려 말아서 |
| ⑤ 안쪽으로 당긴 후에 | ⑥ 속으로 넣어 당겨 | ⑦ 늘어진 것을 주머니에 말아 넣는다. | ⑧ 마무리 |

타이 매는 방법

위생 상태 불량의 예

 재료 다듬은 것을 개수대에 버림	 고기의 핏물이 다른 재료와 도구에 오염	 접시도 지저분하고, 숟가락은 여기저기 놓여 있음. 사용한 행주를 아무 데나 놓음
 작업대에 물기가 흘러 지저분함	 양념장이 여기저기 묻어 지저분함	 핏물, 양념장이 흘러 지저분함
 사용한 행주 관리 불철저, 작업대에 물기가 흥건함	 화장지 사용 및 사용한 휴지를 개수대에 버림, 이물질을 버려 지저분함	 팔찌를 차고 실습함
 시계를 차고 있음	 접시에 이물질이 많음	

PART 1. 칼질법과 NCS 조리 실무

Chapter 3. 위생관리

1 개인위생관리

1. 개인위생

　개인위생관리의 목적은 식중독을 예방하고 전염병으로부터 국민건강을 지켜나가기 위한 것이다. 조리사가 법적으로 지켜야 할 위생기준과 식품의 안전성 확보라는 차원에서 몸을 청결히 하고 시설과 도구 장비관리 등 위생관리의 기본이 되는 것은 개인위생이라 할 수 있다.
　개인위생관리 방법을 숙지하고 청결을 유지하는 방법을 알아보도록 하겠다.

(1) 손 세척과 손톱관리

① 음식을 만들기 위해 썰고 조리하고 담는 모든 일이 손을 대지 않고는 가능한 일이 거의 없다. 그래서 손을 청결히 하고 관리하는 것은 조리사의 가장 중요한 위생 수칙이다.
② 손은 비위생적인 것들과 가장 접촉이 많기 때문에 오염가능성 또한 가장 높다.
③ 세척되지 않은 재료를 만지거나 난류를 만지면 반드시 씻어주고 특히 화장실 출입 후에는 반드시 세제로 씻어 주어야 한다.
④ 손톱이 길면 손톱 사이로 이물질이 끼어 있다가 조리과정에서 빠져나와 음식을 오염시키며 오염된 음식을 취식하면 식중독의 원인이 되기도 한다. 손톱이 길면 칼질하는 과정에서 손톱이 잘려나가 음식에 혼입되어 이물질 사고가 생길 수도 있다.
⑤ 손톱에 매니큐어를 바르면 화학물질이 음식을 오염시키는 원인이 되기도 한다.

(2) 상처에 의한 오염

① 조리사가 칼을 사용하다 보면 칼에 의해 자상을 입을 수도 있다. 베인 상처나 긁히고 화상을 입은 상처에 균의 발생으로 화농균이 생기고 이로 인해 식중독이 발생할 수도 있다.
② 오염 방지를 위해서는 음식을 만지지 않는 것이 가장 좋지만 어쩔 수 없을 경우에는 상처를 치료하고 오염되지 않도록 고무장갑을 끼고 일을 하는 방법밖에는 없다.
③ 일이 끝난 후에는 소독하고 건조시켜 상처가 빨리 아물도록 해야 한다.

(3) 몸의 청결

① 조리장에서는 신과 옷을 갈아입고 출입하는 것이 좋으며 조리장에 들어오기 전에 머리를 감고 샤워를 하면 좋겠지만 최소한 아침에 일어나서 머리를 감고 샤워를 하고 속옷을 갈아입고 몸을 청결하게 한 후에 조리에 임하는 것이 좋다.
② 머리도 길면 땀이 많이 생기고 오랫동안 모자를 쓰고 있으면 가려울 수도 있으니 될 수 있으면 짧은 머리를 하여 통풍이 잘 되게 해주는 것이 좋다.

(4) 위생복과 위생모, 앞치마

위생복과 위생모, 앞치마는 매일 갈아입어야 한다. 특히 조리장에서 앞치마 없이 조리를 하면 뜨거운 기름이나 물에 화상을 입는 경우도 많으므로 오염방지와 안전을 위해서라도 반드시 착용하고 작업에 임하는 것이 좋다.

(5) 기타 오염방지나 안전을 위해 지키거나 금지해야 할 사항

① 조리장에 외부인 출입금지
② 조리장 내에서만 신는 전용신발 사용(화장실 오염이나 외부 오염 방지)
③ 조리장 내에 구충구서
④ 조리장 내에서 침을 뱉거나 코를 푸는 행위
⑤ 손으로 머리나 얼굴부위를 만지는 행위(식중독 원인)
⑥ 조리장 내에 살충제를 살포하는 행위
⑦ 세제나 소독약 등을 음식 가까이 두는 행위

2. 주방 위생관리

(1) 조리기구류 및 부속품의 세척

① 고기를 갈 때 쓰는 스크류, 믹서기, 훅, 휘퍼 등을 세척할 때는 부속을 분리하여 부착 이물질을 대략적으로 씻어내고 세제를 이용해 세척한 다음 잘 헹궈주고 자외선 소독기 등에 넣어 소독하고 사용 전에 꺼내서 사용한다.

② 탈부착이 불가능한 것들은 1차 헹굼 후 세제를 묻혀서 씻어내고 뜨거운 물을 부어 헹궈준 다음 소독용 알코올을 분무하여 소독하고 건조시켜 사용한다.

③ 칼이나 기타 기구류 또한 위와 같은 방법으로 하여 사용하는 것이 좋다.

(2) 도마세척

① 도마는 나무나 플라스틱도마를 사용하는데 1일 2회 정도는 세제로 잘 씻어주고 삶아 주는 것이 좋다. 하지만 크기가 커서 소독이 불가능한 경우도 많이 있다.

② 크기가 큰 경우에는 세제로 잘 씻어주고 헹궈서 차아염소산나트륨(락스)을 희석배수에 맞추어 희석하여 뿌려주고 대기 오염이 없는 창가의 햇빛에 잘 건조하여 주고 사용 시에는 뜨거운 물을 부어 헹궈내고 사용한다.

(3) 행주 소독

행주는 이물질이 많이 있으므로 우선 세제를 이용해 세탁하고 헹군 후 10분 이상 삶아서 열탕소독을 한 다음 대기 오염이 없는 햇빛에 건조시켜 사용하는 것이 좋다.

3. 구충 · 구서

(1) 구충

① 바퀴벌레는 식품을 가장 잘 오염시키는 곤충의 하나로 군집성, 야간 활동성, 잡식성의 곤충으로 아주 작은 틈에서도 잘 살고 조리장에 습기가 많고 먹이가 많은 관계로 더욱 살기 좋은 상태가 된다. 그러므로 깨끗하게 청소를 잘 해 주고 훈증소독으로 잡아 주는 것이 좋은데 조심해야 할 것은 일정기간 냄새가 나고 위생복 등을 걸어두면 모두 변색되기 때문에 주의해야 하고 소독하는 곳에 식품이 있어서는 안 된다.

② 카바메이트계나 페니트로치오 같은 약제를 살포하거나 독이 든 먹이를 주는 독이법이나 붕산을 사용하는 것도 좋은 방법이다. 파리, 모기 등 곤충은 방충망의 설치로 막아주고 특히 출입문의 방충에 신경을 써야 한다.

(2) 구서

① 방서망 설치 : 주방의 하수구나 쥐가 출입할 수 있는 틈을 제거하고 막아준다.
② 살서제, 쥐틀이나 점착시트(끈끈이) 등을 이용해서 잡아주고 방서망을 설치한다.

4. 위생관리 및 점검

(1) 청소 및 관리상태 점검
(2) 위생교육실시 상태
(3) 기구 및 식기 등 세척상태 점검
(4) 음식물 쓰레기 관리상태 점검
(5) 위해요소 중점 관리기준(HACCP)을 점검

2 식중독 관리

1. 식중독이란

식중독이란 경구적으로 체내에 들어간 각종 유해 미생물, 유독성 물질, 위해물질 등이 신체에 이상 현상을 나타내는 것을 말한다.

미생물에 의해서 나타나는 경우가 많기 때문에 흔히 변질된 음식을 먹고 나타나는 것으로만 인식하는 경우가 많지만 그 외에도 각종 화학물질, 농약, 중금속, 식물의 독, 동물의 독 등이 식품가 같이 섭취되어 인체에 해를 주는 것을 통칭하여 식중독이라 한다.

2. 식중독의 원인

안전하지 못한 식품원료를 이용하거나 식중독균에 오염된 음식을 섭취하거나 사람 간의 전염으로 식중독이 발생한다.

(1) 살모넬라 : 계란, 식육류와 가공품
(2) 장염비브리오 : 여름철 연안에서 채취한 어패류 및 생선회 등
(3) 병원성 대장균 : 환자나 동물의 분변에 직접 간접적으로 오염된 식품
(4) 리스테리아 : 살균되지 않은 우유나 연성치즈, 닭고기, 소고기 등 고기, 생선 등에 존재
(5) 황색포도상구균 : 사람 또는 동물의 피부 점막에 널리 분포하고 있으며 특히 고름 등 화농성 상처에 많다.
(6) 노로바이러스 : 환자의 분변을 통해, 오염된 채소, 어패류, 지하수 등을 통해 감염되며 겨울철 식중독의 원인이 되고 환자와 직간접적인 접촉을 통해서도 감염

3. 식중독 분류

미생물 식중독	세균	세균성(감염형)	균이 식중독을 일으키는 것 (살모넬라, 비브리오식중독, 병원성 대장균, 리스테리아)
		세균성(독소형)	균이 만들어 낸 독소가 식중독을 일으키는 것 (포도상구균식중독, 보툴리누스 식중독, 웰치균식중독, O-157)
		알레르기성	프로테우스균
	바이러스		노로바이러스
	곰팡이		푸른속곰팡이(황변미), 맥각균, 아플라톡신(된장)
화학적 식중독	농약, 중금속 식중독		수은, 납, 카드뮴
	첨가물 식중독		불량첨가물(착색제, 보존료, 표백제 등)
자연독 식중독	식물성 자연독		독버섯, 싹이 난 감자, 독미나리, 청매 등
	동물성 자연독		복어, 조개 등

4. 세균성 식중독

(1) 감염형 식중독

식중독 균이 식품 내에서 증식하여 많은 균이 생성되었을 때 그 식품을 섭취하여 원인 균이 식중독을 일으키는 식중독

① 살모넬라 식중독 : 살모넬라균이 위장증상과 급격한 발열(38~40℃)을 일으키고 원인식은 여러 가지가 있으나 육류, 생선류, 가공품, 샐러드, 난류, 어패류, 우유, 유가공품이 주원인이고, 잠복기는 18시간 정도이며 위해 곤충이나 쥐, 조류에 의해 오염된다. 방지책으로는 60℃에서 30분이면 사멸하므로 일반적으로 가열조리하면 안전하다.

② 장염비브리오 식중독 : 비브리오균은 염분기가 3~4% 있는 상태에서 잘 자라는 호염성의 그람음성간균으로 주 증상은 구토, 복통, 설사와 같은 급성위장염 증상이고 약간의 발열이 있다. 원인식은 어패류가 주 원인이고 어패류를 조리한 도마, 행주, 칼, 용기, 조리기구를 통해서 감염되는 경우도 많다. 균이 저온에서 잘 자라지 못하므로 냉장보관하고 먹을 때는 가열 섭취한다.

③ 병원성 대장균 식중독 : 사람이나 동물의 장에서 잘 번식하고 흙에도 존재한다. 원인균은 병원성 대장균이고 증상은 급성 대장염이며 원인식은 분변이 묻을 가능성이 있는 식품이 모두 포함된다. 착유 중 우유에 오염되거나 가공 과정이나 조리할 때 소시지, 햄, 치즈 등에 오염되거나 마요네즈 만드는 과정에서 달걀의 분변에 기인하기도 한다. 잠복기는 평균 13시간이다. 예방법은 동물의 분변오염이 되지 않게 하는 것이 중요하다.

(2) 독소형 식중독

식품 속에 병원체가 오염되어 증식하다가 균이 만들어낸 독소에 의해 식중독이 발생하는 것을 말한다.

① 포도상구균 식중독
　㉠ 황색포도상구균에 의한 화농성 질환의 대표적인 균으로 포도상구균이 생성한 엔테로톡신이라는 독소가 식중독을 일으킨다.
　㉡ 엔테로톡신은 열에 강해 100℃에 끓여도 파괴되지 않기 때문에 일반적인 가열 조리로는 예방이 안 된다.
　㉢ 증상은 구토, 복통, 설사 같은 위장증상이며 원인식은 얼굴을 만지거나 상처 있는 손으로 만든 식품 등이 가장 큰 원인으로 유가공품, 손으로 조리한 식품(떡, 김밥, 도시락) 등이 많다.

ㄹ 잠복기는 가장 짧아 식후 3시간 이후에도 발병한다. 예방법은 손이나 몸에 화농이 있는 사람은 식품 취급을 하지 않으며 조리실의 청결은 물론 조리된 식품을 신속하게 섭취한다.

② 보툴리누스균 식중독(클로스트리디움 보툴리눔 식중독)

ㄱ 편성혐기성의 균으로 뉴로톡신이라는 독소를 발생시키며 원인균은 보툴리눔균 중 A, B, E형이다.

ㄴ 증상은 신경계 이상으로 세균성 식중독 중 치사율이 가장 높고 원인식은 균이 혐기성 균이어서 혐기적인 상태에 있는 식품이 모두 포함된다. 즉 통조림, 햄, 소시지가 원인이지만 가열하면 80℃ 열에 의해 독소가 파괴된다. 하지만 균은 열에 강해 살아 있어 혐기 상태에서 다시 독이 생긴다. 잠복기는 12~36시간으로 잠복기가 길다. 예방법은 음식물을 가열처리한다.

③ 웰치균 식중독

편성혐기성균이고, 열에 강한 균으로 웰치균 A, B, C, D, E, F의 6형이 있으며 이 중 A형이 원인균이고 90℃에서 30분 정도에 사멸하고 복통, 심한 설사가 생기며 육류, 어패류 및 가공품이 원인식이고 잠복기는 평균 12시간 정도이다. 예방법은 분변의 오염을 막고 식품을 저온 보관한다.

④ O157 ; H7

출혈성 대장균 돼지 등의 장내에 존재하며 분쇄육, 채소류 햄버거, 소시지 등이 원인이다. 출혈성 대장염으로 복통, 구토, 설사를 유발한다. 예방법은 65℃에서 10분 이상 가열하고, 청결을 유지하는 것이다.

(3) 기타 세균에 의한 식중독

① 알레르기성 식중독

프로테우스 모르가니(proteus morganii)가 히스타민을 축적하여 발생한다. 증상은 두드러기와 붉은 반점이 생기고 두통, 오한, 발열, 구토, 설사를 한다. 항히스타민제 투여로 치료한다. 원인식은 붉은살생선이 많다.

(4) 세균성 식중독의 예방법

① 음식을 남기지 말 것
② 장시간 보존할 때 빠른 냉각
③ 낮은 온도에서 보존

④ 충분히 재가열 조리
⑤ 조리작업자의 청결유지(상처 있는 자 조리 금지)
⑥ 소량의 조리, 생식 금지

5. 화학물질에 의한 식중독

(1) 유해금속에 의한 식중독(체내 잔류 축적)
① 수은(Hg) : 미나마타병(지각이상, 언어장애, 보행곤란)
② 납(Pb) : 지각상실, 시력장애, 만성피로, 소화기장애, 연산통, 운동마비
③ 카드뮴(Cd) : 이타이아타이병(신장장애, 골연화증, 단백뇨, 폐기종)
④ 기타 : 비소(As), 구리(Cu), 안티몬(Sb), 아연(Zn), 주석(Sn)

(2) 농약에 의한 식중독
① 유기인제 : 파라티온, 알라티온, 다이아지논 신경독이 주 증상
② 유기 염소제 : DDT, BHC
③ 비소화합물 : 비산칼슘
④ 카바메이트제
⑤ 유기 수은제

(3) 불량첨가물에 의한 식중독
① 불량 감미료 : 둘신, 사이클라메이트, 에틸렌글리콜
② 불량 착색제 : 아우라민, 로다민 B, p-니트로아닐린
③ 보존료 : 불소, 승홍, 붕산, 포름알데히드
④ 표백제 : 롱갈리트, 형광표백제

(4) 화학물질에 의한 식중독 예방법
① 불량 기구, 용기, 포장의 사용금지
② 농약의 사용 제한, 사용방법 및 사용기준 준수
③ 불량 첨가물 사용 금지

6. 자연독에 의한 식중독

(1) 동물성 자연독
① 복어 중독 : 테트로도톡신
② 조개류 중독
   ㉠ 섭조개(홍합), 대합, 검은조개 : 삭시톡신(saxitoxine)
   ㉡ 굴, 바지락, 모시조개, 고동 : 베네루핀(venerupin)

(2) 식물성 자연독
① 독버섯 식중독 : 무스카린, 무스카리딘, 뉴린, 콜린, 팔린, 아마니타톡신, 필즈톡신, 아마니타톡신
② 감자 중독 : 솔라닌(싹이나 녹색부분을 제거)
③ 독미나리(시큐톡신), 목화씨(고시폴), 독보리(테무린), 미치광이풀(아트로핀), 청매(아미그달린), 대두(사포닌), 피마자(리신)

(3) 곰팡이 중독(마이코톡신)
① 황변미 중독 : 페니실륨(푸른속곰팡이)이 저장 중인 쌀에 번식
   독소 : 시트리닌, 시크리오비리딘, 아이슬랜디톡신(신장독, 신경독, 간장독)
② 맥각 중독 : 보리, 밀, 호밀에 에르고톡신, 에로고타민 등의 간장독 독소 생성
③ 아플라톡신 중독 : 된장, 땅콩

7. 식중독 방지를 위한 개인위생관리

(1) 식중독 방지를 위해 조리 작업 전 점검사항
① 위생복, 위생모, 위생화 등 항시 착용
② 장신구 착용 금지(목걸이, 시계, 반지, 팔지, 귀걸이)
③ 외상, 염증, 발열, 설사, 복통 등이 있는지 확인
④ 작업 시작 전 손, 손톱, 머리, 매니큐어 제거 등 개인위생관리
⑤ 위생복장을 착용한 상태에서는 조리실 외에 매장·화장실·창고, 외출 등 외부오염 가능성 있는 장소 및 이동을 금지

(2) 손 상처 오염방지(식품취급 절대 금지)
치료하기 ⇒ 밴드로 감기 ⇒ 지샤크 끼우기 ⇒ 고무장갑

(3) 손을 씻어야 할 때
① 작업 시작 전
② 만지는 식재료가 바뀔 때마다
③ 생선, 생고기 등을 만지고 난 후
④ 재채기, 기침, 코를 푼 후
⑤ 쓰레기나 이물질 또는 청소도구를 만진 경우
⑥ 화장실 사용 후
⑦ 머리나 얼굴 신체를 만진 후
⑧ 조리 도구 외의 물품을 만진 후(핸드폰, 볼펜, 노트, 컴퓨터, 전표, 돈 등)

 **손씻기 순서**

① 세제를 묻혀 거품나게 비빈다.
② 깍지 끼고 손가락 사이로 비빈다.
③ 손바닥, 손등을 모두 문지른다.
④ 손가락 돌려가며 씻어준다.
⑤ 손톱으로 문질러 손톱 밑에 이물질 제거
⑥ 흐르는 물에 세제 헹구기

8. 위생 불량으로 나타나는 식중독

(1) 작업자 손으로 인한 식중독
① 손 씻기에 대한 의식 부족
② 대충 물로만 씻는 경우
③ 손을 씻은 후 물기를 앞치마, 위생복 또는 비위생적 수건으로 닦는 경우
④ 손에 화농성 상처가 있는 사람이 조리
⑤ 물 묻은 손으로 작업
⑥ 비누, 솔, 위생타월 등 손 씻기에 필요한 설비 및 물품 구비 불량

(2) 조리복으로 인한 식중독

① 조리복이 청결하지 않음(매일 세탁)
② 조리복 입고 화장실 및 외부 출입
③ 조리복이 아닌 평상복을 입고 조리
④ 앞치마 미착용으로 인한 오염

(3) 앞치마로 인한 식중독

① 앞치마를 조리대 위에 보관
② 앞치마 세탁 불량
③ 앞치마로 손 닦음
④ 작업할 때 주방설비, 작업대, 냉장고와 장비 및 손잡이에 닿음(교차위험 우려)

(4) 냉장고로 인한 식중독

① 손잡이 세척 불량
② 음식물을 흘리거나 묻어 오염
③ 조리 중 냉장고나 스위치 등을 사용하여 오염
④ 전처리 작업 후 보존 과정에 오염(교차오염 우려)
⑤ 외포장 상태로 냉장고에 보관하여 오염

(5) 도마로 인한 식중독

① 보관불량(바닥, 싱크대 하단, 작업장 구석, 틈 사이에 보관하여 오염)
② 도마 소독 불량
③ 도마 상태 불량(도마 파임, 갈라짐, 부식)
④ 도마 구분 사용 불량
⑤ 도마 사용 후 세척 및 건조 불량

(6) 칼로 인한 식중독

① 소독기 외 다른 장소 보관
② 소독기 작동 불량(전구, 전원, 건조 등)
③ 칼 불량(녹, 이물질 세척 불량)

④ 칼 색깔 구분 없이 사용
⑤ 칼세척 불량(재사용할 때 물로만 세척)

(7) 용기로 인한 식중독
① 용기 세척 후 물기 제거상태 불량 및 세척불량
② 잔류 세제 세척불량

(8) 도구류로 인한 식중독
① 집기류 보관 불량(소독기 작동 불량)
② 집게, 통, 바가지. 국자, 가위 등을 전처리용, 조리용, 배식용 구분 없이 사용
③ 이물질 세척 불량

(9) 판매대(진열대/보관대)
① 세척 후 물기 제거 불량
② 쇼케이스 보관 불량
③ 진열대 청소상태 불량(냄새, 이물질, 물, 끈적임, 먼지)
④ 행주를 걸레로 사용 및 세제 없이 물로만 세척

3 식중독 방지를 위한 조리 과정별 위생

1. 구입할 때

하루 사용량 분석으로 적절한 재료의 구입과 조리할 때 남겨서 버리는 일이 없도록 하루에 사용하는 양을 산출하여 남는 음식이 없도록 할 것
(1) 필요한 만큼의 재료를 계획하여 유통기한을 넘기지 않도록 구매
(2) 검수할 때 관능검사를 철저히 하여 부적절한 재료를 사용하지 않도록 한다.
(3) 전처리된 재료와 전처리되지 않은 재료를 따로 구분하고 생으로 사용할 재료와 가열 조리할 재료를 따로 보관한다.

(4) 구입한 식재료는 조리순서에 따라 필요량만 준비하고 세척하여 출고 순서에 맞게 보관한다.
(5) 보관해야 할 재료는 재료의 종류, 상태, 보존 방법, 조리순서, 사용일정 등에 따라 실온, 냉장, 냉동 등 특성에 맞게 보관하고 적정 온도를 잘 유지하여 보관한다.
(6) 보관 장소는 위생적으로 안전하게 온도관리와 청결을 유지하여 관리한다.
(7) 파리, 모기, 바퀴벌레 등 위생 곤충과 쥐의 방제를 위한 시설과 방제 기구 등을 구비해서 오염되지 않도록 한다.
(8) 식재료는 검수 시에 안전성 확보를 위해 가급적 HACCP(식품안전관리인증기준), GAP(농산물 우수관리인증) 등 인증된 제품을 구입한다.

2. 조리 준비할 때

(1) 채소나 과일은 세정제로 세척하고 흐르는 물에 씻어 이물질과 잔류농약 제거
(2) 한 종류의 칼로 여러 가지 재료를 손질할 경우 채소, 육류, 어류, 가금류 순으로 사용하는데 각각 세척 후에 사용한다.
(3) 식품내부까지 충분히 익었는지 확인할 것
(4) 조리가 완료된 식품은 가급적 맨손으로 만지지 않고 위생장갑을 사용할 것
(5) 조리용 칼, 도마, 고무장갑, 앞치마는 용도에 맞는 색깔을 선택하여 사용할 것

도마의 색상별 용도

고무장갑의 색상별 용도

앞치마의 색상별 용도

3. 조리할 때

(1) 재료 전처리하는 기구, 조리하는 기구, 배식하는 기구 등을 재료 유형별로 따로따로 이용한다.
(2) 필요량 이상으로 많이 조리하여 식중독의 원인이 되지 않도록 철저한 조리 계획 하에 필요한 양만큼만 만들어 사용할 수 있게 한다.
(3) 조리 후에 남는 재료가 없도록 1회분 정도로 개별 포장하여 필요한 양만 사용하도록 하고 식재료가 저장 시설 밖에 보관되어 온도 관리가 되지 않게 하는 일이 없도록 한다.
(4) 음식물은 조리할 때 내부온도가 85℃에서 1분 이상은 충분히 가열하여 내부까지 완전히 익도록 한다.

(5) 육류의 경우는 육즙이 투명하고, 육색이 변하기 전까지 가열한다.
(6) 난류와 어패류는 내부까지 완전히 익혀야 한다.
(7) 조리 후 가열 조리한 음식과 샐러드 같은 비가열 식품은 따로 구분하여 보관한다.
(8) 조리한 음식을 보관해야 할 때는 음식의 보관 온도를 준수하여 적절한 온도에 보관한다.
(9) 조리된 음식은 실온에서는 2시간 이내 소비시켜야 한다.
(10) 더운 음식은 온장고 등에 65℃ 이상, 회와 같은 비가열 식품은 4℃ 이하에서 보관한다.

4. 보존할 때

(1) 음식물은 조리 시 내부까지 완전히 익도록 85℃로 1분 이상 충분히 가열
(2) 육류의 경우 육즙이 투명하고, 육색이 변하기 전까지 가열
(3) 난류와 어패류는 내부까지 익히기
(4) 조리 후 익힌 음식과 익히지 않은 음식은 따로 구분하여 관리
(5) 부득이 보관이 필요한 음식은 적절한 온도에 맞게 보관
(6) 보존기준이 정해져 있는 식품은 반드시 기준에 맞는 온도로 보존
(7) 조리가 끝난 식품은 실온에서는 2시간 이내 시식할 것
(8) 따뜻하게 먹는 식품은 65℃ 이상, 회와 같이 상하기 쉬운 것은 4℃ 이하에 보관

5. 제공할 때

(1) 조리된 음식은 최대한 빨리 제공하여 음식이 상하기 전에 소비해야 한다.
(2) 손님에게 제공할 때도 테이블을 닦고 음식을 올려서 청결하게 제공하도록 할 것

6. 조리를 마친 다음에

(1) 조리 후 남는 재료가 없게 하는 것이 좋으며 남은 것은 바로 개별 포장하여 적정 온도에 보관한다.
(2) 손님에게는 앞접시를 제공하여 음식을 버리지 않고 덜어 먹게 하는 것이 좋다.
(3) 남은 잔반은 반드시 잔반통에 버려 재활용하는 일이 없도록 해야 한다.

(4) 남은 스프나 국물은 65℃ 이상에서 보온 상태로 온장하여 보관한다.
(5) 영업 종료 후에는 주방기구와 용기를 세척 살균하고 주방의 바닥도 세척 살균한 후에 건조시켜 청결을 유지한다.

4 식재료 위생관리

1. 구입과 검수

(1) 검수절차 및 유의사항
① 운송차량의 운송자가 청결한 복장, 위생장갑을 착용하고 식재료를 오염시키지 않는지 확인
② 검수자 자신도 청결한 복장, 위생장갑을 착용하고 식재료를 오염시키지 않게 점검한다.
③ 납품 식재료 운송차량의 청결도 및 온도유지 관리 상태를 확인하여 적정온도에 보관된 것인지 확인
④ 유통기한, 각종 표시사항, 규격, 품질, 원산지, 중량, 식자재 온도, 포장상태, 이물질 혼입 등 확인
⑤ 냉장이나 냉동제품의 경우는 우선 검수 및 제품 온도 확인
⑥ 검수가 끝난 식재료는 전처리 또는 소포장 등으로 나누어 특성에 맞게 냉장·냉동보관
⑦ 구입한 식재료 중 육류 및 생선류는 신속히 냉장·냉동할 것
⑧ 포장 및 품질상태, 시험성적서 등을 확인
⑨ 교차오염을 방지하기 위해 품목별(농산물, 수산물, 가공품 등)로 구분·보관하였는지 확인
⑩ 표시 사항이 정확히 기록된 것을 구입(제조사, 원산지, 원재료명, 유통기한 확인)
⑪ 부적합 재료 반품 및 교환

(2) 냉동 식재료 검수
① 냉동화상, 건조, 포장지 내의 성애 확인(장기 냉동)
② 해동 후 재냉동 보관(빙의 없는 경우, 변색, 깐 새우가 한 덩어리로 얼어 있는 경우)
③ 색상 변색(저장관리 부주의로 식재료의 색상이 변색)
④ 이취 생성(장기간 냉동 보관으로 빙의가 없어져 표면의 건조 및 산화로 인한 손상)

⑤ 결빙 확인(냉동보관이 일정하게 이루어지지 않아서 식재료의 손상)
⑥ 분리 확인(장기간의 냉동 보관과 부주의한 관리로 식재료의 분리 발생)

(3) 가공 식품 검수
① 외관(용기가 찌그러지거나 손상이 있거나 부푼 것)
② 표시 확인(유통기한, 유통 온도 확인, 규격, 내용, 성분규격, 인증표시)
③ 내용물 확인[색상, 변질, 외형, 조직감, 미생물(곰팡이), 이물질, 분말 제품이 덩어리진 것]

(4) 기타 식재료 검수(5장 식재료 관리 참조)

2. 식재료 보관 방법

(1) 보관 방법 및 유의사항
① 대용량의 재료는 1회 사용량이나 적당량으로 소분하여 보관하고 제품명과 입고 출고 가능기간을 표시하여 보관한다.
② 식품보관 선반은 오염방지를 위해 바닥으로부터 60cm, 벽과는 15cm이상 간격을 두고 보관한다.
③ 식재료와 식재료가 아닌 행주, 수세미, 장갑 등 소모품은 따로 보관
④ 가루세제, 세척제, 소독제 등은 식재료에 혼입되지 않게 따로 보관
⑤ 먼저 들어온 것은 먼저 사용한다.(선입선출)
⑥ 외포장은 교차오염의 원인이 되므로 제거 후 보관한다.
⑦ 식품은 입출고 현황을 파악하기 위해 항상 정리 정돈 상태가 잘 되어야 한다.
⑧ 햇볕이 들면 산화작용으로 식품변질이 일어나므로 냉암소에 보관한다.
⑨ 유통기간이 얼마 남지 않은 것을 항상 위에 또는 앞에 보관하고 표식이 앞에 보이게 진열
⑩ 일반 재료 보관 창고는 온도 15℃, 습도 50~60% 유지

 **냉장 냉동고 보관**
- 생선 및 육류 5℃ 이하, 교차오염 방지를 위해 구분 보관
- 생으로 먹는 음식은 냉장고 하단에, 익힌 것은 상단에 보관

- 냉장온도는 0~5℃, 냉동할 때는 -40℃, 냉동한 다음에는 -18℃ 이하 유지
- 전처리 채소 5℃ 이하 보관
- 전처리하지 않은 채소는 냉장고 보관 금지(냉장고에 넣어야 할 경우에는 포장해서 보관)
- 모든 재료 냉동 시에는 용기에 넣어 포장하여 재료명과 유통기한을 표시하여 냉동

 유지류 보관

- 튀김 중 찌꺼기는 수시로 걸러서 사용
- 기름 온도 180℃ 이상으로 오래 가열하면 빠른 산패로 기름 사용기간을 단축시키는 원인이 된다.
- 사용한 기름은 찌꺼기를 걸러주고 가라앉힌 후에 침전물을 다시 걸러 뚜껑을 막아 냉암소에 보관한다.(새 기름과 섞어 쓰면 자동산화가 일어나 새 기름도 헌 기름이 된다)
- 재사용 기름은 사용 전에 산화도를 측정하여 산가 3.0 이상이면 사용 금지
- 빛이 투과되지 않는 용기에 담아 밀봉하여 통풍이 잘 되는 냉암소에 보관

5 조리과정 위생관리

1. 해동 방법

(1) 냉장고에서 해동 : 냉장고 하단에 물이 고이지 않게 하여 5℃ 이하로 해동
(2) 흐르는 물 해동 : 재료를 비닐 봉투에 담아 흐르는 물에 해동
(3) 전자레인지 해동 : 빠른 해동을 원할 때 사용

 해동할 때 주의 사항

- 해동된 제품은 5℃ 이하로 물이 흐르지 않게 보관
- 해동한 식품은 재냉동하면 미생물 번식으로 식중독 위험이 있고 조직감도 매우 나빠진다.
- 뜨거운 물로 해동하면 조직이 파괴되어 맛, 품질, 신선도에 영향을 미치므로 좋지 않다.
- 해동 싱크대는 채소, 어류, 육류용으로 구분해서 사용
- 싱크대 1개로 해동할 때는 채소→육류→어류→가금류 순서로 하고 다른 것을 해동할 때

마다 싱크대를 세척하여 사용

2. 교차오염 방지

(1) 식재료를 바닥에 놓고 취급하면 오염의 원인이 되므로 바닥에서 최소한 60cm 이상 위에서 취급할 것
(2) 칼, 도마, 고무장갑, 앞치마는 색깔을 구분해서 사용
(3) 나무재질의 도마는 쉽게 부식되고 이물질이 잘 제거되지 않으므로 사용 금지
(4) 용기나 덮개도 용도와 식재료에 따라 따로 구분하여 사용
(5) 고무장갑 및 앞치마는 전처리용, 조리용, 배식용으로 구분하여 사용한다.

3. 전처리와 소독

채소 및 과일의 소독 : 100ppm 소독액 제조(물 9.975㎖, 표백제 소독제 25㎖(4% 염소))
※ 식품의약품안전청에서 식품 소독용 첨가물로 인정한 첨가물
　(차아염소산나트륨, 차아염소산수, 아산화염소수, 오존수 등)

4. 무치기 작업

(1) 소독한 전용 장갑을 사용해서 무친다.
(2) 무치기용으로 사용하는 기구는 알코올로 소독하고 사용한다.

5. 가열 작업

조리식품은 중심온도 85℃ 1분 이상 가열하여 완전히 익힌다.

6 식중독 방지를 위한 기구 세척 살균

1. 세척 · 소독 방법
(1) 그릇과 조리도구는 사용 후 즉시 설거지한다.
(2) 음식을 다룰 때 사용하던 장갑은 반드시 세척 및 소독해야 한다.
(3) 소독을 마친 조리도구나 고무장갑, 수세미 등은 건조 후 보관한다.

2. 세척 순서
(1) 조리도구의 기름이나 음식물 찌꺼기 등은 예비 헹굼을 해야 세척이 잘 된다.
(2) 세제를 이용해서 세척한다.
(3) 흐르는 물로 세제를 잘 씻어 헹궈낸다.
(4) 식약청 허가 소독제로 소독(염소 살균 소독제 200ppm)
(5) 건조

3. 소독의 종류 및 방법

(1) 가장 많이 쓰는 소독방법
① 열탕소독(100℃ 이상) : 조리도구, 수저, 식기, 행주 등을 끓는 물에 넣어 소독
② 건열살균 : 건열살균기를 이용해 살균. 최소 171℃ 이상 가열(기구 종류에 따라 온도 조절 : 유리, 초자기구류, 식기)
③ 소독약품을 이용한 화학소독(살균제 종류에 따라 용법, 용량에 맞게 사용)
④ 자외선 소독 : 빛이 비추는 곳만 소독되므로 양면을 번갈아 뒤집어 소독

(2) 조리 기구의 소독방법
① 조리기구류(집게, 수저, 국자, 가위 등)
　㉠ 음식찌꺼기를 제거하여 매일 살균세척

  ⓒ 수저는 질병전파 예방을 위해 따로 구분하여 세척하고 살균한다.
  ⓓ 목제, 금속, 멜라민 기구는 열탕 소독(100℃에서 30초 이상)
  ⓔ 플라스틱, 실리콘, 고무제품 기구는 화학소독제를 이용해 소독
  ⓕ 소독기에 보관하여 청결하게 사용

② 행주
  ㉠ 행주는 배식용, 조리용, 청소용으로 별도 구분하여 세척, 소독, 살균한다.
  ⓒ 예비 세척 헹굼(음식물 찌꺼기 등 제거)
  ⓓ 세제로 세탁 및 헹굼
  ⓔ 열탕소독(100℃ 30초 이상)
  ⓕ 살균세척 및 헹굼
  ⓖ 탈수
  ⓗ 건조(일광)

③ 칼·도마
  ㉠ 흐르는 물에 예비세척
  ⓒ 세제로 세척 후 헹굼
  ⓓ 살균제 소독 및 헹굼
  ⓔ 건조(자외선소독기 보관)

④ 정수기
  ㉠ 정수기솔을 이용하여 식수꼭지를 세척하고 소독한다.
  ⓒ 정기적으로 필터를 교체하고 내부를 분해청소하여 관리한다.

⑤ 자외선 소독기
  정기적으로 내부와 외부의 이물질을 세척하고 살균·소독하는데 특히 손잡이, 스위치 등이 오염의 원인이 되는 경우가 많으므로 주의해야 한다.

7. 주방관련 시설과 위생

1. 주방 내 시설

(1) 바닥, 벽 등에 타일 파손 및 파임, 균열 등이 없게 하고 매일 세척 소독 건조시킨다.
(2) 배수로 및 트렌치는 물이 고이지 않게 하고 수시로 청소하여 악취가 생기지 않고 오염이 되지 않게 하고 배수구가 막히지 않게 관리한다.
(3) 잔반통과 쓰레기통은 구분하여 사용한다.
(4) 잔반통은 뚜껑이 없으면 식중독 발생의 원인이 되므로 반드시 구비할 것

2. 매장

(1) 매장에 식재료를 보관하지 않는다.
(2) 매장 근무자들의 주방 출입을 금지시켜 오염을 방지를 한다.
(3) 손님에게 제공 전에 식탁을 닦고 알코올로 소독한 후에 음식을 제공한다.
(4) 레인지가 있는 식탁은 기름과 이물질로 많이 오염되어 있으므로 살균 소독을 철저히 한다.

3. 창고, 식품 저장고, 주방 입구, 매장 등의 시설

방충망, 방서망, 방충문, 포충기, 포서기 등을 설치하여 곤충이나 설치류로 인한 식중독을 예방한다.

4. 화장실 소독 및 청소 관리

(1) 화장실에는 세면대를 갖추고 세정제, 화장지, 위생타월 등을 비치하여 청결을 유지할 수 있게 한다.
(2) 매일 청소하여 악취를 없애고 파리, 모기, 바퀴 등 위생 해충의 발생을 막아야 한다.
(3) 방충기를 설치하여 위해곤충의 서식을 방지한다.
(4) 화장실은 4월~9월에는 주 3회 이상, 나머지는 주 1회 이상 소독을 실시하여 방역을 한다.

8 기타 식중독 예방

1. 도시락의 보관과 운반 섭취요령

(1) 세정제를 이용하여 손을 씻는다.
(2) 음식은 1회 식사량만 준비한다.
(3) 밥과 반찬은 식힌 후 별도 용기에 보관
(4) 김밥 재료는 밥과 재료를 충분히 식힌 후에 만들고 서늘한 곳에 보관한다.
(5) 이동할 때는 아이스박스에 아이스팩을 넣어 10℃ 이하에서 보관하고 햇볕이 들지 않게 보관한다.
(6) 먹을 때는 손을 씻고 가급적 오래 보관하지 말고 빠른 시간 내에 시식할 것
(7) 도시락에서 이취, 변색, 탈색, 끈적임 등 변질이 의심되는 식품은 과감히 버릴 것
(8) 마실 물은 미리 끓여 가지고 가져간다.

2. 여름철 식중독 예방

(1) 장보기는 1시간 이내로 할 것
(2) 상하지 않는 재료부터 구매
(3) 생으로 먹거나 신선한 채소는 필요한 분량만큼만 구매
(4) 자동차 트렁크나 햇볕이 드는 곳에 식품 보관 금지
(5) 아이스박스에 아이스팩을 넣어 보관
(6) 과일 채소는 육류 생선류와 따로 보관
(7) 야외 조리할 때 바베큐는 내부까지 충분히 조리(75℃ 1분)
(8) 생고기 조리한 젓가락을 섭취용으로 사용 금지
(9) 어패류 생식 및 섭취 자재
(10) 실온보관식품은 2시간 내에 섭취

3. 여름철 장보는 순서

(1) 쌀, 건조 식품, 통조림 등 냉장이 필요 없는 물품 우선구매
(2) 과일, 채소 구매
(3) 냉장 유통 가공품 구매
(4) 육류, 어패류 구매

4. 일반음식점 식중독 주의 사항

(1) 냉장고 손잡이를 자주 이용하게 되면 그만큼 오염도가 높아 교차오염이 잘 된다.
(2) 작업 중 작업자 손이 수시로 접촉되는 부분(기구, 팬, 국자 등의 손잡이) 청결 유지
(3) 나물 등 음식물을 무칠 경우 일회용 장갑 사용
(4) 조리도구 손잡이에 대한 관리
(5) 후드(환기구) 기름기 제거 및 청소 철저
(6) 전처리나 회를 뜰 때 쓰는 도마, 칼 등을 따로 구분하여 사용하고 사용 후 살균 소독실시
(7) 회 밑에 까는 천사채, 무채, 옥돌 등 재사용 금지 및 살균
(8) 초밥 지을 때 손 관리 철저
(9) 초밥은 많이 만들어 놓지 말 것
(10) 나무 도마 사용 금지

5. 식중독 방지를 위한 조리사 준수사항

(1) 화장실을 사용할 때는 위생복을 벗고 신을 갈아 신고 출입
(2) 조리장에 출입 전에 손 씻고 위생복 입고 소독 발판에서 신을 소독하고 들어온다.
(3) 국자로 작은 그릇에 덜어서 간을 보고 조리한다.
(4) 조리기구를 바닥에 놓지 않기(양동이, 들통, 스테인리스볼, 바가지 등 조리기구)
(5) 익은 것, 생으로 먹을 것, 육류, 채소, 생선류, 전처리된 것과 안 된 것, 해동할 것 등 종류별로 구분해서 교차오염되지 않게 덮개를 덮어 냉장·냉동 보관
(6) 남은 잔반은 모두 폐기하고 재사용으로 손님에게 나가지 않게 할 것
(7) 사용한 물수건으로 식탁이나 조리 도구를 닦지 말 것

(8) 고기 자른 가위나 칼로 냉면, 김치, 채소 등을 자르지 말 것

(9) 위생 교육 철저(식중독의 원인은 위생관념의 부족으로 인하여 발생되는 경우가 많다.)

(10) 분변으로부터 오염방지

(11) 주방에서의 전용 위생화 구비할 것

(12) 식재료를 바닥에 두지 말 것

(13) 씻은 것과 씻지 않은 것은 따로 구분하여 보관

(14) 계란을 만진 후에는 손을 씻을 것

(15) 화장실 사용 후 손을 씻을 것

(16) 조리실 내 외부인 출입금지

(17) 교차오염 방지, 균의 번식에 의한 오염 방지 및 차단

(18) 섭취 전 재가열

(19) 음식을 남기지 말 것

(20) 보존할 때 빠른 냉각

(21) 낮은 온도에서 보존

(22) 조리작업자의 청결유지(상처 있는 자 조리 금지)

(23) 소량 조리할 것

9 이물질(異物質) 사고 예방

이물질이란 음식에 정상적으로 존재하지 않는 식품성분이 아닌 물질로서 식품의 질이나 안전성을 손상시키는 물질로 의도적, 비의도적으로 들어가 사람에게 위해를 주거나 줄 가능성이 있는 화학물질, 금속, 비금속성 물질, 동·식물로부터 전이되는 물질 등 음식으로 섭취되지 말아야 할 물질을 통칭하여 이물질이라 한다.

1. 이물질의 혼입

(1) 원료에서 혼입
농축수산물 : 나무 조각, 모래, 돌, 토사, 왕겨, 실, 돌, 뼈, 발톱, 털

(2) 조리과정에서 혼입
벌레, 찌꺼기, 금속편, 플라스틱조각, 유리조각, 고무조각, 페인트, 녹, 철수세미, 브러시, 활성탄, 헝겊조각

(3) 작업자의 실수로 혼입
단추, 명찰, 동전, 필기구, 머리카락

(4) 환경 불량으로 혼입
조리장의 쥐, 모기, 파리, 바퀴벌레, 먼지, 쥐똥, 벌레

2. 이물질 혼입방지 및 예방법

(1) 개인위생 청결 : 매일 샤워를 하고 머리를 감고 위생모를 착용할 것
(2) 조리장 밖에 개인 사물함 설치로 개인용품 보관(반지, 목걸이, 귀걸이, 시계, 라이터)
(3) 작업 시 장신구 착용금지 : 반지, 목걸이, 시계
(4) 전격 살충기 설치
(5) 정기적으로 훈증소독 : 조리장, 창고
(6) 재료창고 출입구에 공기 커튼 설치

PART 1. 갈길법과 NCS 조리 실무

10 냉장고 관리

1. 냉장고

　모든 식품은 시간이 지나면서 변질되기 시작한다. 어느 정도 단계까지 보관했을 때 건강상 이상 현상을 나타내지 않고 해를 주지 않는가는 일률적으로 정할 수 없다.

　사람마다 개인특이성이 각기 다르기 때문에 똑같은 음식을 먹고도 이상 현상이 나타나기도 하고 나타나지 않기도 한다. 음식을 냉동, 냉장 등 저온 보존하거나 미생물이 자랄 수 없게 염장, 당장, 산저장 등의 환경을 만들거나 살균 후에 공기가 들어가지 못하게 함으로써 변질을 막고 지연시키는 것이 식품저장의 핵심이다.

　냉장고는 음식을 낮은 온도로 보관하여 미생물이 자랄 수 없는 환경을 만들어 미생물의 생육을 저지하는 것이 주요 목적이다.

2. 냉장고의 원리

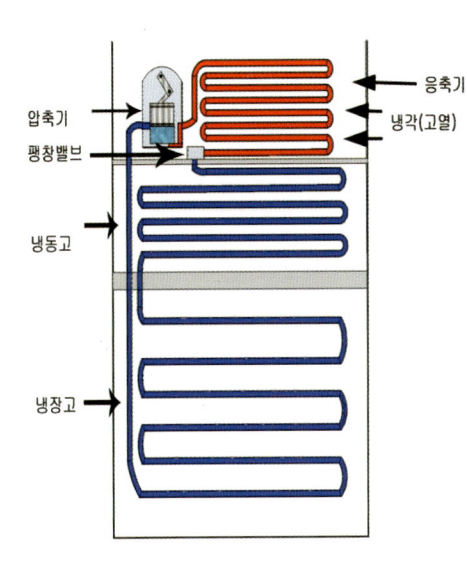

- 휴대용 가스레인지를 사용하면 부탄가스통이 아주 차갑게 변하는 것을 느껴 보았을 것이다 액체가 기체가 되려면 많은 열을 흡수해서 기화한다. 즉 주위의 열을 빼앗아 가기 때문에 차가워지는 것이다.
- 냉장고는 차가워진 가스통에 음식을 보관하는 것과 같은 이치로 보면 된다.
- 냉장고는 액체의 냉매가스를 팽창밸브를 통해서 보내면 액체가 기체가 되면서 주위에 열을 흡수하여 차갑게 되고 차가운 것이 냉동실과 냉장실을 돌아서 가는 동안 냉장고의 내부가 차가워지는 것이다.
- 냉매 가스는 압축기로 가면 압축기에서 기체를 압축하여 액체로 만든다. 액체가 기체가 될 때는 열을 흡수해서 차가워졌지만 반대로 기체가 액체가 될 때는 열을 발산하여 응축기는 무척 뜨거워진다. 그러면 응축기의 열을 팬을 돌려 식혀준다.
- 식은 액체 가스는 다시 팽창밸브를 통해서 냉각기로 들어가 냉각작용을 한다.
- 이런 일련의 과정이 반복적으로 일어나는 것이 냉장고의 원리이다.

관코일식 냉장고의 개략도

Chapter 3. 위생관리

3. 냉장방식

(1) 공기 냉각방식 : 증발기에 팬을 달아 팬으로 냉기를 회전시켜서 냉장과 냉동을 하는 방식
(2) 관코일 냉각방식 : 증발기(냉각 동파이프)가 냉장고의 벽면에 설치되어 냉장과 냉동을 하는 방식

액 분리기
(액체냉매와 기체냉매 분리)

압축기
(기체가스를 액체로 압축)

응축기(라디에이터)
(뜨거운 냉매를 냉각)

증발기(냉장고 내부)
(관 코일식 냉각 방식)

수액기
(냉매가 저장되는 곳)

증발기(냉장고 내부)
(공기냉각 방식)

냉장고의 냉동 사이클

● 제상(성애 제거) 방법

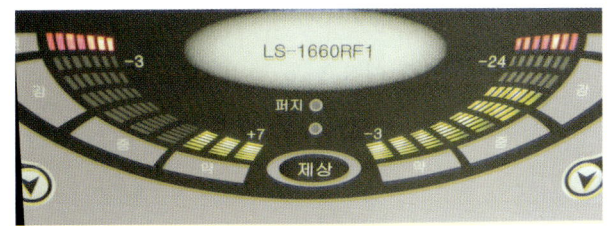

공기냉각방식의 제상스위치 사용
(신형은 자동으로 주기적 제상이 됨)

[공기냉각방식의 증발기(냉각기) 내부]
내부에 열선이 구비되어 있어 제상버튼을 누르면 냉장고의 가동이 멈춰지고 열선이 작동하여 성애를 녹여 제상한다.

4. 고장 및 청소

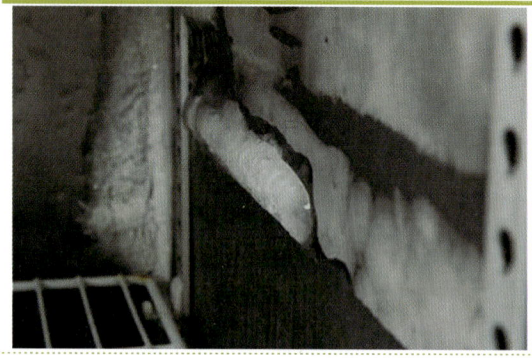

- 증상 : 성애가 낄 때, 계속적으로 물이 생길 때, 냉각관 지나가는 부위에 성애가 너무 빨리 생길 때
- 원인 : 문짝의 패킹이 노후되어 외부의 공기가 유입될 때
  문짝이 기울거나 문짝의 경첩 등에 이상이 있을 때
  문이 덜 닫혀 있을 때

성애 많이 생김

- 증상 : 냉장고 팬이 계속 돌아감, 전기료가 많이 나옴
- 원인 : 온도센서 고장
  응축기(라디에이터) 청소 불량일 때
  실내의 온도가 높을 때
  성애가 많이 생겼을 때

응축기 청소 불량

- 증상 : 냉동고 모서리부분에 성애나 얼음이 생기는 경우(냉장고에서는 물방울)
- 원인 : 냉동고 벽면 단열재의 시공 불량
  벽면 틈에 실리콘 처리 불량

모서리 성애

• 기타 고장 원인

패킹 고장

배수구 마개 없는 경우

냉동고 단열재 시공 불량

 냉장고 청소관리

라디에이터 : 2주 1회 청소 실시
손잡이 : 수시로 청소 실시
제상 : 주 1회
물이 흐르거나 이물질이 묻었을 때 : 즉시 청소

 **냉장고 내부 청소순서**

- 전원을 "OFF"하고 코드를 뽑는다.
- 재료를 꺼내서 보관(스티로폼박스나 아이스박스 등에 넣어둔다)
- 성애와 이물질은 호스로 물을 뿌려 씻어준다.(냉각 팬에는 뿌리지 말 것)
- 세제를 묻혀서 닦는다.
- 세제를 잘 헹궈낸다.
- 차아염소산나트륨 등으로 소독한다.
- 마른 행주로 닦아낸다.
- 모든 재료를 다시 냉장고로 옮긴다.
- 코드를 삽입하고 전원 "ON"

냉장고 재료는 아이스박스 보관 후 수도 호스 등으로 빠르고 신속하게 청소하고 다시 넣을 것

냉장고 응축기 청소하기

- 냉장고 주변에 식재료 등 먼지가 날릴 수 있는 부위는 덮어놓는다.
- 전원을 "OFF"하고 코드를 뽑는다.
- 테이블 등 안전한 지지대를 놓고 올라간다.
- 청소하기

  칫솔이나 작은 솔로 먼지를 살살 털어내서 청소를 한다. 기름때가 많은 것은 기름때 제거제를 뿌려 청소를 하면 효과적이다.

  컴프레서로 먼지를 날려서 청소하면 쉽고 내부까지 잘 청소가 되지만 먼지가 많이 날려 음식이 오염될 수 있으니 주의해야 한다. 약 3개월에 한 번 정도는 컴프레서로 청소해 주는 것이 좋다.
- 가동 후 작동상태 점검

| 청소 전 | 청소하기 | 청소 후 |

5. 냉장고 관리 및 식재료 보관 방법

(1) 휴일 등 냉장고 사용이 없을 때는 냉기에 의해 냉해를 입거나 낙수에 의해 재료를 상하게 하므로 재료의 포장에 신경을 써야 한다.
(2) 과일은 플라스틱통이나 비닐에 포장하여 수분이 증발되지 않게 관리
(3) 채소류는 외포장 박스에 보관된 것은 다른 용기에 포장 후 보관한다.
(4) 식재료의 경우 냉장을 해야 할 것과 그렇지 않아야 할 것을 구분하여 보관해야 한다.
(5) 모든 재료는 투명한 용기나 포장지 사용한다.
(6) 재료의 종류에 따라 입고와 출고 가능 기간을 표기하여 관리한다.
(7) 냉기의 회전이 가능하도록 공간 확보(최대 70% 이하 사용)한다.
(8) 뜨거운 음식은 완전냉각 후 보관(급격한 온도차이로 인한 성애 발생으로 냉각 능력 저하의 원인)
(9) 교차오염 방지를 위해 육류나 생선류 등은 비닐포장 후 보관용기에 넣어 보관

(10) 채소류 중에 엽채류는 비닐 포장만 해서 보관하면 수분발생으로 물러지는 경우가 많으므로 키친타월로 1차 포장 후 비닐로 포장하여 보관하거나 천공된 비닐 포장지를 이용한다.
(11) 냉장실에서 해동할 때는 냉장고 하단부위에서 해동하는 표시를 붙여 잘못 보관인지 확인할 수 있게 할 것
(12) 캔으로 된 제품이 당일 사용하고 남은 것은 다른 용기에 개봉일자와 사용 가능기간을 표기해서 보관한다.
(13) 입고날짜가 빠른 것은 앞쪽이나 위쪽으로, 늦은 것은 뒤쪽이나 아래쪽으로 보관하여 발주 시에 착오가 없게 해야 한다.
(14) 달걀이나 난류는 닭의 분변이 달걀의 껍질에 붙어 식중독의 원인이 되는 경우가 많으므로 취급 후에 손을 씻는 것을 잊지 말아야 한다.
(15) 달걀은 저장성으로 보면 비세척한 것이 좋지만 단기 소비되는 경우는 위생상으로는 세척한 위생란을 사용하는 것이 좋다.
(16) 바나나처럼 냉해를 입는 채소나 과일은 냉장보관이 좋지 않다.
(17) 적어도 주 1회 정도는 제상(얼음, 성애 제거)을 해야 한다.
(18) 세척한 것과 세척하지 않은 것, 조리된 것과 조리되지 않은 것은 따로 보관
(19) 조리된 것은 위생용기에 담아 오염되지 않게 보관
(20) 차갑게 보존해야 할 것(조리된 음식)은 위쪽에, 야채나 과일은 아래쪽에 보관한다.
(21) 수시로 온도계를 넣어 실제 온도와 냉장고 표시 온도 차이를 확인한다.

6. 냉동고 관리(전반적인 내용은 냉장고 관리와 같음)

(1) 냉동 제품의 포장은 공기가 없게 진공 포장한다.
(2) 냉동화상을 방지하기 위해 빙의(얼음옷)가 벗겨지지 않게 한다.(해동 후 재냉동이 원인)
(3) 조리된 식품을 냉동할 때(삶은 고기 등)는 육수와 같이 넣어 밀봉해 보관해야 해동 후에도 냄새가 나지 않는다.
(4) 생선류를 냉동할 때는 냉동 후에 비닐봉투에 약간의 물을 넣어 공기를 빼고 냉동하면 냉동화상을 입지 않는다.
(5) 큰 덩어리형태 보다는 두께를 얇고 넓게 해야 냉동과 해동을 빨리할 수 있고 겹겹이 올려 냉동할 때는 위에 비닐 간지를 넣어 냉동하면 사용할 때 필요한 분량만 떼어내서 사용하기 쉽다.
(6) 냉동고의 바닥에는 그대로 놓으면 냉기가 전달되지 않아 상할 수가 있으므로 깔판을 깔고 냉동

해야 한다.

| 깔판 없이 보관(×) | 깔판을 깔고 저장(O) | 냉동화상(예) |

7. 무건조실(야채실) 관리

업소용 냉장고에는 무건조실이 없지만 가정용 냉장고에는 최하단에 냉기가 가장 적고 건조가 일어나지 않게 서랍처럼 만들어진 부분이 있는데 여기에는 냉기의 회전에 의해 수분이 증발하여 마르는 것을 방지하기 위해 야채나 과일을 보관한다. 온도는 5~8℃ 정도가 적당하며 온도와 넣은 재료에 따라 공기조절 창을 조절하여 보관한다.

11 조리 기구 장비 세척

1. 세제의 종류

(1) 일반세제의 용도별 분류

① 화장용(化粧用) : 목욕용 비누세제, 머리를 감는 샴푸(알킬황산에스테르계) 종류, 손을 씻는 핸드 클리너가 있다.

② 가정용 : 빨래비누, 가루로 된 분말형, 작은 입자로 된 입상(粒狀)형, 액체로 된 액상(液狀)형으로 주로 합성세제로 주방기구, 용기 등의 세제로 사용된다.

③ 공업용 : 여러 분야에 사용되며 의류에 사용되는 면이나 합성섬유, 양모 등 원료섬유에서 정련하고 세척하고 염색하는 데 거의 모든 공정에 다양하게 사용된다.

(2) 기타 분류
① 제조방법에 따라 합성세제, 천연세제, 반합성세제
② 세제의 외적 물성에 따라 고체형 세제, 가루세제, 액체세제
③ 세제의 pH에 따라 알칼리성, 약알칼리성, 중성, 약산성, 산성으로 구분
④ 세제의 성분에 따라 음이온계 계면활성제 비누, 고급 알코올 황산에스테르염, 비이온성 세제, 알킬벤젠술폰산나트륨(ABS, LAS)

(3) 보건복지부의 세제 구분
① 1종 세제 : 야채, 과일 등을 씻는 세제로 씻은 후에도 인체에 영향력이 적은 세제
② 2종 세제 : 그릇, 식기, 기구 등을 세척하는 세제
③ 3종 세제 : 식품을 제조, 가공하는 장비나 기구 등을 씻을 때 사용하는 세제

2. 합성세제

(1) 합성세제의 분류
음이온성 세제, 양이온성 세제, 비이온성 세제의 3종류로 구분

(2) 합성세제의 성질
① 석유화합물을 합성시켜 만든 합성세제는 통상 중성을 유지하게 하는 것이 많고 차가운 물에도 잘 녹고 세척력도 잘 유지된다.
② 칼슘염이나 마그네슘염이 많은 경성의 지하수에서도 세척력이 떨어지지 않는다.
③ 세정효과를 높이기 위해서 인산염과 그 외에 여러 가지가 첨가된다. 세제는 기포를 형성하는데 기포는 물속에 공기가 들어가지 못하게 해서 산소가 물에 녹지 못해 용존산소(DO)를 감소시키고 햇빛을 차단하는 등 미생물 및 조류에 큰 영양을 미쳐 수질오염의 원인이 된다.

(3) 합성세제의 종류

① 알칼리성 세제 : 수용액 세제의 pH가 11 이상의 것을 알칼리성 세제라 한다.
② 약알칼리성 세제
　㉠ 세탁용 가루세제가 여기에 해당하는데 대부분 음이온 계면활성제로 작업복, 속옷, 침구, 안감, 와이셔츠, T셔츠 등을 세탁하는 용도로 쓰인다.
　㉡ 중성세제보다 때가 잘 빠지는데 알칼리에 잘 견디는 섬유로 된 것을 세탁할 때 많이 사용한다.
③ 중성세제(中性洗劑) : 세제의 pH에 따라 알칼리성, 약알칼리성, 중성, 산성으로 구분되는데 pH 6.0~8.0 사이의 것을 중성세제라 한다.
　㉠ 섬유용 중성세제 : 알칼리에 약한 섬유류에 사용
　㉡ 주방용 중성세제 : 채소, 과일, 조리용 기물류에 사용

 **대표적 중성세제**

- ABS(Alkylbenzene Sulfonate) 세제 : 경성세제로 세척력이 좋고 가격이 저렴해서 많이 사용되었으나 미생물이 이 세제를 분해할 수가 없어 수질을 오염시키는 등 환경오염을 야기시켜 LAS 세제로 대치하여 사용하고 있다.
- LAS(Linear Alkylbenzene Sulfonate) 세제 : 연성세제로 대체로 용해성이 좋아 물에 잘 녹고, ABS 세제에 비해 미생물이 잘 분해시킬 수 있는 성질의 것이어서 ABS 세제의 대치품으로 많이 쓴다.

④ 약산성 세제 : 섬유 유연제로 많이 사용된다.
⑤ 산성 세제 : 염산, 인산, 붕산 등으로 화장실 청소나 건물의 백화현상 등을 청소할 때 사용한다.

(4) 합성세제의 문제점

비누는 합성세제에 비해 해가 적고 합성세제는 잘 분해되지 않는 것이 많으며 수질오염과 독성으로 직접 간접으로 피해를 볼 수 있다. 세제의 사용으로 피부가 거칠어지고 오랫동안 사용하면 손이 거칠어지거나 피부염을 일으킬 수 있으며 머리를 감거나 세수를 할 때도 세제가 입으로 들어가면 독성상승효과가 있어 발암성을 높이고 용혈작용을 일으키며 면역성을 감소시킨다. 임산부에게는 기형아 출산의 원인이 되기도 한다.

3. 세척 작업

주방에서 사용하는 조리도구 및 기물류는 종류도 다양하고 수량도 많다. 그릇을 닦는 일은 어렵지 않게 누구나 일상에서 또는 가정에서 매일 이루어지는 것이기 때문에 특별한 기술이 없이도 누구나 할 수는 있을 것이다. 하지만 매일매일 세제에 손을 담그고 같은 일을 반복하는 현장에서는 빠른 일처리로 노동시간을 줄이고 또 원활한 주방 내의 작업 사이클이 이루어지게 하기 위해서라도 신속하고 깨끗한 일처리를 요구하게 된다.

막상 현장에서는 식기류의 미숙한 세척 때문에 클레임이 생기고 식사의 질과 업소의 이미지를 실추시키는 경우가 무척 많다. 그러므로 단순한 일이지만 더욱 신경을 써야 하는 분야이기도 하다.

(1) 식기 세척

① 식기 세척순서
㉠ 잔반 버리기 : 접시나 그릇에 남은 음식물을 버리는 작업
㉡ 예비 헹굼 작업 : 그릇에 묻어 있는 국물이나 찌꺼기를 세제 없이 씻어내는 작업
㉢ 세제 세척 작업 : 세제를 물에 풀어서 세척(대량)하거나 세제를 수세미에 묻혀서 세척(소량)
㉣ 헹굼 작업 : 물에 담가 헹구는 작업(개수대에 물을 받아 3~5회 헹굼)
 　　　　　　　직수로 헹구는 방법(분사되는 물에 바로 그릇을 씻는 방법)
㉤ 탈수 : 그릇을 세우거나 엎어서 물을 빼는 작업
㉥ 건조 및 살균 : 그릇을 건조기나 소독기 등에 넣어 건조시키고 소독하는 작업
㉦ 보관 : 소독된 그릇을 오염되지 않는 장소에 보관

(2) 식기류의 손세척 방법

① 장갑을 끼고 왼손으로 그릇을 잡고 오른손으로 수세미를 잡고 그릇의 바닥→그릇의 테두리→그릇의 안쪽 순으로 그릇을 돌려가며 세척한다.
② 세제에 의한 피부손상을 방지하기 위해서는 고무장갑을 끼고 세제를 묻혀 닦는 것이 좋다.

설거지 순서			
	① 위험 기물 세척 칼이나 유리컵 등 위험 도구부터 세척한다. 칼은 손잡이를 닦고 칼날을 등에서 잡고 문질러 닦는다.	② 부피가 큰 것 세척 도마나 양동이 등 큰 것부터 세척해야 공간이 확보되어 일이 편하다.	③ 작은 것 세척 큰 대접 ⇒ 작은 대접 ⇒ 접시 ⇒ 수저(따로 모아 두었다 세척)

 **설거지하는 방법 및 순서**

① 바닥부터 닦기 : 왼손으로 접시를 잡고 오른손으로 수세미를 돌려가며 문질러 닦는다.

② 그릇 테두리 닦기 : 닦기와 돌리기를 반복하며 접시를 회전시켜 가며 그릇을 닦는다.

    가. 닦기 : 왼손으로 접시를 쥐고 오른손으로 수세미를 문질러 닦는다.

    나. 돌리기 : 수세미 잡은 손으로 접시를 쥐고 왼손은 접시를 돌려준다.

③ 접시 안쪽 닦기 : 왼손으로 접시를 잡고 오른손으로 수세미를 돌려가며 문질러 닦는다.

접시 닦기		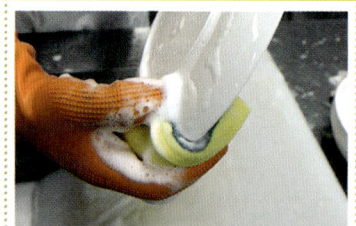	
대접 닦기			
	① 접시(대접) 바닥부터 닦기	② 접시(대접) 테두리 닦기	③ 접시(대접) 안쪽 닦기

 **도마 세척 순서**

① 예비세척(뜨거운 물을 부어줌)
② 철수세미로 세제 세척(도마에 낀 이물질 제거 목적)
③ 예비 헹굼(찬물)
④ 수세미나 스펀지에 세제를 묻혀 닦는다.
⑤ 헹굼 작업(냉수로 4~5회)
⑥ 열탕 헹굼
⑦ 건조 및 소독(자외선 소독기)

 **행주세탁과 소독 순서**

① 예비세척(찬물에 헹굼)
② 1차 세제세탁
③ 헹굼(2~3회)
④ 소독제 담가두기(탈색)
⑤ 2차 세제세탁
⑥ 헹굼(4~5회)
⑦ 자비소독(5~10분)
⑧ 건조

 형광염료가 포함된 의류용 세제 사용 금지

4. 식품조리기계 세척

(1) 분해 가능한 부품

① 분해
② 이물질이나 찌꺼기 등을 예비세척
③ 세제세척(따뜻한 물에 담가서 스펀지나 수세미에 세제를 묻혀 세척)
④ 헹굼 작업(4~5회)

⑤ 소독(자비소독, 차염소산나트륨 소독)
⑥ 건조
⑦ 오염방지 포장 보관(사용 시 조립)

(2) 분해 불가능한 부품
① 분해 가능한 부위 분리해 냄
② 전기관련 부위 포장(모터나 기타 누전 가능 부위)
③ 이물질이나 찌꺼기 제거
④ 전기와 관련 없는 부위만 온수세척
⑤ 솔이나 수세미, 스펀지 등에 세제를 묻혀 세척
⑥ 헹굼 작업(4~5회)
⑦ 열탕소독(뜨거운 물을 부어줌)
⑧ 건조
⑨ 알코올 분무 소독
⑩ 오염방지 포장 보관(식품과 관련된 부분만)

(3) 합성세제로 세척
① 주요작용이 계면활성제에 의한 유화작용이지만 이외에도 침투작용, 흡착작용, 팽윤작용, 분산작용 등의 성질을 가지고 있어 세제에 오랫동안 담가 두는 것은 좋지 않다. 세제에는 약 20% 정도의 계면활성제가 들어 있으므로 세제세척 후에 헹굼 작업을 잘 해야 위생상 안전을 보장받을 수 있다.
② 미숙한 세척은 취식자의 건강을 해칠 수 있음을 잘 알아야 한다. 세제의 농도도 500~1000배 희석액을 만들어 사용하고 세척하는 통에 유기물이 들어가지 않도록 사전 헹굼을 잘해 주는 것이 수질오염을 막고 환경을 보호함은 물론이고 세제를 절약할 수 있는 방법이기도 하다.

5. 주방 시설물의 세척방법
(1) 주방에서의 시설이 대부분 스테인리스나 알루미늄 같은 녹이 나지 않고 물이 스며들지 않는 재질이 많기 때문에 기구나 장비를 세척할 때는 세제와 물을 사용해서 세척하게 된다.

(2) 기름을 많이 사용하는 시설은 일반적으로 세척이 어려워 화학세척(scientific wash)방법으로 세척을 하는 경우가 대부분이다. 업무가 종료된 후에 업체에 위탁해서 전문가들이 세척을 실시하게 하는 경우가 대부분이지만 소규모 시설에서는 특수세제를 구비해서 장비나 바닥, 벽면 등을 세척한다.

6. 기타 주방 특수 세제

(1) 오븐 클리너(Oven cleaner) : 오븐이나 오븐용기, 튀김기와 기름때 등을 제거
(2) 팬 클리너(Fan cleaner) : 튀김기, 배기후드, 기름때
(3) 디스탄(Distan) : 은제품 세척
(4) 사니솔(Sanisol) : 주방 바닥 청소
(5) 애시드 클리너(Acid cleaner) : 오물세척과 스케일 제거
(6) 린즈(Linze) : 자동 세척기용 세제

12 소독약품 사용법

1. 조리기구 식기 식품의 소독법

(1) 물리적 소독
고압증기 멸균법, 유통증기 멸균법, 간헐멸균법, 자비소독법, 화염멸균법, 건열멸균법

(2) 화학적 소독
① 식품소독 화학약품
㉠ 차염소산나트륨(락스) : 세균성 식중독균이나 경구전염병을 예방하기 위해 주로 사용하고 있으며 염소량이 50~100ppm 이하가 되게 소독한다. 차염소산나트륨은 강한 소독 작용이 있기 때문에 제품에 따라서는 주의를 기울여야 할 필요가 있다. 일부 플라스틱계통의 용기나 기물의 색을 변색시킬 수도 있고 행주나 위생복 같은 섬유제품을 헐게 할 수도 있다. 그러므로 적정량을 사용하는 것이 중요하다.

ⓛ 역성비누(양성비누)소독 : 역성비누는 세척력이 없기 때문에 일반세제로 세척을 한 후에 사용한다. 손을 소독할 때는 원액(10% 용액)을 사용하고 통상 200~400배 희석해서 사용한다. 조리기구 기물류, 채소나 과일류를 세척할 때는 0.01~0.1% 용액을 만들어 사용한다. 소독 후에는 여러 번 헹궈서 햇빛에 건조시켜 염소기를 빼내고 사용하는 것이 좋다.

ⓒ 염소 : 통상 액체염소를 사용해서 소독하고 물의 소독에 가장 많이 쓰는 것이다. 물 이외에도 채소나 과일, 조리용 기물류를 소독하는 데도 사용한다. 소독력이 강하고 잔류효과가 크며 가격도 저렴하지만 단점은 냄새가 강한 것이다.

ⓔ 클로르칼키(표백분) : 소독력과 표백작용이 강한데 주로 우물물 소독용으로 많이 쓰이며 채소, 과일 등의 소독에도 쓰인다.

ⓜ 오존 : 산소 3분자가 결합된 O_3 형태로 존재하며 O_2가 되면서 떨어져 나온 산소가 소독을 하게 된다. 오존발생기를 사용하면 물속에서 강한 소독력을 가지게 된다.

② 상처소독

ⓖ 알코올소독 : 알코올 70~75% 용액을 사용하는데 고형 식품 등을 포장할 때 포장지에 뿌리거나 손소독이나 피부소독에 사용된다.

ⓛ 과산화수소 : 3% 정도를 사용하는데 물에 산소 1분자가 들어가 있는 형태로 발생되는 산소에 의해 소독이 이루어진다. 산소가 빠져 나가고 나면 물이 되기 때문에 상처를 소독하는데 많이 사용한다.

ⓒ 포비돈 : 9~12% 농도의 요오드용액을 포함하고 있으며 피부나 상처 소독에 적당하다.

③ 식품 이외 소독

ⓖ 크레졸 : 3% 용액을 만들어 사용하는데 병원에서 많이 사용하고 있어 병원냄새가 크레졸에 기인한 경우가 많다. 축사나 화장실 또는 오물의 소독에 적당하며 석탄산보다 2배 정도 살균효과가 크다.

ⓛ 석탄산 : 3%의 용액을 사용하고 금속부식성이 있어 주방에는 사용하지 않는 것이 좋다. 하지만 유기물에도 살균력이 약화되지 않기 때문에 비금속성 살균에 쓰인다.

ⓒ 승홍수 : 0.1% 용액을 사용하고 금속부식성이 있어 주방에 부적합하다.

(3) 조사살균법

자외선조사법, 방사선조사법

2. 정제 차아염소산나트륨(락스) 사용법

가장 많이 사용하는 소독약임에도 청소용으로만 사용하고 사용비율이나 용도를 몰라 오용하거나 잘못 사용하는 경우가 많다.

사용법은 희석액에 5~20분 정도 담가두거나 스펀지 등에 묻혀서 닦은 후 헹궈내서 건조하여 사용한다.

용 도	소독 대상물	물의 양	소독제 양	희석 배율
주용도	과일, 채소 살균	10ℓ	20㎖	500배
부용도	행주, 싱크대, 주방바닥, 냉장고 살균	10ℓ	50㎖	300배
	욕조, 세면대, 변기, 타일 살균	15ℓ	50㎖	300배
	하수구, 쓰레기통, 걸레, 완구류 살균	10ℓ	400㎖	25 배
	흰 속옷, 기저귀, 환자복, 와이셔츠 표백	10ℓ	50㎖	200배
	잉크, 과즙, 간장, 땀 등의 얼룩 제거	15ℓ	500㎖	30배

 강한 알칼리성을 띠는 소독약으로 산성세제나 합성세제와 병용하지 말고 사용 시에는 눈이나 얼굴, 손에 묻지 않게 조심하고 특히 따를 때 고무장갑을 끼고 튀지 않게 조심해서 따라 사용한다.

용량의 비교 : 통상의 PT병 1.5ℓ   PT병 뚜껑 10㎖   업소용 간장통 15ℓ
　　　　　　종이컵 가득 180~200㎖   소주컵(종이컵) 가득 60㎖

Memo

PART 1. 칼질법과 NCS 조리 실무

안전관리

1 가스사용법

1. LNG와 LPG 가스

(1) LPG(액화 석유가스, Liquefied Petroleum Gas)

① 원료 : 원유나 유전에서 용존가스를 추출하고 가솔린, 경유, 석유, 벙커시유로 분류하여 쓰는데 이 과정에서 증류로 부수적으로 가스를 분류해낸다.

② 성분 : 탄소수가 3~4인 탄화수소 즉 $C_3H_8 \cdot C_4H_{10}$를 주요 성분으로 하는 부탄(butane)과 프로판(propane)을 말하고 부틸렌·부타디엔·프로필렌도 있다.

③ 사용 : 가정의 난방, 주방연료, 음식점 영업소, 휴대용 가스레인지, 라이터, 자동차 연료, 에틸렌제조 원료, 용접용

④ 액화 : 가압이나(7~10기압) 냉동에 의해 액화(약 -47℃)

⑤ 특성 : 비중이 높아 공기보다 무겁고, 도시가스에 비해 액화가 쉽고 휴대용으로 할 만큼 보관용기가 다른 것에 비해 저압으로도 저장이 가능하다. 하지만 공기보다 무거워 확산성이 떨어져 폭발의 위험성이 있어 취급에 주의하지 않으면 안 된다.

⑥ 종류 : 커머셜 부탄과 커머셜 프로판. 가정용(C_3H_8), 차량용(C_4H_{10})

⑦ 기타
  열량 : 1m³당 약 10만kJ

끓는점 : 부탄 -0.6℃, 프로판 -42℃

발화점 : 부탄 481℃, 프로판 441℃

상대적 질량 : 부탄 2.0, 프로판 1.5

(2) LNG(액화천연가스, Liquefied Natural Gas), LMG(liquefied methane gas)

① 원료 : 해저 유전 가스에서 나오는 것, 원유가 없는 가스정에서 나오는 것 등을 플랜트나 부유식 원유생산, 저장, 하역 설비(FPSO, Floating Production Storage Offloading)로 채굴하여 액화

② 사용처 : 도시가스, 가정의 난방, 주방연료, 음식점·영업소·대형버스의 청정연료

③ 생산방법 : 가스 유전에서 채굴 후 액화

④ 주성분 : paraffin계 탄화수소로 90% 정도가 CH_4(메탄)

⑤ 액화온도 : 약 -161℃

⑥ 특성

　㉠ 열량이 높고 탈황 탈습으로 황과 수분이 적어 청정에너지로 사용된다.

　㉡ 액화하면 1/600로 체적이 적고 비중도 낮아 중량도 적다.

　㉢ 부피가 적어 수송상 이점은 있으나 액화 온도가 -161℃로 낮아 수송할 때는 수송에 관련된 설비와 시설이 필요한 것이 단점이다.

　㉣ 소량으로 나누어 판매가 힘들기 때문에 배관을 통해 가스 상태로 공급

　㉤ 냉열을 이용해 동결시키는 작용을 이용, 냉동 산업에서 이용

⑦ 장·단점 : 액화가 어려움, 운반이 어려움, 환경오염이 적음, 폭발위험이 작음

⑧ 기타

끓는점 : -162℃

발화점 : 537℃

상대적 질량 : 0.6, 증발잠열 118kcal/kg, 총발열량 13,000kcal/kg

증발잠열 118kcal/kg, 냉열 kg당 200kcal, 비중 0.42

2. 가스 밸브의 구조와 차단원리

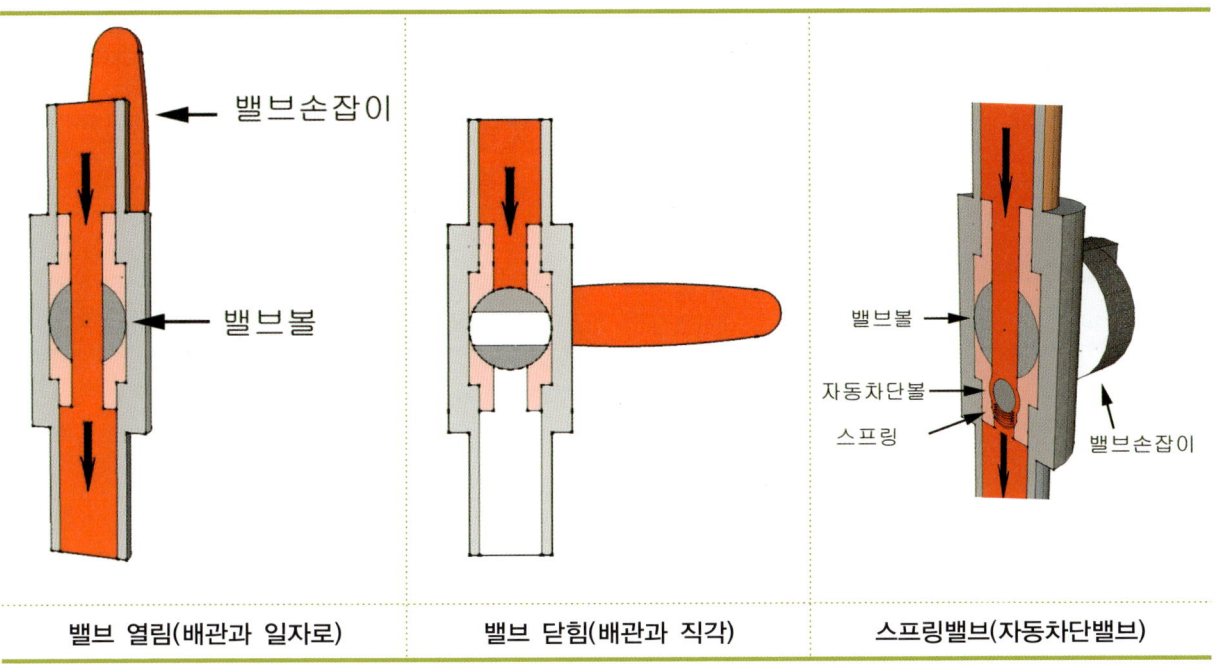

| 밸브 열림(배관과 일자로) | 밸브 닫힘(배관과 직각) | 스프링밸브(자동차단밸브) |

(1) 열림

가스밸브는 통상 볼밸브를 사용하는데 밸브 내에 구멍이 뚫린 볼이 들어가 있어 이 구멍을 통해 밸브 손잡이가 배관과 일자로 되었을 때 가스가 흘러가는 구조로 되어 있다.

(2) 닫힘

밸브 손잡이가 배관과 직각으로 되어 밸브볼이 옆으로 돌아가면 밸브볼의 구멍이 막혀서 가스가 차단되는 구조로 되어 있다.

(3) 스프링 밸브

통상 가정용에 많이 사용하고 호스로 나가기 전에 사용한다. 작업 중 호스가 빠져도 가스의 유속이 빨라지면 가스압에 의해 자동으로 차단볼이 출구를 차단하여 가스가 나오지 않게 하는 형식으로 되어 있다.

스프링 밸브

볼 밸브(반 정도 열린 상태)

3. 가스 감지기

　LPG가스가 누출되면 공기보다 밀도가 크기 때문에 무거워서 아래쪽에 정체되므로 가스 누출경보기가 지상 15cm 정도에 위치하게 부착해야 하고 반대로 LNG가스는 누출되었을 때 공기보다 밀도가 작아 가볍고 확산이 잘 되므로 가스누출경보기를 천장에 부착해야 한다.

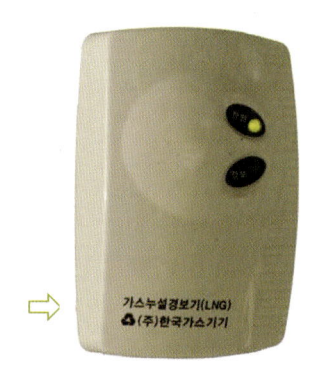
가스누설 경보기(감지기)

가스누출 경보기(차단기)

자동차단 밸브

　[작동] 가스가 누출되면 경보기(감지기)에서 감지를 하고 차단기에서 가스차단밸브를 작동시켜 자동으로 가스가 차단된다.

4. 가스누출 검사

밸브나 관의 이음새 부분에 가스가 누출되는 경우가 많으므로 주로 연결 부위를 중점적으로 검사한다. 특히 호스와 연결되는 부분에서 가스가 새는 경우가 많으므로 주기적으로 검사를 해야 한다.

| 비눗물로 검사하기 | 가스 검사기로 검사 |

5. 가스 사용법

(1) 가스레인지의 불꽃 조절 방법

공기조절기 열림 ⇒ 불꽃 파란색(완전연소)　　공기조절기 닫힘 ⇒ 불꽃 빨간색(불완전연소)

① 공기조절기 과다 열림 : 공기가 많이 들어가면 불꽃이 파랗지만 점화 시에 공기흡입량이 많아 불이 잘 점화되지 않고 일부만 점화되는 경향을 보인다.

② 공기조절 적정 : 공기가 적당히 들어가면 불꽃이 파랗고 점화 시에 불이 꺼지지 않고 잘 점화된다.
③ 공기조절기 닫힘 : 공기가 적게 들어가면 불완전 연소에 의해 불꽃이 빨갛게 되고 냄비나 용기에 그을음이 생긴다.

(2) 불완전 연소의 예

녹 및 버너 청소 불량으로 가스구멍 막힘

버너 하단부에 이물질 적체

① 버너는 양념 등이 떨어진 것을 제대로 청소를 하지 않으면 염분이나 양념이 철의 산화를 촉진하여 녹이 슬고 구멍이 막혀 불완전 연소하게 된다. 불완전 연소하면 불꽃이 빨갛게 변하고 그을음이 생긴다. 녹을 제거하고 쇠꼬치나 철사로 구멍을 뚫어 주어야 한다.
② 버너 안에 이물질이나 녹이 생기면 뒤집어 흔들어 제거하거나 컴프레서로 불어 이물질을 제거한다.

(3) 가스레인지 점화방법

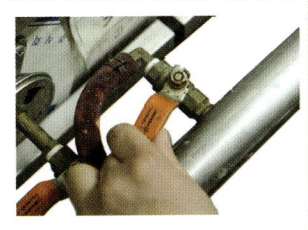

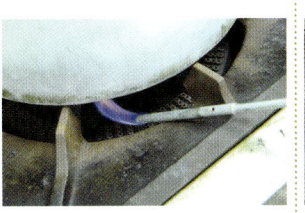

| 불대 밸브 열기 | 불대에 점화 | 불대를 화덕에 대고 | 가스밸브를 열어 점화 |

※ 잠글 때는 역순으로

2 화재 및 화상 예방조치

1. 소화기

소화기에는 밀가루 같은 분말 즉 제1시안암모늄이라는 소화약제가 들어 있어 화재 발생 시 방사하면 산소 차단과 냉각으로 쉽게 불이 꺼진다.

(1) 분말소화기
① 축압식은 용기에 압력 게이지가 달려 있고 가압식은 소화기통 속에 질소 또는 탄산가스를 넣은 압력 용기가 들어 있다. 그 기능과 사용법은 큰 차이가 없다.
② 소화기는 약제에 따라 분류하고 방출 방식에 따라 여러 가지로 나뉘어진다.

(2) 소화기는 용도에 따라 분류
① A : 일반 화재용 - 목재, 종이, 옷, 솜, 섬유, 스펀지 등의 화재용
② B : 유류 화재용 - 석유, 경유, 휘발유, 솔벤트, 기름과 같은 가연성 액체로 인한 화재
③ C : 전기 화재용 - 모터, 전자제품, 전기배선, 전기 합선, 전기 누전 등 전기 관련된 화재

수동분말(ABC) 소화기	자동 확산 소화기	할론 소화기	일회용 소화기	투척용 소화기

(3) 소화약제에 따라 분류

물소화기, 강화액소화기, 탄산가스소화기, 산·알칼리소화기, 할론소화기, 분말소화기 등으로 분류된다.

2. 방출 방식에 따른 소화기 분류

(1) 축압식

① 원리 : 소화기 내부에 소화약제와 함께 압축된 공기나 불연성의 질소 또는 이산화탄소 등이 압축되어 있어 안전핀을 제거하고 손잡이를 누르면 내부의 압축된 가압가스 압력으로 약제가 방사되는 것이다.

② 작동 : 압력계의 게이지가 적색이면 압력이 떨어지거나 약한 상태이고 녹색이면 정상 압력을 유지하고 있는 것이다.

③ 장단점 : 조작은 간단하지만 가압가스가 적으면 작동이 되지 않는다.

(2) 가압식

① 원리 : 소화약제가 저장된 용기 외에 가압가스 저장용기가 따로 있어 소화기 손잡이를 누르면 가압가스가 방출되면서 소화약제를 같이 방출시켜 소화를 하는 방식이다.

② 종류

㉠ 수동펌프식 : 펌프를 수동으로 작동시켜 가압하여 소화약제를 방사하는 방식이다.

ⓒ 화학 반응식 : 밸브를 작동시키면 화학 반응으로 발생된 가스가 압력을 가하여 소화 약제를 방사시키는 방식이다.

ⓒ 가스 가압식 : 가압을 해주는 가압가스용기가 소화기 내부나 외부에 있어 소화기 밸브를 열면 가압가스가 소화액을 방사하여 소화시키는 방식이다.

③ 장단점 : 한번 방사가 시작되면 모두 방출될 때까지 계속되는 점과 가스 폭발의 위험이 있다는 것이 단점이어서 대부분 축압식을 많이 쓰고 있다.

(3) 이산화탄소 소화기

① 원리 : 이산화탄소를 고압으로 압축하면 액체상태의 이산화탄소가 된다. 액체상태의 이산화탄소를 소화기에 채워 용기에 충전시켜 사용한다. 액체상태의 탄산가스를 방출하면 기체로 변하면서 1kg의 액체가스가 534리터의 기체로 변하면서 가연물의 주변에 산소를 차단하여 질식 상태가 됨과 동시에 기화열에 의해 -78.5℃까지 떨어뜨려 가연물을 소화시킨다.

② 장단점 : 고압의 액체이산화탄소를 보관하기 위한 용기의 중량이 무거워 취급이 불편하다는 것이 단점이다. 하지만 소화약제가 남지 않고 전기절연성이 좋아서 전기화재 같이 물을 쓰면 안 되는 화재에는 아주 유용하게 쓰인다.

(4) 할론 소화기

① 원리 : 할론가스는 무색투명한 액체나 기체로 공기보다 무겁고 방사성과 증발성을 가지고 있는 불연성 기체이며 특유의 강한 냄새를 가지고 있다. 유류 화재에 적합한데 방사하면 공기보다 무거워 가연물 주위에 체류하면서 산소를 차단하여 질식시키고 가연물에 활성이 이루어지지 않게 하여 소화시킨다.

② 종류 : 할론가스는 소화용으로 할론 104를 처음 쓰기 시작하여 할론 1011이 나오고 현재는 할론 1301, 할론 1211, 할론 2402 등을 사용하고 있다.

③ 장단점 : 사용 후 흔적이 남지 않는 장점이 있으나 가격이 비싸고 화재 시 생성된 CO와 반응해 유독성의 포스겐가스를 생성하므로 주의하지 않으면 안 된다.

(5) 자동확산 소화기

화재 시에 열감지기가 있어 열감지로 자동 작동되므로 화재의 위험이 있는 조리실의 가스레인지 위에나 화재발생의 위험이 있는 장소의 천장에 설치한다.

3. 소화기 사용방법 및 화재예방

(1) 소화기는 화재 발생장소에서 바람을 등지고 자리를 잡는다.
(2) 안전핀을 뺀다.
(3) 호스를 들어 끝을 가연물 쪽으로 향해 잡는다.
(4) 손잡이를 잡아 누른다.
(5) 가연물을 비로 쓸 듯이 좌우로 흔들어가며 방사한다.
(6) 소화되면 손잡이를 놓고 확인한다.

수동분말(ABC) 소화기 사용법		일회용 소화기 사용법
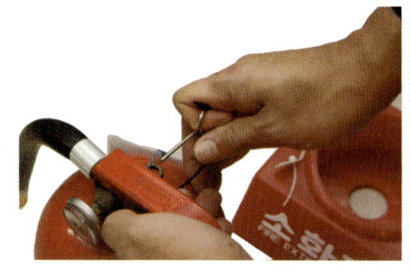		
① 안전핀을 제거한다.	② 화재방향을 향해 호스를 잡고 손잡이를 쥐어 방사한다.	일회용 소화기는 손잡이를 잡고 화재방향을 향해 방사한다.

4. 소화기 보관 및 점검사항

(1) 소화기는 가장 잘 보이는 곳에 누구나 쉽게 사용할 수 있도록 보관하는 것이 가장 중요하다.
(2) 직사광선을 피하고 가스의 압력이 있기 때문에 높은 온도에 보관하는 것은 좋지 않다.
(3) 물을 자주 사용하는 장소나 습기가 있는 곳을 피해 보관하는 것이 좋다.
(4) 소화기 내부의 약제가 굳어지지 않게 하기 위해 월 1회 정도 뒤집어서 흔들어 주면 좋다.
(5) 축압식 소화기는 압력계 게이지가 초록색에 있는지 수시로 확인한다.

 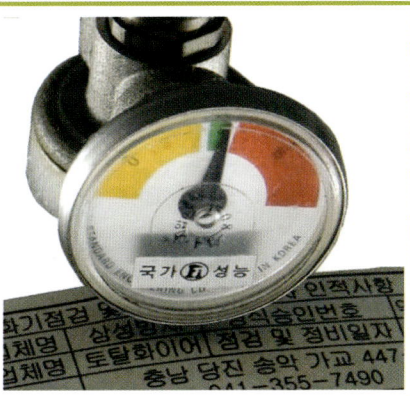

[소화기 점검사항]
① 압력 게이지가 초록색 범위에 있는지 확인해야 한다.
② 1주에 한 번씩은 흔들거나 뒤집어 흔들어 주어야 소화약제가 굳지 않는다.

[소화기 대용]

※ 호스릴
소화기는 아니지만 주방에서는 청소나 장비 세척 등에 필수적으로 사용되므로 구비해 두면 화재 발생 시에도 유용하게 사용할 수 있다.

5. 화재 예방을 위한 조리장 안전 수칙

(1) 화재 안전 교육 철저
(2) 조리할 때 자리를 비우지 않는다.
(3) 가스레인지 주변 인화물질 취급 금지(부탄가스, 휴지, 행주, 종이 타월)
(4) 후드 및 환풍기 기름때 제거
(5) 조리장 내 소화기 비치(투척용, 일회용 및 수동분말 소화기 모두 비치)
(6) 가스누설 점검
(7) 튀김할 때 온도관리 철저
(8) 화재 시 비상로 확보

(9) 성냥, 촛불, 라이터 등 화재의 원인이 되는 것 보관 철저
(10) 전자 제품 사용할 때는 주의
(11) 노후 전선 교체 및 수리
(12) 한 콘센트에 많은 제품 사용 금지
(13) 가스를 사용한 후에는 불 꺼짐 확인
(14) 가스밸브 잠김 확인
(15) 소화기 비치

6. 화재발생 시 대처법

(1) 불이야 하고 큰소리로 주변에 알리면서 비상벨 작동으로 화재 알림
(2) 소화기를 이용해 초기 진화 실시(불을 끌 수 있는 상황이라면) 최대한 빨리
(3) 불을 끌 수 없는 상황이면 큰소리로 외치며 119 신고
(4) 조난자가 발생하지 않도록 인명 대피 및 구조(노약자)
(5) 연기가 많으면 몸을 낮추고 젖은 수건이나 옷 등으로 코와 입을 막는다.
(6) 반드시 계단을 이용해 탈출

 **튀김 시의 화재 소화법**

종종 불을 켜놓고 있다가 화재가 발생하는 경우가 있다. 소화기를 사용하는 것도 좋지만 때에 따라서는 응급조치가 우선일 때도 있다. 어떤 것이 필요한 조치인지는 상황에 따라 스스로 판단하는 방법밖에 없다. 하지만 시간을 벌기 위해 최소한의 조치를 할 수 있다면 조치를 취한 후에 소화기를 사용하는 것도 좋지 않을까 생각한다.

팬에서 연기가 나기 시작	화재 발생	공기 차단법 1	공기 차단법 2

PART 1. 자격법과 NCS 조리 실무

① 가스밸브를 잠글 것 : 레인지 밸브를 잠그기가 위험하면 메인 밸브를 차단하면 가까이 가지 않고도 차단 가능하다.

② 불끄기

　공기를 차단하는 방법 : 쟁반으로 덮기, 뚜껑으로 덮기, 팬으로 덮기 등

 **기름이 과열되었을 때 온도를 낮추는 방법**

차가운 식용유 부어주기, 무·당근 등의 차가운 재료 넣어주기(기름이 넘칠 수 있고 화상 등 2차사고가 발생할 수 있으므로 특히 주의해야 한다. 과열되었을 때 응급조치로 사용할 뿐 실제 화재 시에는 소화기를 사용해야 한다.)

③ 환기시키기

 **주의**

기름 화재 시 물이 들어가게 되면 화재가 커질 수 있고 물이 기름과 같이 튀어 화상을 입을 수 있으니 특히 주의해야 한다.

3 조리장 미끄럼 방지 장치 조치

(1) 가용접 : 주방에서는 기름과 물을 사용하기 때문에 미끄러지기 쉬운 경우가 많다. 특히 배수로 뚜껑 등은 스테인리스 재질로 아주 매우 미끄러워 사진처럼 용접기를 이용해서 가용접을 하면 미끄럽지 않다.(추천)
(2) 미끄럼방지 테이프 사용법(주기적으로 교환해서 붙일 것)
(3) 조리장바닥을 미끄러지지 않는 재질로 시공할 것
(4) 기름 사용 시 바닥에 떨어지지 않게 할 것(개수대 안에서 기름 따를 것)
(5) 기름을 흘린 것을 밟고 다니면 주방 전체가 미끄러워지기 때문에 급할 때는 종이 박스나 신문지 등으로 덮어 놓을 것

맨홀뚜껑의 가용접

미끄럼 방지테이프 부착

 가용접 시 주의

식혀가며 용접을 해야 열에 의한 뒤틀림이 없다.

PART 1.

4 응급사고 발생 시 대책

1. 응급약품

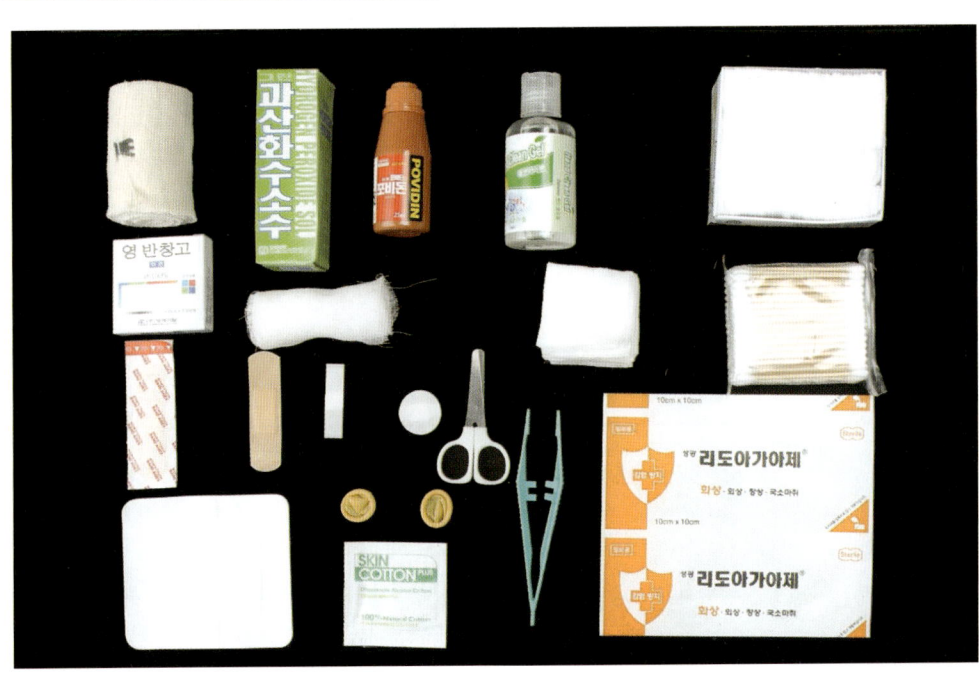

| 압박붕대 |
| 과산화수소 |
| 포비돈 |
| 손소독제 |
| 위생거즈 |
| 반창고 |
| 붕대 |
| 면봉 |
| 일회용 밴드 |
| 가위 |
| 핀셋 |
| 화상거즈 |
| 알코올거즈 |
| 연고 |
| 지샤크 |

(1) 포비돈 요오드

① 포비돈 요오드(Povidone Iodine, USP), 일본말로는 아까징끼(赤チンキ)라고 부르기도 한다. 이름은 낯설지만 빨간약이라면 어떤 것인지 대략적으로 알고 있을 것이다.

② 세균뿐만 아니라 바이러스, 곰팡이 등에도 효과가 좋아 많이 사용하는데 상처를 빨리 치유하는 작용은 없지만 황갈색의 액체로 찢어진 상처, 작은 화상, 창상의 살균소독, 궤양·농양의 살균소독, 감염 피부면의 소독, 수술부위의 소독, 주사 및 카테터(관) 부위의 소독 효과가 있으며 소독효과도 좋고 가격도 저렴해서 병원이나 가정에서 필수 상비약으로 많이 쓰고 있다. 단, 과산화수소와 병용하지는 않는다.

Chapter 4. 안전관리 **107**

(2) 알코올

병원에서 쓰는 에탄올은 상처가 없는 부위를 소독할 때 쓰는 것으로 손을 소독하거나 주사를 맞기 전에 피부소독을 하는 데 주로 많이 사용한다.

(3) 과산화수소

H_2O_2의 형태로 물에 산소 1분자가 더 들어간 형태를 말하고 소독할 때에 산소가 카탈라아제의 작용으로 떨어져 나오면서 거품이 생기는데 거품과 함께 이물질이 같이 빠져 나온다. 이때 발생되는 산소의 작용으로 소독도 같이 이루어진다. 일상에서 많이 사용되고 있지만 소독할 때 자극으로 통증이 있다는 단점이 있다.

2. 상처 소독 및 응급 치료

(1) 치료 중 응급지혈 방법

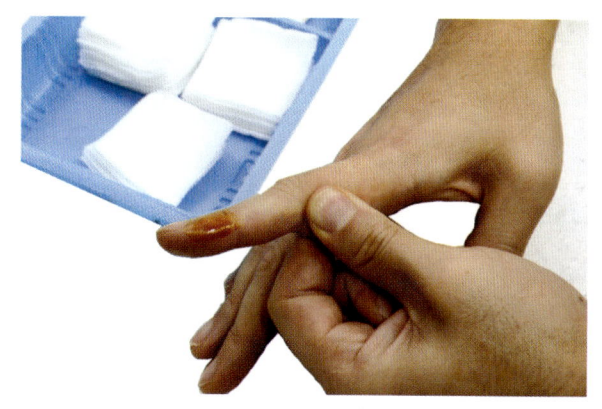

상처의 치료과정에서 출혈이 계속되면 상처를 치료하기가 쉽지 않다. 피가 조금 나오는 경우에는 그대로 치료하면 되지만 출혈량이 많으면 사진처럼 상처부위에서 가까운 부위 피부를 당겨서 잡으면 피부의 압착으로 일시적인 지혈이 가능하므로 이런 상태에서 치료를 하면 치료하는 동안만이라도 지혈을 할 수가 있다.
상처의 정도에 따라 전문가의 도움을 받아 치료하는 것이 좋다.

(2) 간단한 치료하기

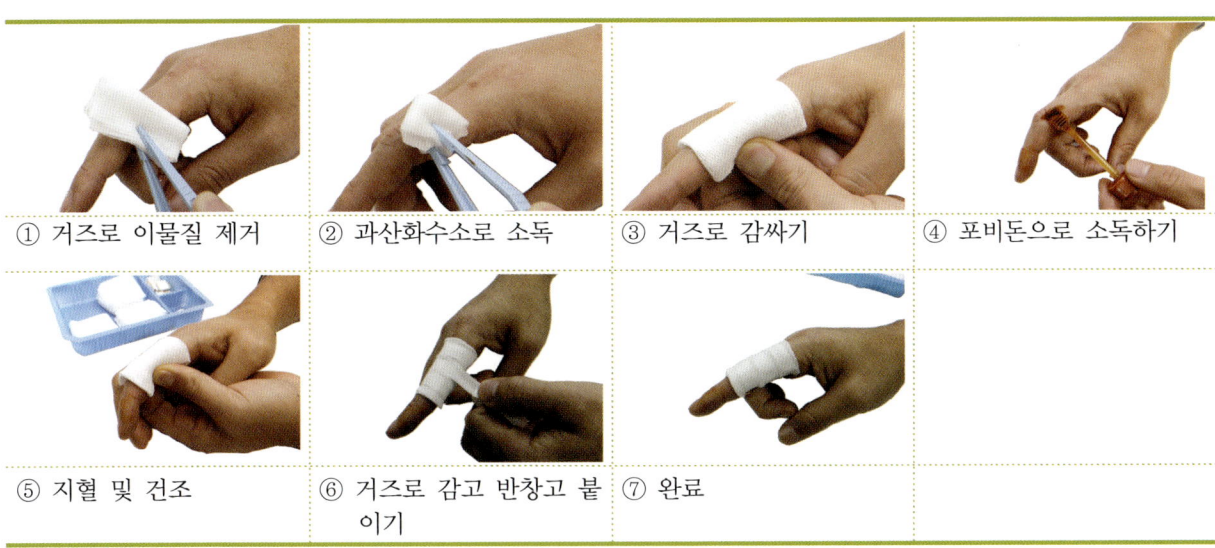

| ① 거즈로 이물질 제거 | ② 과산화수소로 소독 | ③ 거즈로 감싸기 | ④ 포비돈으로 소독하기 |
| ⑤ 지혈 및 건조 | ⑥ 거즈로 감고 반창고 붙이기 | ⑦ 완료 | |

① 상처의 이물질 제거 : 소독된 식염수를 주사기에 담아 상처에 뿌려주거나 핀셋으로 거즈를 잡아 뿌려주면서 이물질을 제거한다. 피가 흘러도 피와 함께 이물질도 빠지게 약간은 두어도 된다.
② 물기 제거 : 상처 부위에 거즈를 대고 눌러 지혈과 동시에 식염수를 제거한다.
③ 응급지혈 : 상처에서 가까운 부위를 잡아당겨 상처를 치료하는 동안 피가 나오지 않게 지혈한다.
④ 소독약 바르기
⑤ 멸균거즈나 밴드 감기

(3) 일회용 밴드 사용하기

(4) 지샤크(손가락 골무) 사용하기

일시적으로 상처를 보호할 수는 있지만 긴 시간 동안 착용하는 것은 상처를 악화시킬 수 있다.

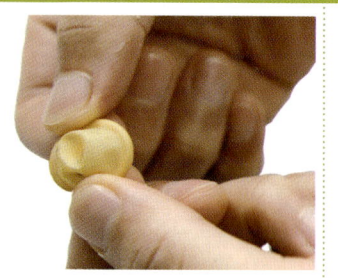  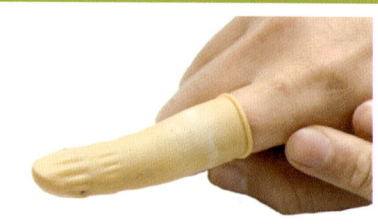

| ① 지샤크를 돌돌 말아 준다. | ② 만 것을 풀어가며 씌워준다. | ③ 당겨서 고정시킨다. |

3. 화상

피부는 외부 쪽부터 표피와 진피로 되어 있고 진피 밑에 피하 조직이 있는데 화상은 이런 피부조직이 열에 의해 상처를 입는 것을 말한다.

피부의 어느 정도까지 열에 의해 손상되었는지에 따라 1도 화상, 2도 화상, 3도 화상의 3단계로 분류되는데 깊은 화상은 흉터가 남고 피부이식을 통해 수술을 받아야 한다.

(1) 1도 화상

1도 화상은 피부의 바깥층 표피에 화상을 입은 것으로 뜨거운 물이 튀거나 살짝 쏟아져 약하게 데는 정도로 화상 부위의 피부색이 약간 변하고 통증이 유발되기는 하지만 물집(수포)이 생기지 않는 정도를 말하는데 약 1주 정도 치료하면 되고 흉터가 남지 않는다.

(2) 2도 화상

2도 화상은 표피층과 진피층까지 화상을 입은 경우인데 화상을 입은 정도에 따라 표재성 2도화상 또는 심부성 2도 화상으로 구분한다.

① 표재성 2도 화상 : 수포가 생기며 통증이 있고 피부가 축축해지며 반점이 생길 수도 있으며 2~3주 정도 치료를 하면 되고 시간이 지나면서 흉터도 없어진다.

② 심부성 2도 화상 : 표재성보다 더 심한 경우로 수포가 생기고 진피의 하부에는 피지샘, 땀샘, 모낭 등이 있는데 이런 부위까지 화상을 입은 상태로 신경부위까지 손상을 입는 경우도 있고 3~8주 정도의 치료를 하면 되고 영구적으로 흉터가 남는다.

(3) 3도 화상

매우 심한 화상으로 표피와 진피가 모두 심하게 화상을 입은 상태이다. 매우 심하면 근육까지도 손상을 입는다. 신경까지도 손상을 입어 통증도 모르게 된다. 오랫동안 치료가 필요하고 합병증이 생기는 경우도 많고 피부를 이식하는 수술이 필요한 단계이다.

4. 화상 응급 처치

(1) 1도 화상

차가운 물에 담가 주거나 깨끗한 헝겊이나 수건, 소독된 행주 등을 대고 차가운 물을 부어준 다음 화상 거즈나 연고를 바르고 치료한다. 화상부위가 크면 병원치료를 받는다.

(2) 2도 화상

화상원인물질, 상처를 덮고 있는 옷, 장갑 등을 조심해서 제거하고 상처 부위를 찬물에 담가 주고 상처가 깊거나 부위가 크면 상처부위를 깨끗한 거즈로 감싸고 병원으로 이송하여 치료를 받는다.

(3) 3도 화상

화상원인물질, 상처를 덮고 있는 옷, 장갑 등을 제거하고 응급병원으로 신속하게 이송하여 치료를 받는다.

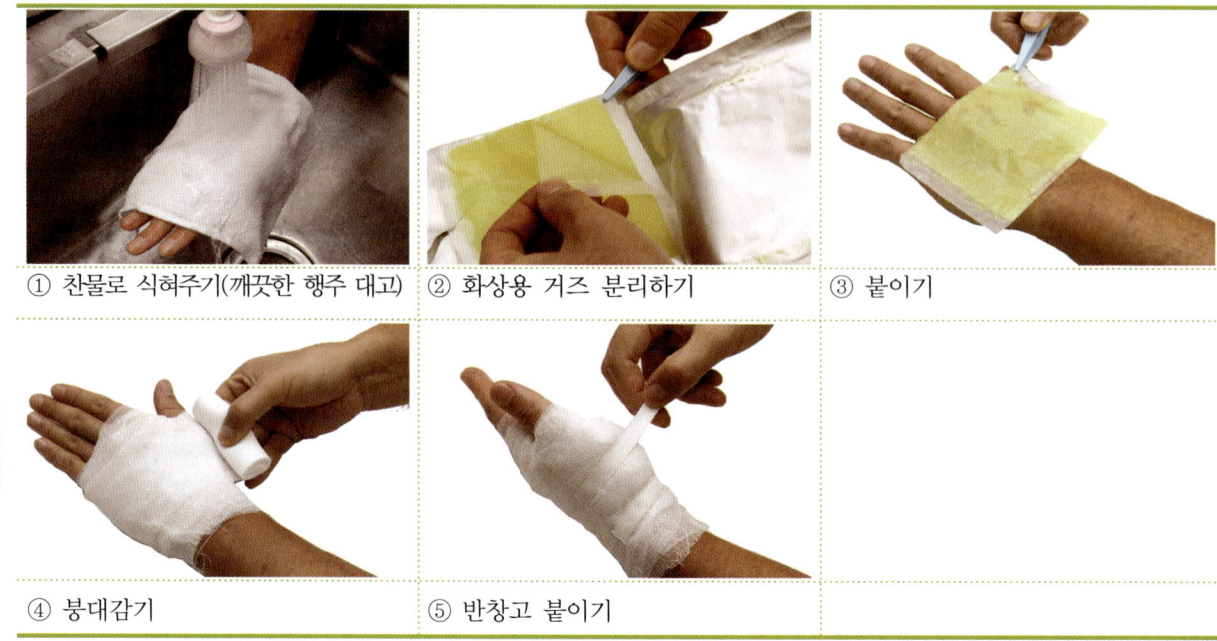

화상 응급 치료하기

① 찬물로 식혀주기 : 차가운 식염수가 좋지만 화상은 시간이 중요하므로 급하면 수돗물에 깨끗한 행주를 놓고 찬물로 식혀 주는 조치를 바로 한다.
② 화상용 거즈 분리하기 : 화상용 거즈는 핀셋으로 커버를 벗겨 분리한다.
③ 붙이기 : 화상거즈를 화상부위에 올려준다.
④ 붕대로 화상부위를 감아준다.
⑤ 화상을 입지 않은 부분에서 마무리하고 반창고를 붙인다.

5. 상처별 응급처치

(1) 열상(피부가 표피와 진피층까지 찢어진 상처)

찔리거나 베인 열상과 물건이 떨어지거나 충격으로 찢어진 경우처럼 둔상에 의해 찢어진 열상이 있다.

✓ 조치 : ① 깨끗한 거즈나 수건으로 상처부위를 압박하여 지혈
　　　　② 상처부위를 심장보다 높이 유지
　　　　③ 병원 이송

PART I. 식품법과 NCS 조리 실무

(2) 찰과상(마찰에 의한 상처)

넘어져서 무릎이나 허벅지, 종아리, 손 등이 긁히는 상처로 마찰에 의하여 피부표면에 상처를 입는 외상

✓ 조치 : 상처를 식염수 등의 깨끗한 물로 씻어 모래나 흙을 씻어주고 소독과 연고 등으로 치료하고 어린아이나 상처가 깊은 경우는 흉터가 남을 수 있으니 병원에서 흉터치료를 병행해야 한다.

(3) 타박상

외부의 충격으로 피부 조직이 손상되어 연부조직에 혈종이 생기거나 부어오르는 현상을 말한다. 즉 멍이 든 상태를 말한다.

✓ 조치 : 냉찜질(Icing)이나 압박붕대로 부위를 압박(Compression)한 다음 병원 치료를 받는다.

(4) 관통상

흔히 공사장에서 안전화 없이 일을 하다 못에 찔리는 경우가 많은데 발등까지 못이 올라오게 찔리는 경우가 많다. 이물질이 피부 깊숙이까지 들어가기 때문에 조직의 손상이 심하고 파상풍균 등의 감염 우려가 높기 때문에 즉각 응급병원으로 후송하여 치료를 받게 해야 한다. 구조물이 몸에 박혀 있으면 신체구조상 위험 부위이거나 큰 구조물일 때는 함부로 손을 대지 말고 119의 도움을 받아 조치하는 것이 바람직하다.

5 기계 취급 안전수칙

1. 조리 기계 취급 안전수칙

(1) 기계의 청소는 전원을 "OFF" 후 작업을 할 것
(2) 정전이 되면 우선 스위치를 끈다.
(3) 장비의 사용법과 안전수칙을 숙지할 것
(4) 작업시작 전 각종 안전장치 기능을 확인 후 작업할 것
(5) 작업순서와 작업방법을 반드시 익히고 정해진 대로 바르게 할 것

Chapter 4. 안전관리

(6) 움직이는 기계는 스치거나 넘어 다니지 말 것
(7) 움직이는 기계를 방치한 채 다른 일을 하지 말 것
(8) 가동 중 자리를 떠날 때에는 반드시 기계운전을 정지할 것
(9) 기계가 완전히 정지한 다음 자리를 뜰 것
(10) 고장수리 중인 기계는 (고장·사용금지) 등의 표지를 붙여 둘 것
(11) 기계수리 후 조작하기 전에 주변의 작업자를 반드시 확인할 것
(12) 기계의 수리작업 시는 사전 안전점검을 반드시 실시할 것
(13) 공동 작업할 때는 상호 의사 전달을 정확히 할 것
(14) 작업 중 교대할 때는 작업내용을 확실하게 인수인계할 것
(15) 회전 및 왕복 운동하는 부근에 접근할 때는 작업복, 걸레 등이 말려 들어가지 않도록 주의할 것
(16) 회전하는 기계 가동 시에는 소매가 긴 옷, 넥타이, 장갑 또는 반지를 착용하지 말 것
(17) 제면기와 같은 회전축(풀리·벨트)에는 방호 덮개를 설치할 것
(18) 기계 운전자의 손·손가락 등 신체의 안전에 주의를 기울일 것
(19) 가동 중인 기계에 손을 넣거나 재료를 넣는 행위를 삼갈 것
(20) 작업 중 이상과열, 이상소음, 기타 이상이 발견되면 즉시 운전을 정지하고 조치할 것
(21) 작업형태에 따라 필요한 보호구를 반드시 착용할 것
(22) 사용방법을 모를 경우에는 손을 대지 말 것
(23) 원동기와 기계의 가동은 각 직원의 위치와 안전장치의 적정여부를 확인한 다음 가동할 것
(24) 기계는 깨끗이 청소해야 하고 브러시나 도구를 사용하고 손을 직접 넣어 하지 말 것
(25) 기계는 일일이 점검하고 사용 전에 반드시 재점검하여 이상 유무를 확인할 것

6 개인 안전조치

1. 안전수칙

(1) 조리장 안전수칙

① 위생복, 앞치마, 위생모, 안전화를 착용하여 안전하고 청결한 복장으로 조리를 한다.
② 칼 사용 시 자상을 입지 않도록 주의한다.

③ 칼을 가지고 이동 시에는 파지법을 지켜야 한다.
④ 칼은 칼집에 넣어 이동한다.
⑤ 작업 도중 타인과의 장난 및 잡담을 금한다.
⑥ 기름 사용 시 팬이 넘어지지 않게 주의한다.
⑦ 바닥에 기름이나 물이 흐르지 않도록 청결을 유지한다.
⑧ 기름이나 미끄러지기 쉬운 것을 흘렸을 때는 바로 씻거나 톱밥, 모래, 소금, 폐지 등을 이용해 임시 조치한다.
⑨ 조리장에서는 뛰지 말아야 한다.
⑩ 연결전선, 호스 등의 안전사고 원인이 되는 것은 정리정돈을 철저히 한다.
⑪ 조리장 내 안전 통로를 확보한다.
⑫ 조리장에 불필요한 물건 적재를 금지한다.
⑬ 구두, 하이힐 등 넘어지기 쉬운 신발의 착용을 금지한다.
⑭ 작업장 주위에 위험요소가 있는지 항상 점검하고 위험요소가 발견되면 즉시 조치한다.
⑮ 작업장 내 환기장치를 점검하고 가동 후 조리작업에 임한다.

(2) 식중독 방지를 위한 안전수칙

① 조리장 내 통로 및 주변은 항상 깨끗하게 청소를 한다.
② 작업장 내에서는 흡연 금지(이물질 사고 원인)
③ 조리 전에는 손과 얼굴을 깨끗이 닦고 머리를 감을 것
④ 시계, 반지, 팔찌 등 식중독 원인이 되는 장신구 착용 금지
⑤ 귀걸이, 목걸이 등 이물질 사고의 원인이 되는 장신구 착용 금지
⑥ 조리장 내 외부인 출입금지(세균오염)
⑦ 상처 있는 손으로 조리 금지
⑧ 조리장 내 동물 사육 금지
⑨ 조리작업 중에 코, 얼굴, 머리 등을 만지지 않는다.
⑩ 맛을 볼 때는 덜어서 맛을 본다.
⑪ 난류를 만진 후에는 반드시 손을 씻을 것
⑫ 조리기구나 용기를 바닥에 놓지 말 것
⑬ 조리장에 침을 뱉지 말 것
⑭ 조리 후 도마를 세척 살균하여 식중독을 예방한다.

(3) 대형 냉장고 안전수칙

① 내부에서 개폐 손잡이를 확인할 것
② 내부 전등 작동상태를 확인할 것
③ 내부에 비상벨을 설치할 것
④ 출입하기 전에 동료에게 알릴 것
⑤ 냉동실 내부에 지렛대를 넣어 둘 것
⑥ 냉동실에서 구출이 되지 않을 때는 벽체를 두드려서 구조 신호를 보낼 것
⑦ 냉동실에서 오랫동안 구출이 되지 않을 때는 냉동팬의 날개만을 파손하여 바람이 나오지 않게 할 것

(4) 가스안전수칙

① 가스누출로 인한 가스냄새가 나는지 확인 후 이상이 없을 때 전원(점등, 기계작동, 전원코드 삽입)을 작동한다.
② 가스누출 시 어떤 전기 장치도 사용을 금한다.(가스폭발 원인)
③ 조리 전후 가스의 누설을 확인한다.
④ 주기적으로 가스를 검사한다.
⑤ 불꽃은 공기구멍을 조절하여 완전연소의 파란색 불꽃으로 조절할 것
⑥ 가스 감지기 작동 상태를 수시로 확인한다.
⑦ 가스사용 후 메인밸브를 포함한 모든 가스밸브를 잠근다.
⑧ 가스통의 안전밸브의 압력조정 너트를 작업자 임의로 조작하지 않는다.
⑨ 비눗물이나 가스감지기로 가스누출 검사를 실시한다.
⑩ 고무호스의 연결부분에는 반드시 호스밴드를 사용해서 새지 않게 할 것
⑪ 연소기구의 청소는 주기적으로 할 것
⑫ 선풍기 등의 바람으로 가스불이 꺼지는 일이 없도록 할 것
⑬ 가스호스의 노후나 터진 곳이 없나 항시 확인할 것
⑭ 밸브는 서서히 열고 잠그도록 할 것
⑮ 점화할 때는 먼저 중간밸브를 열고 점화기 등의 착화원을 가스레인지에 가까이 하고 나서 밸브를 천천히 열어 점화한다.
⑯ 사용 중 화재가 발생하였을 때에는 당황하지 말고 먼저 밸브를 잠그고 소화 작업을 할 것
⑰ 가스의 사용이 끝났을 때에는 반드시 모든 밸브를 잠그도록 한다.

⑱ 가스통은 안전 검사가 된 것을 사용한다.
⑲ 빈 통의 밸브는 완전히 잠그도록 한다.
⑳ 용기에 무리한 충격을 주지 않도록 할 것
㉑ 가스통이 쓰러지지 않게 보관할 것

(5) 화재 안전수칙
① 소화전, 화재 및 비상표지, 안전표지를 잘 보이는 곳에 올바르게 부착한다.
② 소방시설은 1일 1회 이상 점검하며 유사시 사용에 지장이 없도록 항상 정비되어 있어야 한다.
③ 부식 및 발화나 가연제 또는 위험물질은 별도로 보관한다.
④ 가스를 켜 놓고 자리를 비우지 말아야 한다.
⑤ 가스레인지 주변에는 점화기, 라이터 등을 가까이 두지 않는다.

(6) 재료창고 안전수칙
① 사용시기별, 용도별로 정리하고 빨리 사용할 것을 위쪽이나 앞에 놓는다.
② 품명 및 수량을 파악하기 좋도록 정리정돈 한다.
③ 창고의 통로 및 주변은 항상 깨끗하게 청소한다.
④ 정리는 필요한 것과 불필요한 것을 구분하고 불필요한 것은 제거한다.
⑤ 정돈은 필요한 것을 쓰기 편하게 누구든지 쉽게 알 수 있도록 명시해 놓는 것이다.
⑥ 올바른 방법과 안전한 방법으로 정리정돈 한다.

(7) 운반 안전수칙
① 들어 올리거나 운반할 물건은 먼저 그 크기와 무게를 검사하고 못이나 기타 위험물이 부착되어 있는지 확인한다.
② 물건을 들어 올릴 때는 될 수 있으면 물건 가까이에 꿇어 엎드린 다음 물건을 힘껏 잡고 다리를 천천히 펴면서 일어나야 한다.
③ 들어 올릴 때는 불안전한 자세를 피하고 다리를 완전히 펼 때까지 발을 옮기지 않는다.
④ 물건을 운반 도중 잡은 손의 위치를 변경하지 말고 지주에 기댄 다음 고쳐 잡아야 한다.
⑤ 물건을 내릴 때는 등을 굽히지 말고 다리를 굽힌다.
⑥ 물건을 놓을 때는 한쪽 귀퉁이를 놓은 다음 손을 슬며시 빼야 한다.
⑦ 크거나 무거운 물건을 운반할 때에는 동료의 협력을 얻도록 한다.

⑧ 한 물건을 두 명 이상이 들 때는 취급방법을 먼저 상의한다.
⑨ 긴 물건을 들어서 운반하거나 물건을 놓을 때는 같은 쪽에서 들어야 한다.
⑩ 자기 힘에 겨운 물건을 무리하게 다루지 말고 무거운 물건은 기중기 또는 적당한 운반 기구를 이용한다.
⑪ 물건을 취급할 때는 내용물이 무엇인가를 확인한 후 내용물이 위험물이나 독극물일 때는 조심히 다루어야 한다.

(8) 조리장 전기안전수칙

① 전기고장을 발견하면 즉시 관계자에게 보고하고 조치한다.
② 모든 전깃줄은 전기가 통하고 있다고 생각하고 함부로 만지지 않는다.
③ 처져 있는 전깃줄은 만지지 않는다.
④ 젖은 손으로 전기장치를 만지지 않는다.
⑤ 전깃줄 또는 전기기구에 물건을 걸어 놓지 않는다.
⑥ 전깃줄은 모퉁이나 기계 위로 끌고 다니면 위험하다.
⑦ 전깃줄 피복이 파손되지 않도록 한다.
⑧ 고압선에는 위험표지를 부착한다.
⑨ 전깃줄의 규정용량을 초과하여 사용하지 않는다.
⑩ 모든 스위치는 뚜껑을 해 달아야 한다.
⑪ 모터 등의 전기장치에 스파크나 연기가 나면 전원을 끄고 즉시 조치할 것
⑫ 스위치, 전동기, 배전반 등의 전기기구에 액체성 물질을 뿌리지 말 것
⑬ 배선상태의 안전성 여부를 정기적으로 검사한다.
⑭ 전깃줄에 물이 묻지 않게 한다.

2. 기타 안전 관리

(1) 튀김 시 안전조치(팬 바닥 손질)

튀김용 팬은 오래 쓰다 보면 바닥에 기름이 묻어 기름때가 굳으면 매우 미끄러워 안전사고의 원인이 된다. 그러므로 팬의 바닥을 잘 닦아야 하는데 기름때는 쉽게 제거되지 않는다. 그럴 때는 팬을 가열하여 철수세미로 닦거나 오븐클리너와 같은 세제로 닦는다.

 **튀김팬 바닥 손질법**
① 빈 팬을 연기가 날 정도까지 가열하여 준다.
② 식히지 말고 그대로 바닥에 엎어놓고 장갑을 끼고 철수세미를 신문지 등의 폐지로 감싸서 문지르면 살살 문질러도 아주 쉽게 기름때가 벗겨진다.

미끄러운 바닥	팬을 가열한다.	철수세미로 문지른다.

(2) 칼의 안전관리

① 칼의 파지법 : 칼을 가지고 이동 시에는 칼날에 안전커버를 씌워서 날이 뒤쪽으로 향하게 해서 이동해야 다른 사람에게 피해를 주지 않고 스스로도 덜 다칠 수 있다.

② 칼의 보관법 : 칼은 칼날에 안전커버를 씌워서 칼집에 넣는 것이 안전하다. 칼을 그대로 보관하면 넣거나 뺄 때 떨어져서 자상을 입는 경우가 많다. 그러므로 필히 칼집에 넣어 안전하게 보관해야 한다.

| 칼의 파지법 | 칼집(일식칼) | 칼집 | 칼가방 |

(3) 통풍 및 환기

가스도 연소하면서 연소가스가 이물질이 생기므로 조리 시에는 반드시 환기와 통풍이 잘 되게 해야 한다. 조리사들이 더 피곤해 하는 것도 이러한 연소가스와 기름연기 등을 많이 흡입하기 때문이다.

PART 1. 칼질법과 NCS 조리 실무

Chapter 5. 메뉴관리

1. 메뉴관리란

메뉴는 상세히 기록한다는 라틴어의 'minutus'에서 유래된 말로 우리의 차림표에 해당하는 개념으로 정의할 수 있다.

메뉴관리는 단순히 음식을 소비자에게 판매하는 것만을 의미하는 것이 아니고 메뉴관리를 통하여 재료의 생산부터 영양분석, 조리법의 분석으로 생산과 소비 측면의 변화와 서로의 연관성을 배제하지 않고 연구하여 판매의 마케팅 작업까지 체계화시키는 종합적인 관리가 메뉴관리에 해당한다.

더 큰 의미로는 경영의 목표를 달성하기 위한 관리이기도 하다.

2. 메뉴의 기능

메뉴는 음식을 판매하려는 가치를 손님에게 보여질 수 있도록 표현하는 기능을 가져야 한다.

메뉴는 손님의 잠재 욕구를 충족시켜주고 경영자의 고객을 통한 가치의 전달로 이익을 창출하고 소비를 촉진시켜 나가는 기능을 가지는 것이다.

단순히 음식을 제공한다는 의미도 있지만 서비스의 개선과 새로운 변화로 고객의 취향과 욕구를 반영함으로써 새로운 발전을 도모하는 기능을 가져야 하고 과거 현재의 경험을 바탕으로 미래의 경영 매뉴얼을 전략적으로 디자인하는 과정으로 그 기능을 대별해야 한다.

3 메뉴의 분류

시간에 따라	변화에 따라	내용에 따라	재료에 따라	가격에 따라	인원에 따라
아침 메뉴	고정메뉴	정식 메뉴	고기 메뉴	고가 메뉴	단체 메뉴
브런치 메뉴	변동메뉴	일품 메뉴	채소 메뉴	중간 메뉴	가족 메뉴
점심 메뉴	계절메뉴		해산물 메뉴	저가 메뉴	3~4인 메뉴
저녁 메뉴	순환메뉴		음료 메뉴		2~3인 메뉴
야간 메뉴	주문자메뉴		디저트 메뉴		1인 메뉴

4 메뉴관리

1. 메뉴의 조절과 변경

(1) 식료품 재료의 재고량 소비에 따른 변경
(2) 구입단가 폭등 및 계절에 따른 재료 수급 등에 차질이 생길 경우
(3) 재료의 이상이나 변질로 수급이 곤란할 경우
(4) 각종 행사에 적합한 메뉴의 선택
(5) 계절에 따른 계절 식품으로 변경
(6) 단골고객을 위한 메뉴의 회전을 고려

  (7) 고객의 주문에 따른 맞춤형 변경
  (8) 원가와 수익을 고려한 메뉴 작성
  (9) 시장조사로 원가와 질을 고려하여 변경
  (10) 재료특성에 맞는 메뉴의 선택 및 개발
  (11) 전월 단가파악 후 익월의 추정단가 산출

2. 조리사와 주방의 조리작업 수행 능력 파악

  (1) 조리시간을 고려한 메뉴 작성
  (2) 조리기술의 부족여부 파악
  (3) 조리시설 및 장비의 사용 및 처리능력 파악
  (4) 조리사의 인원부족 파악
  (5) 식수인원의 과다 수용여부 파악
  (6) 조리사의 조리 완성 능력 고려
  (7) 손님에게 제공되는 음식을 조리할 수 있는 조리사와 보조 조리인원 고려

3. 조리 양목표 작성(표준 레시피) 및 배포

  (1) 조리명, 재료목록, 1식당 재료량, 조리 방법, 조리사진
  (2) 기타 사항(특이 재료의 구입처 및 수급방법, 주요재료의 대치 가능 식재료)
  (3) 메뉴별로 칼로리 및 영양가 계산(한국인 영양권장량표 기준)

5 조리사, 매장직원, 관리직원, 기타 관계 직원 상호간의 교류와 정보 공유

  (1) 조리사에게 조리방법을 사전교육으로 시연하고 제공될 음식을 평가 관리
  (2) 금일, 명일, 다음 주, 다음 달의 준비를 위해 행사 계획 및 준비사항을 교육
  (3) 조리사의 금일의 재료 수급상황을 알려 준비에 차질이 없게 조치

(4) 행사 인원 및 특이사항 전달
(5) 매장직원과의 미팅으로 손님의 선호도 및 문제점 파악으로 feed back이 이루어지도록 교육
(6) 손님의 응대방법 교육
(7) 안전관리 교육의 실시로 사고 예방 조치교육 실시
(8) 정신적 육체적 노동에 대한 스트레스 해소방법 제시 및 격려
(9) 직원 상호간의 유대관계 형성

6 재료의 수입과 불출 및 보관

(1) 선입선출 관리를 기본으로 하고 선입한 것부터 선출하기 편하게 재료를 진열 보관
(2) 사용량을 고려하여 포장이나 용기에 입고 및 출고기간 기재
(3) 창고 및 보관 장소에 재고량 기재
(4) 세척 및 전처리 여부에 따라 따로 보관하여 오염이 되지 않게 보관
(5) 재료의 특성을 고려한 보관(건어물, 곡류, 냉동식품, 생식품, 채소, 과일, 육류, 기타 소모품류)
(6) 보관 장소의 특성 고려(환기, 통풍, 기온, 습도, 채광)
(7) 소독 및 청소의 편의성을 고려한 보관
(8) 이동 및 사용 편의성을 고려한 보관
(9) 이동에 따른 식중독 발생 및 식재료의 변질 가능성을 고려한 보관
(10) 재료의 수불부 및 현황판 기록관리

7 잔반의 관리

1. 제공된 식사의 잔식 검사

(1) 1식당의 양 조절여부 결정

(2) 요리의 방법 개선
(3) 기호도 조사로 맛과 식재료의 개선
(4) 기타 고객의 의견 수렴

2. 주방에서 조리한 후 제공되지 못하고 남은 잔반 검사

(1) 준비량을 조절
(2) 보관 가능여부 확인
(3) 예상 식수인원 감축 및 기타 원인 규명

3. 전체 음식물 쓰레기로 버려지는 잔반의 검사

(1) 주로 많이 발생되는 잔반의 종류를 파악하여 관리
(2) 잔반의 처리방법 수립
(3) 잔반의 이물질 검사 관리(철, 유리, 뼈, 종이, 기타 축산용이나 비료화에 문제가 되는 이물질 분리)

8 메뉴계획 확정과 시행

성공적인 메뉴관리는 고객과의 소통도 중요하지만 관계직원과의 소통이 더 중요할 때가 많다.
성공하는 경영인은 인적 자원을 관리하는 것을 더 중요시하며 조율과 순리에 따라 조리사, 매장직원, 관리직원, 기타 관계 직원 상호간의 교류 및 정보 공유와 화합을 이끌어 제안과 검토 과정을 거쳐 확정하고 시행해 나가야 할 것이다.
제안된 내용을 검토하고 계획과 실행과정을 면밀히 조사하여 경제성, 조화성, 조업원의 능률성 등을 의사 결정에 반영할 수 있도록 고려해야 한다.

Memo

PART 1. 칼질법과 NCS 조리 실무

구매관리

1 구매와 구매관리

1. 구매와 관리

구매란 물품을 필요로 하는 자가 판매자에게 적정한 경제적 가치를 부여하고 그 물품을 양도받는 행위를 말한다. 식재료의 구매는 재료의 영양, 조리방법, 위생, 판매량 등에 큰 영향을 미치고 최종적으로 음식을 먹는 소비자에게까지 영향을 미치지 않을 수가 없다. 그러므로 단순하게 취급할 수 없음은 물론이고 좋은 먹거리로 좋은 음식이 나오는 것은 당연하고 좋은 재료는 음식의 질을 높이고 매출액의 상승에도 큰 영향을 미친다.

위생적으로 안전성이 확보되고 영양적으로도 우수하면서 경제적으로도 부담이 적은 식재료를 확보하는 것이 가장 큰 목적일 것이다.

2. 구매의 절차

(1) 구매 목록 작성
(2) 구매 품목 분류 : 농산, 축산, 수산, 건어물, 공산품목, 비품 등으로 분류
(3) 규격서 작성(중량, 부위, 단위당 수량, 품질, 가공 상태), 구매 의뢰서, 구매 명세서 작성
(4) 시장조사 방법 : 유통센터, 도매시장, 할인매장, 현장조사, 인터넷 조사, 업체를 통한 조사

(5) 구입 방법 결정 : 직접구매(인터넷 구매, 시장구매), 위탁구매, 공동구매, 계약구매, 입찰구매

 **구입업체 선정 시 고려사항**

① 납품재료 구입 시 공급 업체의 선정기준 파악
② 재료의 원활한 공급이 가능한 공급업체가 있는지 사전에 파악
③ 기준과 규격, 가격과 품질, 안전성이 확보되고 공급 가능한지 신용 거래가 가능한지
④ 특산품, 희귀품, 고가품의 품목 특성을 파악하고 납품 가능업체 및 구입처 확보
⑤ 매일 매주 매월에 재료의 특성에 따라 재고량을 파악하여 각각 수급이 가능한지 파악
⑥ 수급 문제 요구사항 등에 대비한 대체방안이 있는지 파악
⑦ 타 업체와의 사전 견적으로 가격 비교 후 선정

(6) 구매주기 결정

① 수시 구매 : 필요한 양을 필요할 때마다 구입
② 정기 구매 : 소비량이 많고 오래 보관하지 못하는 재료를 짧은 주기로 계속적으로 구매하는 것
③ 1일 구매 : 저장성이 적고 소비가 많아 매일 구입해야 하는 엽채류, 생선류, 육류
④ 2일 구매 : 2~3일 정도는 보관해도 되는 채소류, 육류
⑤ 3일 구매 : 채소류, 육류, 냉동식품류
⑥ 5일 구매 : 구근 채소류
⑦ 주별 구매 : 구근 채소류
⑧ 장기 구매 : 보존 기간이 다른 것에 비해 길어서 자주 구매하지 않아도 되는 것
⑨ 월별 구매 : 쌀, 건어물류
⑩ 분기별 구매 : 행주, 세제 등 소모품류
⑪ 연도별 구매 : 김장철에 무, 배추, 건고추 등

(7) 구매 및 납품 받기(저장방법 및 저장 가능 여부에 따라 일괄납품, 분할납품 결정)
(8) 검수
(9) 물품인수
(10) 부서별 재료 배분 및 창고 입고
(11) 재료 수불부 작성
(12) 출급

3. 구매 시 고려해야 할 사항

(1) 식재료의 신선도 및 이물질 오염여부 확인
(2) 가격과 품질 사용 목적에 적절성 여부를 판단
(3) 크기, 수량, 등급, 부위, 포장단위 등이 조리에 적합한지 여부를 선별하여 구매
(4) 다량 구매할 때는 사전 샘플링으로 품질을 확인한 다음 공급업체를 선정하고 계약하여 납품받을 것
(5) 재료의 양과 질, 수급 난이도에 따라 직접구매, 인터넷구매, 납품업체를 통한 구매방법을 할 것인지 결정
(6) 원가에 맞추어 식재료, 소모품의 질과 양, 종류를 결정
(7) 농·수·축산의 유통시장의 도매 소매 물가를 파악하고 있어야 함
(8) 식재료의 원가를 사전 파악하고 있어야 함
(9) 식재료의 양이 어느 정도 저장과 관리가 가능한지를 알고 있어야 함
(10) 재료별로 어떤 조리 특성을 가지고 있어야 하는지 사전지식이 있어야 함
(11) 그 시기에 많이 생산되는 계절식품의 종류를 파악하고 있어야 가격은 저렴하게 품질은 좋은 것으로 구매할 수 있다.
(12) 필요량 이상 구입하여 재료를 낭비하는 일이 없도록 하고 재고량 폐기량과 가식부율 식수인원 등을 참고하여 구매한다.

4. 구입을 고려한 메뉴 작성 시 알아야 할 것

(1) 계절 식품의 출하시기 및 가격 등락폭

통상 계절 식품의 가격이 가장 저렴하고 맛과 영양적으로도 가장 우수하다고 할 수 있다. 식품별로 출하되는 시기나 지역도 차이가 있으므로 작황과 출하지역을 알고 있으면 좋다.

(2) 재료의 규격 기준 파악

품목이 같다 하더라도 몇 개, 몇 단 등의 단위는 개당 중량에 차이가 나고 묶음(단)도 크기가 제각기 다르기 때문에 정확한 규격과 중량 등을 사전에 파악하고 있어야 한다.

(3) 시장의 도소매 가격

채소류는 일기에 따라 가격변화가 심하므로 구입 시기에 대략적인 가격상황을 알아보고 가감할 필요가 있다.

(4) 유통경로 및 구입처 확보

적은 양은 도소매 중간상인과 거래를 하지만 일정량 이상일 경우는 산지를 통하여 직접 구매할 수 있도록 경로와 구입처를 알고 있으면 좋다.

5. 계약구매

(1) 경쟁입찰

① 구입예상가가 일정금액 이상일 때는 구입비용을 줄이고 좋은 재료 확보와 경제적 비용을 줄이기 위해 전체 또는 일부를 일정의 자격을 갖춘 다수의 입찰자를 참여시켜 전문업체의 상호 경쟁으로 입찰조건을 성립하는 자 중에 가장 낮은 자를 선정하여 납품하게 하는 방법이다.
② 품명, 규격, 수량, 납품 일시, 납품장소 선정 등 구입조건을 성립하게 하기 위해서는 정확한 입찰조건을 제시해야 차후에 발생되는 분쟁이 없다.

(2) 수의 계약

구입량이 많지 않을 때 임의로 업체를 선정하여 견적을 받은 후에 가격, 품질 등 납품조건이 성립되고 계약조건을 성립할 수 있다고 판단되면 계약에 의해 물품을 구입하는 방법이다.

6. 검수관리

(1) 납품관리

① 구매자의 요구에 맞는 계약조건을 이행하여 구매자의 요구에 충족해야 하지만 실질적으로 정확하게 이행되기 어려운 경우도 다분히 있어 이것으로 인하여 분쟁이 생기는 경우도 많다.
② 이럴 때 현장에서는 급하게 사용하지 않으면 안 되는 상황이 생길 수 있기 때문에 업체를 독촉하지 않으면 오히려 많은 손해를 감수해야 하는 경우도 있다.
③ 구매자는 사전에 납품서를 받았는지, 원하는 날짜에 수급이 가능한지, 어떤 방법으로 납품하

는지 확인하여 업무에 차질이 생기지 않도록 해야 하며 수급이 되지 못할 때는 사전에 조치할 수 있도록 해야 한다.

(2) 검수사항
① 발주 재료의 수량과 중량 확인
② 식재료의 신선도 및 이물질 오염여부 확인
③ 위생상태가 오염되거나 농약 등의 안전성이 확보되었는지 확인
④ 신선도 유지, 유통기간, 사용량을 고려해서 창고 저장기간이 확보되는지 확인
⑤ 가격과 품질, 사용 목적에 적절성 여부
⑥ 품질 및 규격 확인(상표, 품질, 크기, 가공 상태, 전처리상태, 절단 및 세척 상태)
⑦ 크기, 수량, 등급, 부위, 포장단위, 숙성정도, 산지 등이 조리에 적합한지 여부
⑧ 사전 샘플링한 것과 품질이 동일한지
⑨ 재료의 양과 질, 규격, 납품방법, 포장방법 등이 적당한지
⑩ 재료가 조리 특성에 맞는지(생것, 얼린 것, 삶은 것, 익힌 것, 가공된 것 등)
⑪ 냉동상태, 포장상태 확인(냉동식품의 경우 특히 잘 확인)
⑫ 공산품의 경우 포장지에 공급업체의 인지도가 있어 안전성이 확보된 업체인지 확인
⑬ 배송온도 관리가 잘 되어 배송 중 선도 저하 등이 없었는지 확인

(3) 재료 검수 및 반품
① 신속한 교환 및 반품 등의 조치로 업무에 차질이 없게 조치
② 반품 및 교환 목록의 작성

(4) 검수 시 사전 준비 및 절차
① 예상 구매 물품을 저장할 공간 확보
② 규격서(구매의뢰서, 명세서) 준비
③ 적절한 검수 설비 및 기구 준비 : 저장창고 입고, 전처리장 입고, 사용매장으로의 운반 등에 시간이 지체되지 않도록 검수에 필요한 장비나 기구 등을 사전에 준비한다.
④ 검수순서 결정 : 생선류 ⇒ 육류 ⇒ 채소 ⇒ 과일 ⇒ 건어물 ⇒ 공산품
⑤ 규격서 검토(구매의뢰서 명세표) : 납품해야 할 품목과 규격서 품목이 업자의 납품서와 동일하게 납품되었는지 검토

⑥ 검수 : 시간이 지체되어도 식품의 질이 떨어지므로 규격서대로 구입이 되었는지 납품 즉시 검수를 시작하고 충분한 검수시간으로 정확히 검수해야 한다.

⑦ 인수결정 및 반품 교환
  ㉠ 검수 절차에서 이상이 없으면 인수하고 이상이 있는 경우는 반품하거나 교환한다.
  ㉡ 수령한 품목은 납품서에 서명하여 구입결정을 한다.
  ㉢ 교환 반품 등의 품목은 필요에 따라 즉시 교환을 요구하거나 재납품일정을 정하여 재납품을 요구한다.

⑧ 입고일 표기 : 창고에 보관해야 할 품목은 입고일을 표기한다.

⑨ 빠른 입고 및 보관
  ㉠ 식품의 종류에 따라 보낼 곳과 보관해야 할 곳을 구분하여 재료의 신선도가 떨어지지 않게 보관한다.
  ㉡ 보관 시에는 선입선출에 의한 보관을 기준으로 한다.

⑩ 재료 수불부 작성

7. 발주

메뉴가 정해지면 어느 정도의 재료가 들어가는지 산출해야 재료를 주문할 수 있다. 발주는 필요한 재료를 공급자에게 주문하는 것을 말한다.

(1) 발주량 산출

발주량은 실질적으로 먹는 양이 아니라 구입하는 양을 말한다.

오리알이 1개 100g이라면 60%는 흰자, 30%는 노른자, 10%는 껍질이다.

먹을 수 있는 것이 가식부율 또는 정미량(흰자 60%, 노른자 30%=90%)

못 먹는 것이 폐기율(껍질 10%)이고 순수하게 먹는 것(흰자 노른자 90%)이다. 구입(발주)할 때는 껍질까지 구매해야 하기 때문에 100%이지만 메뉴 작성 시는 순수하게 먹는 양(90%)만 계산한다.

구입 시는 폐기부분(껍질, 뿌리, 내장 등 손질로 버려지는 부분)까지 구입

1인 발주량=[필요량(가식부만)÷가식부율]×100

(2) 발주 방법

이메일, 전화, 직접 전달, 팩스 등의 방법으로 발주한다.

(3) 발주 시 고려사항

① 재고조사 후 재고량을 고려한 발주
② 식수 인원을 고려한 발주
③ 전년도 및 전월, 전주일 등의 판매 자료를 고려하여 발주
④ 공휴일의 매출 변동 사항 고려
⑤ 재료의 유통기한을 고려한 발주
⑥ 입고 날짜와 사용날짜를 확인하여 발주
⑦ 재료의 총 구입량을 보관 가능한지 여부를 고려하여 발주
⑧ 주요 고객이나 주요 회사의 행사 및 일정을 고려하여 모자라거나 많이 남지 않게 발주
⑨ 발주 재료의 품질 및 규격을 기재하여 발주(상표, 품질, 크기, 가공 상태, 전처리상태, 절단 및 세척 상태)
⑩ 조리사의 근무여건과 조리작업환경을 고려한 발주
⑪ 사전에 납품처에 품질기준서를 송부하여 납품 가능여부 확인 후 발주

Memo

Chapter 7

PART 1. 칼질법과 NCS 조리 실무

식재료관리

1   요리에 맞는 육류·가금류의 종류와 품질등급 선별

1. 축산물 등급과 선별

[출처]-축산물등급판정 세부기준(농림축산식품부고시 제2013-109호)
축산물 품질 평가원 자료 인용, 알기쉬운 식육도감(전라북도 축산진흥연구소, 2006), (자료인용 및 요약참조)

용어 설명

① 축산물 : 계란, 소·돼지·닭의 도체 및 부분육
② 도체 : 도살·처리된 소·돼지·닭
③ 벌크(Bulk) 포장 : 가금 도축장에서 도살·처리된 닭을 중량에 따라 일정 수량으로 포장한 것
④ 로트(Lot) : 등급판정 신청자가 등급판정 신청을 위하여 닭의 도체 및 닭부분육 또는 계란의 품질수준, 중량규격, 종류 등의 공통된 특성에 따라 분류한 제품의 무더기
⑤ 파각란 : 계란껍데기(난각)에 금이 갔으나 내용물이 누출되지 않은 상태의 계란
⑥ 육량지수 : 소 도체로부터 예측할 수 있는 정육 생산비율

2. 소고기의 부위별 명칭, 특징, 용도

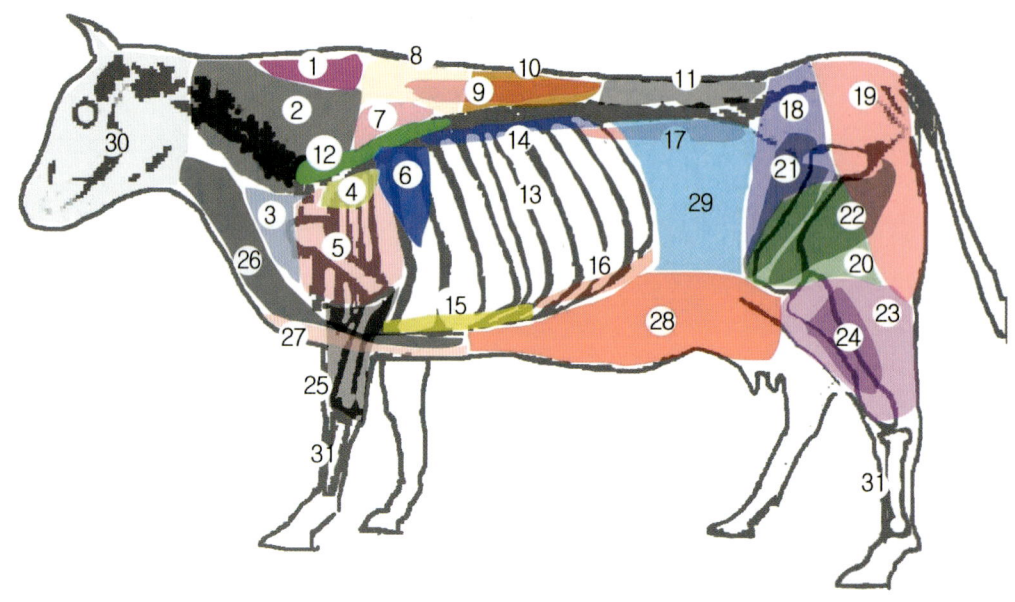

소고기 부위별 명칭

소고기 부위별명칭목심(Neck)
제1~제7목뼈(경추)부위의 근육. 운동량이 많은 부위로서 결이 거칠어 고기는 다소 질기며 육색은 짙다. 불고기, 국거리, 다짐육에 이용한다.

1	멍에살	목덜미에 위쪽에 있는 살로 매우 질긴 살
2	목심살	제1~제7목뼈 부위의 근육

앞다리(Blade/Cold)
소의 앞다리를 감싸고 있는 근육. 운동량이 많은 근육들이 모여 있기 때문에 다른 부위와 비교하여 고기결은 거칠고, 육색은 약간 짙고 근내지방 침착도 낮다. 불고기, 국거리, 육회, 조림, 전골에 이용한다.

3	꾸리살	견갑골 앞쪽(목방향)을 덮고 있는 살
4	앞다리살	소의 앞다리를 이루는 살
5	부채살	꾸리살 뒤쪽으로 뼈를 덮고 있는 부채 모양의 살
6	갈비덧살	앞다리 대분할 시 앞다리에 포함되어 분리된 넓은 등근(활배근)으로 앞다리살 부위와 분리한 후 정형한 것

등심(Loin)
가슴등뼈를 중심으로 양쪽에 길게 붙어 있는 두체의 살덩이. 근육으로 지방이 대리석상으로 박혀 있어 부드럽고 풍미가 좋아 구이, 스테이크, 스끼야끼, 샤브샤브용으로 많이 쓰인다.

7	살치살	앞다리 어깨부위 밑에 있는 삼각형 살
8	위등심	6번째와 7번째 흉추골 사이를 절단한 등심의 앞부분
9	꽃등심	등심 가운데에 길게 형성된 근내 지방이 잘 형성된 살코기
10	아래등심	6번째 7번째 흉추골 사이를 절단한 등심의 뒷부분

채끝(Strip Loin)
등심의 연장선에 있는, 요추골 양쪽 외측을 감싸고 있는 장방형의 등심살(등심 한 채의 끝부분). 동일한 개체 내에서 등심보다는 근내 지방 침착이 상대적으로 낮지만 오히려 등심보다 더 연하여 스테이크, 전골, 샤브샤브용으로 많이 쓰인다.

11	채끝	등심에서 연결된 허리부위로 허리등뼈 양쪽 외측을 감싸고 있는 부위

갈비(Rib)
소의 1번~13번 갈비뼈(늑골)와 이를 덮고 있는 살을 총칭하고 근내 지방 침착이 뛰어나며 근육조직과 지방조직이 층을 형성하여 갈비뼈와 함께 요리 시 풍미가 높다. 찜, 구이, 탕용으로 많이 쓰인다.

12	제비추리	제1~제6등뼈와 갈비뼈(늑골) 접합부위를 따라 분포하는 띠 모양의 긴 목근(경장근)
13	갈비	갈비부위에서 뼈를 제거하여 살코기 부위만을 정형한 것(본갈비살, 꽃갈비살, 참갈비살로 표시할 수 있다)
14	고리마구리	대부분 갈비의 상단 및 하단으로 가슴뼈(흉골)와 늑연골 부분
15	상마구리	갈비부분 중에 위에 가슴 쪽에 해당하는 부위로 좌우 갈비와 갈비가 서로 만나는 부위
16	하마구리	갈비부분 중에 아래 가슴 쪽에 해당하는 부위로 좌우 갈비와 갈비가 서로 만나는 부위

안심(Tender-Loin)
복강 안쪽 요추골 아래 양쪽에 위치, 치골하부에서 제1요추골까지 이어지고 운동량이 거의 없는 부위로서 결이 비단과 같이 곱고 부드러워 스테이크, 구이, 샤브샤브, 전골용으로 많이 쓰인다.

17	안심	요추를 따라 가로돌기 안쪽에 자리잡고 있는 가늘고 긴 원통형의 막대모양으로 산적, 불고기, 장조림, 육회, 육포, 국거리, 전골, 잡채용으로 많이 쓰인다.

설도(Butt&Rump)
소의 뒷다리 중 넓적다리 바깥쪽 궁둥이살. 부위에 따른 육질차가 크지만 고기질은 우둔과 유사하며 풍미가 좋아 스테이크로도 이용되고 산적, 불고기, 장조림, 육회, 육포, 국거리, 전골, 잡채용으로 많이 쓰인다.

18	보섭살	뒷다리의 엉덩이를 이루는 부위로 농기구 보습의 형태를 가진 살
19	설깃살	뒷다리의 바깥쪽 넓적다리를 이루는 부위로 소의 뒤 바깥쪽 엉덩이를 이루는 살
20	도가니살	뒷다리 무릎뼈(슬개골)에서 시작하여 넓적다리뼈(대퇴골)를 감싸고 있는 근육부위로 도가니 모양의 살

우둔(Topside/Inside)

소의 뒷다리에서 넓적다리 안쪽으로 위치하며, 외측면에 지방으로 덮여 있고, 근육 내에 지방침착이 적으며 고기의 결이 약간 굵은 편이나 근육막이 적고 육질은 부드러운 부분과 질긴 부분으로 나누어지며 연하고 맛이 좋아 산적, 장조림, 육회, 불고기, 국거리용으로 많이 쓰인다.

21	우둔살	소의 뒷다리 안쪽(엉덩이 안쪽) 살
22	홍두깨살	뒷다리 안쪽의 단일근육으로 소의 볼기에 붙어 있는 홍두깨 방망이 모양의 살

사태(Shin/Shank)

앞다리의 전완골과 뒷다리의 하퇴골을 감싸고 있는 작은 근육들로 근막이 잘 발달된 다발모양의 고기. 운동량이 많고 결합조직이 많아 질기나 장시간 조리하는 요리에 적합하다. 장조림, 찜, 탕용으로 많이 쓰인다.

23	뭉치사태	무릎관절을 감싸는 근육
24	아롱사태	뭉치사태 안쪽 가운데 있음
25	앞사태	앞다리 전완골을 감싸는 살
	상박살	상완근을 앞사태에서 분리 정형한 것

양지(Brisket&Flank)

목심 아래와 앞가슴부터 허리 아래 배부위 뱃살. 겉과 속면 사이에 지방과 근막이 풍부하게 끼어 있으며, 결합조직이 많아 질기지만 구수한 육수 맛을 내 국거리, 구이, 육개장 탕용으로 많이 쓰인다.

26	양지머리	목심의 아래와 갈비 아래 가슴살로 차돌박이를 분리한 살
27	차돌박이	양지머리뼈의 복판에 붙은 희고 단단한 기름진 고기
28	업진육	양지머리에서 배 쪽으로 이어지는 복부 양지
29	치마살	복부의 양옆 외측복벽을 덮고 있는 부위로 타원형의 판 형태를 이루고 있는 살

부산물(Beef Variety Meat)

30	머리	눌림머리, 탕, 조림용으로 많이 쓰인다.
31	족	탕, 조림 등에 쓰인다.
	위	1위(양), 2위(벌집), 3위(천엽), 4위(홍창) : 탕, 구이용
	기타	곱창, 대창, 간, 스지, 정선스지, 도가니뼈, 우족, 꼬리, 잡육

3. 소 도체 등급 판정

소고기 등급별 구분판매지역 내의 식육판매업소에서 제4조에 따른 소고기 대분할 부위인 안심, 등심, 채끝, 양지, 갈비와 이에 해당하는 소분할 부위는 축산물품질평가사가 발급한 해당 도체의 축산물등급판정확인서에 표기된 등급을 의무적으로 표시하여야 하며, 그 외의 소고기 대분할 부위(목심, 앞다리, 우둔, 설도, 사태)와 이에 해당하는 소분할 부위 및 돼지고기의 대분할 및 소분할 부위의 등급표시는 당해 식육판매업소에서 자율적으로 표시할 수 있다.

소고기의 등급은 1++등급, 1+등급, 1등급, 2등급, 3등급, 등외로 표시하고, 돼지고기의 등급은 1+등급, 1등급, 2등급, 등외로 표시한다.

(1) 육질등급판정을 위한 항목
① 근내 지방도

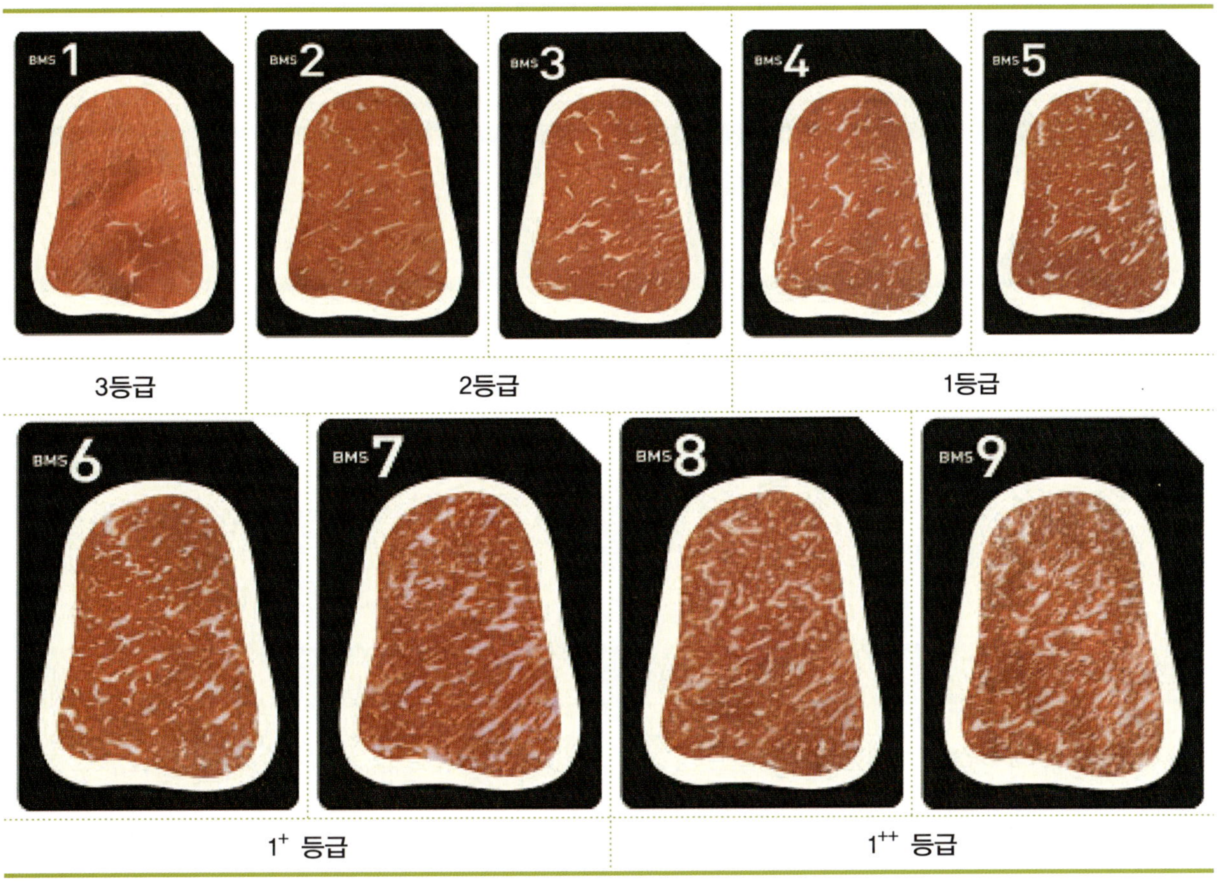

소 도체의 근내 지방도 판정 기준

② 육색 : 등급판정부위에서 배최장근(등근육) 단면의 고기색깔을 부도 5에 따른 육색기준과 비교하여 해당되는 기준의 번호로 판정한다.

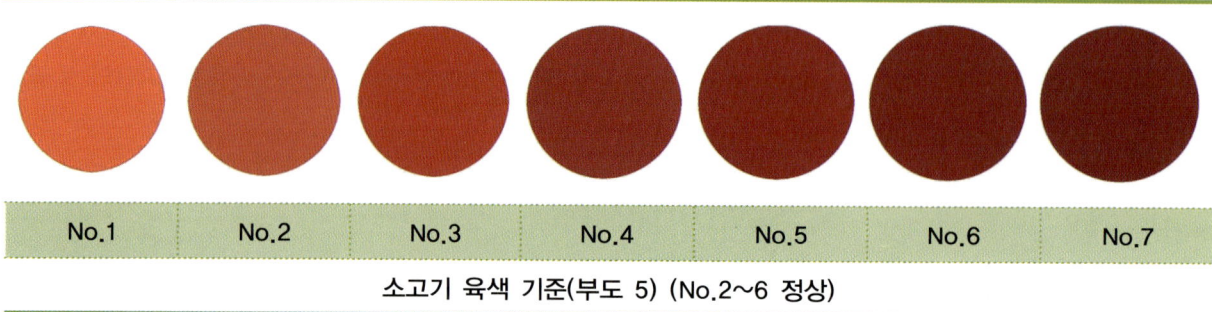

소고기 육색 기준(부도 5) (No.2~6 정상)

③ 지방색 : 등급판정부위에서 배최장근(등근육) 단면의 근내 지방, 주위의 근간지방과 등지방의 색깔을 부도 6에 따른 지방색기준과 비교하여 해당되는 기준의 번호로 판정

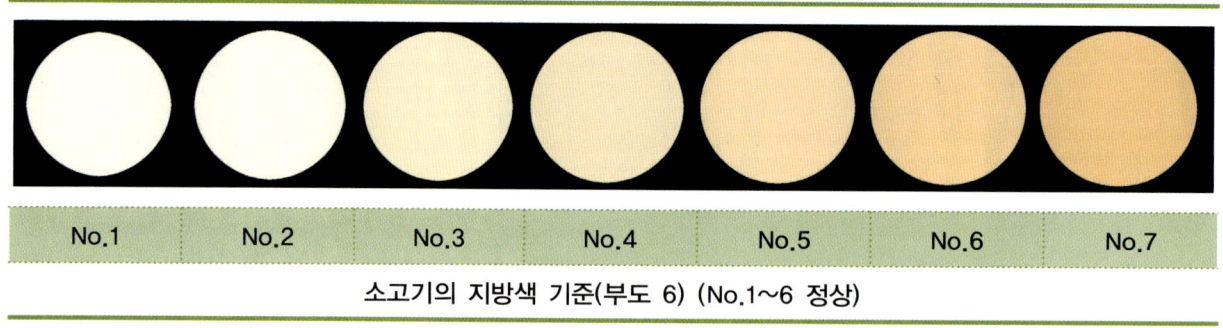

소고기의 지방색 기준(부도 6) (No.1~6 정상)

④ 조직감 구분기준 : 배최장근(등근육) 단면의 보수력, 탄력성, 조직감 구분 기준에 따라 해당되는 기준의 번호로 판정

번호	구 분 기 준
1	수분이 알맞게 침출되고 탄력성이 좋으며 결이 곱고 섬세하며 고기의 광택이 좋고 지방의 질이 좋은 것
2	수분의 침출 정도가 약간 많거나 적고 탄력성이 보통이며 결이 적당하고 고기의 광택 및 지방의 질이 보통인 것
3	수분의 침출정도가 아주 많거나 적고 탄력이 좋지 않으며 결이 거칠고 고기의 광택 및 지방의 질이 좋지 않은 것

⑤ 성숙도 : 왼쪽 반도체의 척추 가시돌기에서 연골의 골화 정도, 성숙도 구분기준과 비교하여 해당되는 기준의 번호로 판정한다.

(2) 소 도체 육질등급 최종판단 기준(육색, 지방색, 조직감, 성숙도)

구분	등급 하향 조정 해당 항목수			
	1개	2개	3개	4개
1⁺⁺ 등급	1등급	2등급	3등급	3등급
1⁺ 등급	1등급	2등급	3등급	3등급
1등급	2등급	3등급	3등급	3등급
2등급	3등급	3등급	3등급	등외 등급
3등급	3등급	3등급	등외 등급	등외 등급

(3) 육량 등급 판정 기준

육량지수는 소를 도축한 후 2등분할된 왼쪽 반도체에 부도 1과 같이 마지막등뼈(흉추)와 제1허리뼈(요추) 사이를 절개한 후 등심 쪽의 절개면에 대하여 등지방두께, 배최장근(등근육) 단면적, 도체중량의 항목을 측정하여 산정한다.

육량 등급 판정 기준

육량등급	육량지수
A	67.20 이상
B	63.30 이상~67.20 이상
C	63.30 이하

육질등급과 육량 등급을 함께 표시

구분		육질등급			
		1^{++} 등급	1^{+} 등급	1등급	2등급
육량 등급	A 등급	1^{++} A	1^{+} A	1 A	2 A
	B 등급	1^{++} B	1^{+} B	1 B	2 B
	C 등급	1^{++} C	1^{+} C	1 C	2 C
	등외 등급	등외	등외	등외	등외

등급 표시 읽는 방법(예)

- 1^{++} A : 일 투플러스 에이 등급
- 1^{+} B : 일 플러스 비 등급
- 3C : 삼 시 등급

4. 소고기 등급 판정

소고기는 육질등급과 육량등급으로 구분하며, 모든 국내산 소고기는 등급판정을 받은 후에 유통

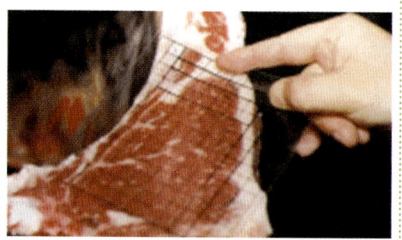
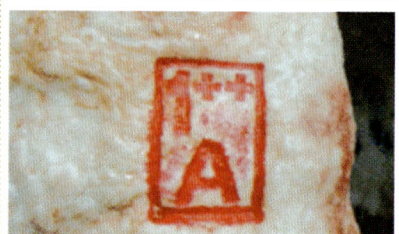

| 육질등급 판정 | 육량등급 판정 | 등급날인 |

(1) 등급의 표시방법

① 육질등급은 고기의 품질정도를 나타내며, 소비자의 선택 기준으로 1^{++}, 1^{+}, 1, 2, 3등급으로 구분

② 육량등급은 소 한 마리에서 얻을 수 있는 고기의 양이 많고 적음을 나타내며, 유통과정에서

의 거래지표로 사용
③ A, B, C등급으로 구분

1⁺⁺ 등급 소고기	3등급 소고기
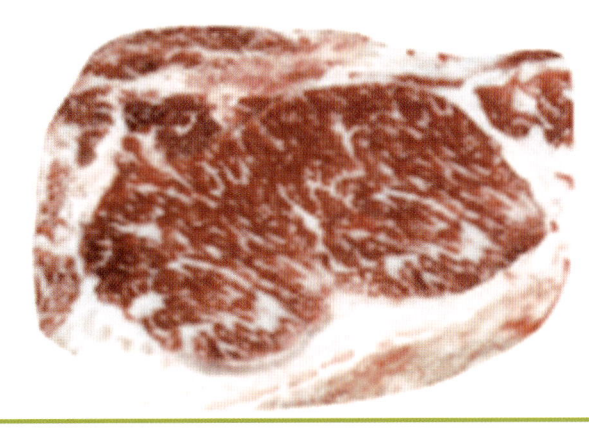	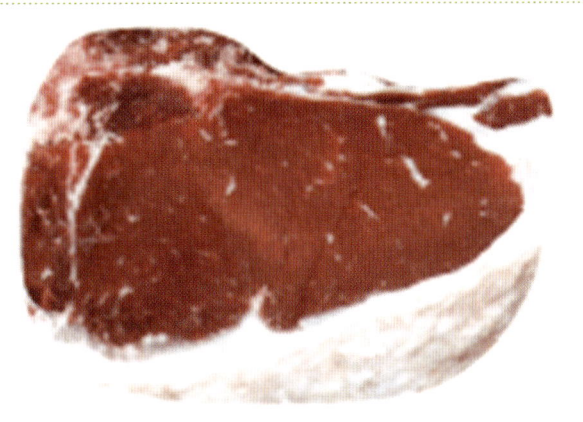

(2) 등외 등급

① 비육 상태가 매우 불량함(노폐우)
② 방혈이 불량하거나 외부가 오염되어 육질이 극히 떨어진 경우
③ 상처 또는 화농 등으로 도려내는 정도가 심한 경우
④ 도체중량이 150kg 미만인 왜소한 도체로서 비육 상태가 불량한 경우
⑤ 재해, 화재, 정전 등으로 인하여 특별시장·광역시장 또는 도지사가 냉도체 등급판정방법을 적용할 수 없다고 인정하는 도체육

5. 돼지고기의 부위별 명칭, 특징, 용도

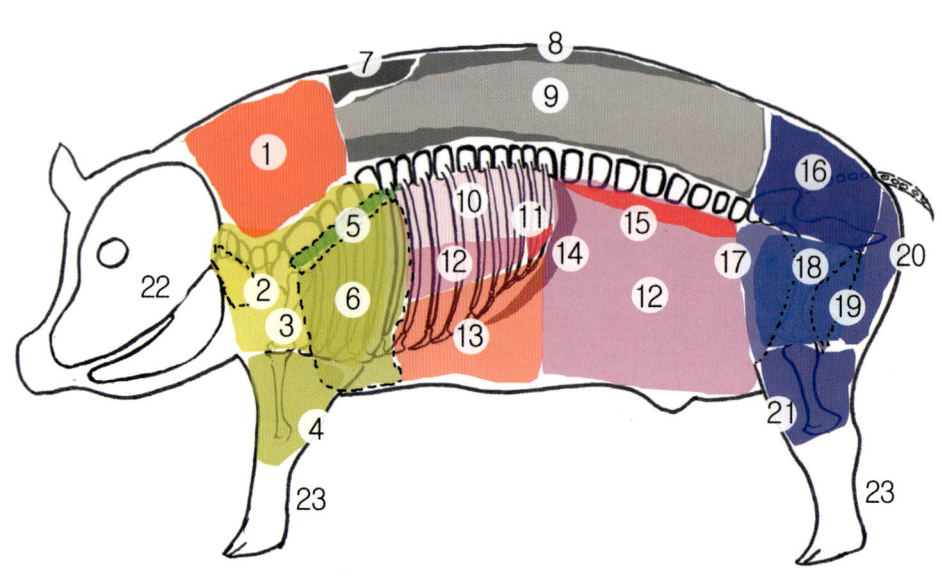

목심(Neck)

등심에서 머리 쪽으로 이어지는 부위. 붉은색을 띤 핑크색으로 결이 약간 거칠고 질긴 편이지만 안쪽에 분포된 지방층과 스지가 불규칙한 모양으로 넓게 분포되어 있기 때문에 감칠맛과 농후한 맛이 나고 돼지고기 중에서 삼겹살과 더불어 가장 맛있는 부위로 숯불구이, 로스용, 수육, 구이, 보쌈, 주물럭용으로 많이 쓰인다.

1	목심살	등심에서 머리 쪽으로 이어지는 부위

앞다리(Blade/Cold)

상완골과 어깨뼈(견갑골)를 싸고 있는 근육들로 대분할 앞다리에서 아래쪽 사태와 목덜미 쪽 항정살을 분할한 부위로 운동을 하는 부위이기 때문에 고기결이 조금 거칠고 고기색도 다른 부위에 비해서 짙다. 구이, 불고기, 찌개, 카레, 수육(보쌈)용으로 적당하다.

2	항정살	머리와 목을 연결하는 근육으로 대분할 정형 시 앞다리로 분리되는 부위로서 림프선을 제거하고 지방을 최대한 제거하여 정형한 것이다.
3	앞다리살	앞다리에서 앞사태와 항정살을 제거한 나머지 부분을 피하지방 7㎜ 이하로 정형한 것
4	앞사태살	앞다리에서 목덜미 쪽 고기로 살과 지방이 여러 겹으로 반복되는 부드러운 살로 전완골과 상완골 일부를 감싸고 있는 근육

갈비(Rib)
앞가슴 부위로 목심과 앞다리로부터 분리되며 첫 번째부터 네 번째 또는 다섯 번째까지의 갈빗대(늑골)와 갈빗대 사이 살(늑간살)로 쫄깃쫄깃하고 뼈에서 나오는 엑기스가 살로 스며들어 독특한 맛을 내는 역할을 하며 전반적으로 근육 내에 지방이 잘 박혀 있어 풍미가 좋아 전통적으로 돼지갈비구이용, 갈비찜용으로 이용. 바비큐, 불갈비 갈비찜, 찌개용, 양념갈비용으로 많이 쓰인다.

5	마구리	갈비부위에서 가슴뼈(흉골)부분을 따라 분리 정형한 것으로 갈비와 등뼈가 붙어 있는 부분을 말한다.
6	갈비	제1늑골에서 제4늑골 혹은 제5늑골까지를 말한다.
	갈비살	갈비부위에서 뼈를 제거하여 살코기만을 정형한 것

등심(Loin)
목심과 같은 배최장근이 주를 이루는 원통형의 살코기 덩어리로 목심에 이어 등쪽 중앙부분에 길게 위치. 지방으로 둘러싸여 있는데 안심과 같이 운동량이 적은 부위이기 때문에 색상이 연하고 부드러운 적육으로 내부 근막도 없는 저지방육임. 탕수육, 잡채용, 폭찹, 돈까스, 스테이크, 카레용으로 많이 쓰인다.

7	등심덧살	목심과 연결되는 부위의 덧살
8	등심살	제5 또는 제6 흉추골부터 뒷다리 앞까지의 등 부위 살
9	알등심살	등심살 안쪽에 길게 형성된 고기

삼겹살(Belly)
갈비를 분리한 뒷부분에서 뒷다리 앞까지의 복부부위로 넓고 납작하며 복부근육과 지방이 마치 삼겹의 층을 형성하고 지방의 함유량이 높고 단백질은 적지만 비타민과 미네랄을 적당량 포함하고 있기 때문에 질기지 않고 감칠맛 나는 농후한 맛이 특징으로 구이, 베이컨 가공용, 수육, 찜용으로 많이 이용한다.

10	등갈비	제5~6갈비뼈(늑골)에서 마지막 갈비뼈 중 갈비뼈 쪽 부위로서 등심부위를 갈비뼈를 발골하지 않고 등심근육 일부가 포함되도록 분리하여 정형한 것
11	토시살	갈비뼈(늑골) 안쪽의 가슴뼈(흉골)에 부착되어 횡격막(갈매기살) 사이에 노출되어 있는 근육으로 갈매기살에서 분리하여 정형한 것
12	삼겹살	돼지의 뱃살로 지방과 살이 삼겹으로 층을 이루고 있는 살
13	오돌삼겹	제5~6갈비뼈부터 마지막 갈비뼈까지의 연골을 감싸고 있는 근육을 늑연골과 가슴뼈(흉골)를 포함하여 폭 6cm 이내로 정형한 것
14	갈매기살	돼지고기의 가로막 살

안심(Tender-Loin)
요추 뼈 안쪽 몸 중앙에 위치하며 뾰족하고 긴 막대모양으로 대요근과 소요근, 잘골근과 날개살(사이드 근육)로 구성. 지방이 적어 맛은 담백한 저칼로리 부위로 성인병이나 비만인 사람, 치아가 약한 사람들도 안심하고 먹을 수 있어 장조림, 카레, 잡채, 탕수육, 훈제가공, 바비큐용으로 이용한다.

15	안심	요추 뼈 안쪽 몸 중앙에 위치하며 뾰족하고 긴 막대모양으로 대요근과 소요근, 잘골근과 날개살(사이드 근육)로 구성되어 있다.

뒷다리(Ham)
뒷다리 안쪽 넓적다리뼈(대퇴골) 상단부에 위치하며 살집이 두텁고 지방이 적어 담백한 맛을 낸다. 다른 부위에 비해 단백질, 비타민B_1이 많이 포함되어 있으며 움직이는 부위로서 스지와 근막이 많아 질기지만 같은 부위라 하더라도 부드러움에 차이를 보인다. 불고기, 장조림용, 샤브샤브, 주물럭, 찌개, 탕수육, 튀김용으로 많이 쓰인다.

16	설깃살	돼지의 뒤쪽 둔부 외측을 감싸고 있는 살
17	도가니살	대퇴골을 앞쪽에서 감싸고 있는 도가니 모양의 살
18	보섭살	등심에 이어지는 농기구 보습모양의 살
19	홍두깨살	대퇴골을 뒤쪽에서 감싸고 있는 살
20	볼기살	뒷다리 안쪽 위에 위치한 살
21	뒷사태	돼지의 뒷다리 하퇴골을 감싸는 살

기타

| 22 | 머리 | |
| 23 | 족 | |

부산물(Beef Variety Meat)

| | 목뼈, 등뼈, 대장, 직장, 잡육 |

6. 돼지 도체의 1차 등급 판정 기준

돼지 도체 1차 등급판정은 돼지를 도축한 후 2분할된 좌반도체에 대하여 도체중량, 인력등급판정방법에 따른 등지방두께, 기계적 등급판정방법에 따른 등지방두께 및 등심직경 항목을 측정하여 판정한다.

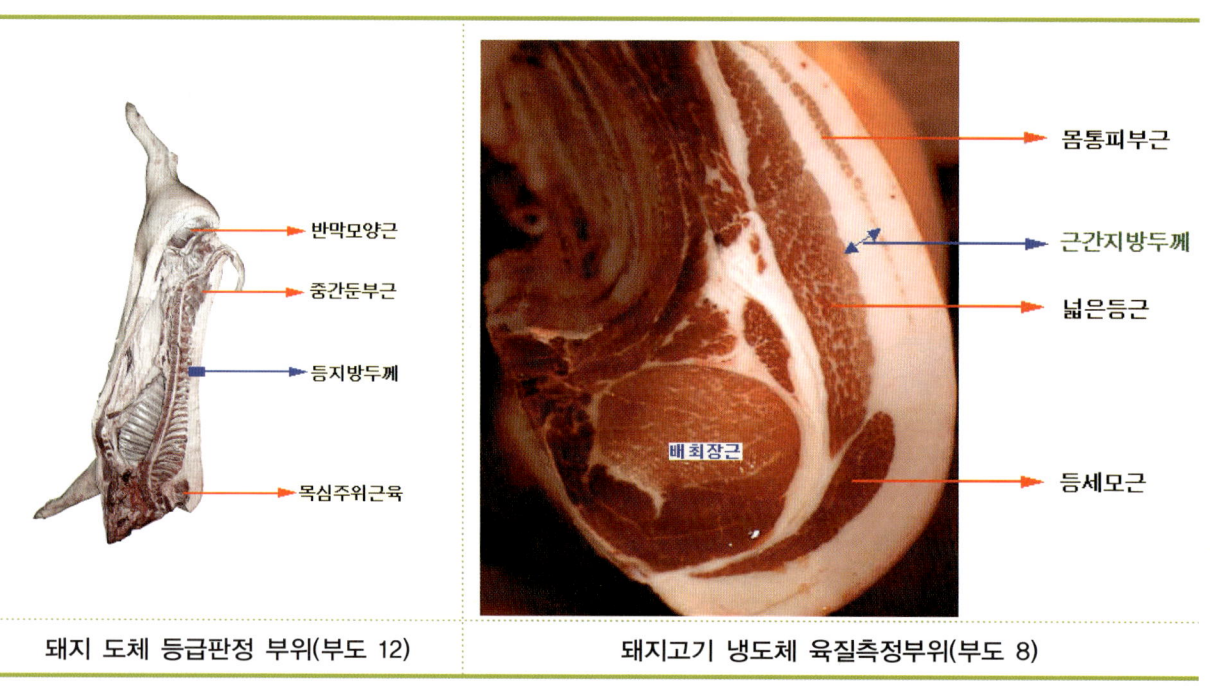

돼지 도체 등급판정 부위(부도 12)   돼지고기 냉도체 육질측정부위(부도 8)

7. 도체 2차 등급 판정 기준

(1) 육색, 지방색

① 돼지 도체 인력등급판정의 외관 및 육질등급판정은 부도 12의 등급판정부위를 보고 판정

② 외관 및 육질판정은 비육 상태, 삼겹살상태, 지방부착 상태, 지방침착도, 육색, 육조직감, 지방색, 지방질을 종합하여 1+, 1, 2, 등외등급으로 판정한다.

③ 결함판정은 방혈불량, 이분할불량, 골절, 척추이상, 농양, 근출혈, 호흡기불량, 피부불량, 근육제거, 외상 등으로 판정하고, 결함이 확인되는 경우 등급을 하향(최대 2등급까지)하거나 등외등급으로 2차 판정한다.

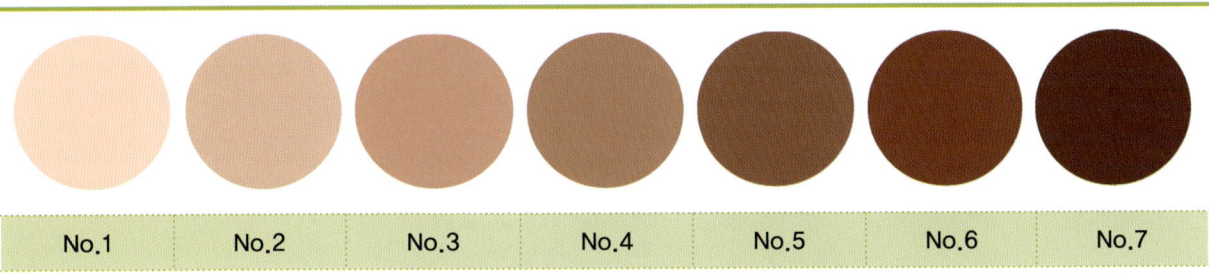

돼지고기 육색 기준(No.1, No.7 등외 판정)

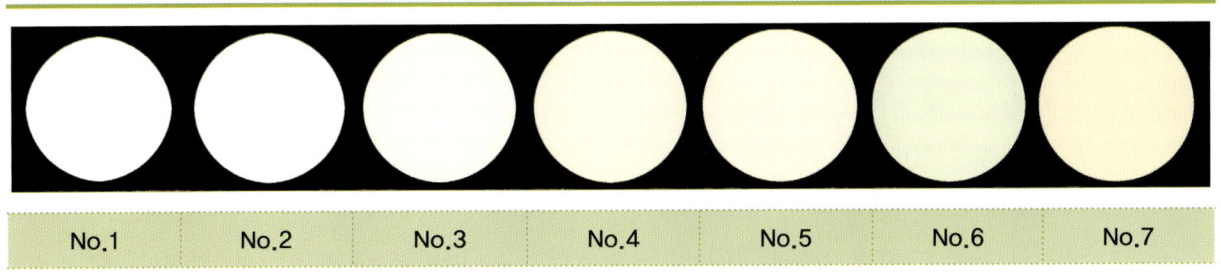

돼지 도체 지방색 기준(No.6 또는 No.7 등외 판정)

(2) 돼지고기 등급 판정

돼지고기의 품질정도와 도체중·등지방두께 및 외관 등을 종합적으로 고려하여 1+등급, 1등급, 2등급으로 구분하며, 모든 국내산 돼지고기는 등급판정을 받은 후에 유통

1+ 등급 삼겹살

2등급 삼겹살

(3) 등외등급 판정기준

① 부도 13의 돼지 도체 근육특성에 따른 성징 구분방법에 따라 "성징 2형"으로 분류되는 도체
② 결함이 매우 심한 도체
③ 도체중량이 박피의 경우 60kg 미만 박피 100kg 이상(탕박의 경우 110kg 이상)의 도체
④ 새끼를 분만한 어미돼지(경산모돈)의 도체
⑤ 육색이 부도 10의 No.1 또는 No.7이거나, 지방색이 부도 11의 No.6 또는 No.7인 도체
⑥ 비육상태와 삼겹살상태가 매우 불량하고 빈약한 도체
⑦ 고유의 목적을 위해 이분할하지 않은 학술연구용, 바비큐 또는 제수용 등의 도체
⑧ 검사관이 자가소비용으로 인정한 도체
⑨ 좋지 못한 돼지먹이 급여 등으로 육색이 심하게 붉거나 이상한 냄새가 나는 도체

8. 닭의 품질 등급

- 통닭의 품질은 1+, 1, 2등급으로 구분
- 부분육의 품질은 1, 2등급으로 구분

- 닭고기 등급기준이 학교 식자재 납품기준으로 선정되면서 품질과 등급판정 물량이 대폭 증가됨

(1) 닭 도체 품질 기준

항목	등급 하향 조정 해당 항목수		
	A급	B급	C급
외관	손상 없는 것	약간	많은 것
비육상태	착육 좋음	보통	적음
지방	매우 잘 발달	잘 발달	빈약
신선도	좋음	보통	불량
외상, 이물질, 변색, 냄새, 중량, 도체처리 각각 적용	좋음	보통	불량

(2) 닭의 판정방법

닭 도체의 등급판정은 품질등급과 중량규격으로 구분한다.

① 전수판정방법 : 등급판정 신청된 닭 도체를 한 마리씩 개체별로 등급판정

등급	등급 판정 결과
1⁺ 등급	닭 도체 품질기준의 모든 항목이 A급 이상이어야 함
1등급	닭 도체 품질기준의 모든 항목이 B급 이상이어야 함
2등급	닭 도체 품질기준의 모든 항목이 C급 이상이어야 함

② 표본판정방법 : 로트의 크기에 따라 표본을 무작위로 추출하여 등급판정

등급	등급 판정 결과
1⁺ 등급	A급 것이 90% 이상 C급 5% 이하(나머지는 B급)
1등급	B급 이상의 것이 90% 이상(나머지는 C급)
2등급	B급 이상의 것이 90% 미만

(3) 닭 도체 및 닭 부분육의 등급표시 예시

속포장 용기		겉포장용기
닭 도체 · 닭 부분육		품질 등급
품질등급 / 중량규격 1등급 / 특대 16호 1551~1650 등급 판정일:00년 00월 00일 축산물 품질 평가원	축산물품질평가원 1+등급 판정읜:별도표기 작업장코드:1234	1등급

(4) 닭고기의 호수별 중량범위

중량규격	소		중소			중		대		특대	
해당호수	5호	6호	7호	8호	9호	10호	11호	12호	13호	14호	15호	16호	17호
중량범위	451~550	551~650	651~750	751~850	851~950	951~1050	1051~1150	1151~1250	1251~1350	1351~1450	1451~1550	1551~1650	1651 이상

품질이 좋은 닭고기	품질이 떨어지는 닭고기
※ 피부색이 좋으며 광택이 있다. ※ 탄력성이 좋고 외부손상이 없다.	※ 피부색이 나쁘고 광택이 떨어진다. ※ 탄력성이 낮으며 외부손상이 있다.

(5) 닭 부분육

① 냉동 또는 해동된 제품을 원료육(닭 도체)으로 사용하여서는 안 되며, 끈적거리는 점액질의 물질과 산패로 인한 이상취가 없어야 한다.
② 닭 부분육의 원료육은 도축 완료 후 48시간 이내의 것이어야 한다.
③ 골절 등으로 인한 출혈성 외상이나 각 부위의 1/3 이상을 초과하는 멍(혈반)은 등급판정 이전에 제거되어야 한다.
④ 위 내용물, 분변, 혈액 등에 오염되지 않아야 한다.
⑤ 금속물질ㆍ플라스틱 등 이물질이 포함되지 않아야 한다.

9. 계란 등급 판정

(1) 계란의 등급 판정 방법

① 계란의 등급판정은 품질등급과 중량규격으로 구분한다.
② 계란의 품질등급은 로트의 크기에 따라 무작위로 표본을 추출하는 표본판정방법을 적용한다.
③ 계란의 품질등급 판정기준 : 계란의 품질등급판정을 위한 외관ㆍ투광 및 할란판정으로 한다.

(2) 계란의 등급표시

계란의 등급표시는 규정에 따른 품질등급과 중량규격을 포장용기에 등급판정일자, 평가기관명 등과 함께 표시한다.

판정항목		품질기준			
		A	B	C	D
외관판정	껍질	청결, 양호	청결, 약간 이상	약간 오염, 이상	오염, 불량
투광판정	기실	4mm 이내	8mm 이내	12mm 이내	12mm 이상
	노른자	윤곽 뚜렷, 안 퍼짐	윤곽 뚜렷, 약간 퍼짐	현저하게 퍼짐	완전 퍼짐
	흰자	결착력 강	결착력 보통	결착력 없음	결착력 전혀 없음
할란판정	노른자	솟음	약간 평평	평평	완전 벗어남
	농후난백	노른자 주위를 싸고	퍼짐	보이지 않음	이취 및 변색
	수양난백	약간	많이 있음	아주 많음	
	이물질	3mm 미만	5mm 미만	7mm 미만	7mm 이상
	호우단위	72 이상	60 이상~72 미만	40 이상~70 미만	40 미만

계란의 품질 기준

품질등급	등급 판정 결과
1⁺ 등급	A급 것이 70% 이상이고 B급 이상의 것이 90% 이상이며 D급의 것이 3% 이하이어야 함(나머지는 C급)
1등급	B급 이상의 것이 80% 이상이고, D급의 것이 5% 이하이어야 함(기타는 C급)
2등급	C급 이상의 것이 90% 이상(기타는 D급)
3등급	C급 이상의 것이 90% 미만(기타는 D급)

	계란 속포장 용기	계란 겉포장 용기
판정: 01(생산자 시도), 001(생산자 번호), 02(계군번호), 0100102, AA150501, 150501(2015년 5월 1일), AA(집하장 코드), 등급 판정 확인 표시	품질등급 / 중량규격 — 1⁺등급 / 왕란 — 등급 판정일: 축산물 품질 평가원	품질 등급 — 1⁺등급

계란의 중량 규격

규격	왕란	특란	대란	중란	소란
중량	68g 이상	68g 미만~ 60g 이상	60g 미만~ 52g 이상	52g 미만~ 44g 이상	44g 미만

(3) 계란의 등급 판정

계란의 품질은 1+, 1, 2, 3등급으로 구분

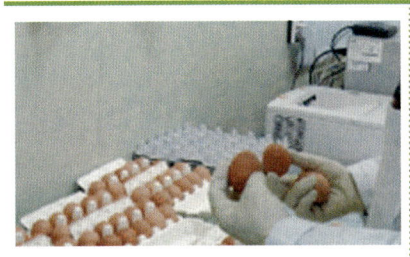	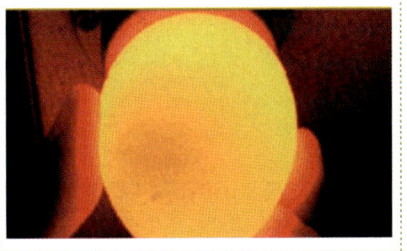	
외관판정	투광판정	할란판정

① 계란 품질등급
　㉠ 세척한 계란에 대해 외관검사, 투광 및 할란판정을 거쳐 1+, 1, 2, 3등급으로 구분
　㉡ 계란 등급기준이 학교 식자재 납품기준으로 선정되면서 품질과 등급판정 물량이 대폭 증가됨

품질이 좋은 계란	품질이 떨어지는 계란
노른자위가 높이 솟아 있으며 흰자위가 모아져 있다.	노른자위와 흰자위가 넓게 퍼져 있다.

10. 오리고기 등급 판정

오리고기의 품질은 1+, 1, 2등급으로 구분

• **오리고기 품질등급**

외관, 비육상태, 지방부착, 잔털, 깃털, 신선도, 외상, 변색, 뼈의 상태, 이물질 부착, 냄새, 도체처리 등 품질기준에 따라 판정

등급표시

2 산지 계절 특성에 따라 요리에 맞는 채소, 과일, 생선 선별

계절식품	겨울 1월	2월	봄 3월	4월	5월	6월	여름 7월	8월	9월	가을 10월	11월	겨울 12월	전국 주요생산지
가지							7	8	9	10			경기, 김해, 대구, 강릉, 부산, 광주
감자					5	6	7			10			대구, 밀양, 제주, 평창, 춘천, 합천, 창녕
갓	1	2									11	12	여수
고구마								8	9	10			강화, 익산, 여주, 원주, 청주, 순천
고구마줄기									9	10			순천, 이리, 여수
고들빼기			3	4	5					10	11		광주, 승주, 남양주, 사천, 순천, 양평, 울산
고추							7	8	9	10			김해, 나주, 영암, 음성, 임실, 장수, 창원, 진주, 밀양, 창녕
고춧잎				4	5								전국
근대			3	4	5	6	7	8	9	10	11		김해, 남양주, 울산, 하남
깻잎					5	6	7	8	9	10	11		남부지방, 김해, 밀양, 부산
꽈리고추					5	6	7	8	9	10			광주, 김해, 밀양, 영천, 진주, 한림
냉이	1	2	3									12	중부 및 남부지방
느타리버섯					5	6	7	8	9	10			괴산, 김해, 담양, 보성, 산청, 순창, 순천, 옥천, 의령, 임실, 장수, 진주, 하동, 함양
달래			3	4	5	6				10	11	12	서산, 당진, 제주, 홍성
당근	1	2	3	4				8	9				남제주, 평창(고랭지)
당근					5	6	7	8	9	10	11		김해, 밀양, 부산, 서산, 제주, 창녕, 함양
대파					5	6	7	8	9	10	11	12	대구
더덕								8	9	10	11	12	진안, 논산
도라지									9	10	11		전국, 강진
돌나물		2	3	4									전국, 이천, 남양주
땅두릅			3	4	5								가평
두릅			3	4	5								문경
땅콩									9	10	11		여주, 창녕
풋마늘			3	4	5								통영
마늘					5	6	7						남해, 의성, 창녕
마늘쫑			3	4	5								무안, 밀양, 의성, 창녕, 태안
머위				4	5								전국
무								8	9	10	11	12	전국

PART 1. 조리법과 NCS 조리 실무

계절식품	겨울			봄			여름			가을		겨울	전국 주요생산지
	1월	2월	3월	4월	5월	6월	7월	8월	9월	10월	11월	12월	
미나리	1	2	3	4							11	12	강서, 나주, 부산, 전주, 울산
돌미나리	1	2	3	4									김해, 의령
배추											11	12	고창, 나주, 영월, 정선, 진도, 태백, 평창, 해남
봄동	1	2	3										나주, 영월, 정선, 진도, 태백, 평창, 해남
부추					5	6	7	8	9				광주, 김해, 남제주, 대구, 부산, 영일, 충무, 포항
브로콜리							7	8	9	10	11		전국
비름			3	4	5	6	7	8	9	10			전국
상추				4	5	6	7	8	9	10			광주, 김해, 성남, 용인, 하남, 김해, 대저, 밀양, 부산
새송이	1	2	3	4	5	6	7	8	9	10	11	12	김해, 사천, 고성, 충주, 화순, 장성
샐러리	1	2	3	4	5	6							김해, 남제주, 밀양, 의창, 태백, 평창
생강										10	11	12	구미, 남원, 산청, 서산
송이버섯									9	10			고성, 원주
시금치	1	2	3								11	12	김해, 무안, 포항, 해남
쑥갓			3	4	5								김해, 남양주, 성남, 이천, 하남
아욱						6	7	8	9	10			전국, 남양주, 판교
알타리무					5	6	7	8	9		11		전라도
애호박				4	5	6	7	8	9	10			고성, 광주, 김해, 대구, 밀양, 부산, 안동, 의령, 진주, 청도
양배추				4	5	6	7	8	9	10			김해, 북제주, 서산, 진도, 평창, 해남
양배추	1	2	3	4					9	10	11	12	거창, 광양, 김해, 북제주, 서산, 의령, 진도, 평창, 평창, 하동, 해남, 횡성
양송이	1	2	3	4	5	6	7	8	9	10	11	12	광주, 부여
양파					5	6	7						고흥, 남지, 창녕
얼갈이				4	5	6	7	8	9	10			나주, 영월, 정선, 진도, 태백, 평창, 해남
연근										10	11	12	경산, 김해, 송정, 연산포, 이리, 함안, 함평
오이						6	7	8	9				강서, 나주, 부산, 울산, 전주
옥수수						6	7	8	9				전국
우엉									9	10	11	12	경산, 김해, 송정, 이리, 진주, 함안, 함포
원추리		2	3	4									김해, 부여, 제주
인삼									9	10			진안, 영주, 홍천
적채					5	6	7	8					제주
쪽파								8	9	10			전국, 구리, 남양주, 부산, 진도
취나물			3	4	5								고흥, 김해, 북제주군, 태안, 홍성
콩나물	1	2	3	4	5	6	7	8	9	10	11	12	전국

Chapter 7. 식재료관리 **155**

계절식품	겨울		봄			여름			가을			겨울	전국 주요생산지
	1월	2월	3월	4월	5월	6월	7월	8월	9월	10월	11월	12월	
토란									9	10			밀양, 진주
표고버섯								8	9	10			금령, 무주, 보령, 상주, 원주, 홍성
풋고추							7	8	9	10			김해, 남양주, 성남, 이천, 하남
풋마늘			3	4									전국, 남해
피망						6	7	8					광양, 김해, 송정, 인제, 진양, 춘천
호박(긴 것)			3	4	5	6	7	8	9				광주, 부산, 서울, 안성, 충주
호박(애호박)				4	5	6	7	8	9	10			진주
호박(쥬키니)			3	4	5				9	10			김해, 밀양
감	1	2							9	10	11	12	밀양, 사천, 창녕, 창원, 청도, 함안
감(연시)										10	11	12	밀양, 사천, 영덕, 진영, 창녕, 창원, 청도, 청도, 포항, 함안
귤(노지)	1	2	3	4						10	11	12	서귀포, 제주
금귤	1	2	3										서귀포, 제주
단감										10	11	12	김해, 서천, 영암, 진영, 창원, 고성, 사천, 진주, 창녕, 하동
대추									9	10			경산, 밀양, 보은
딸기			3	4	5								거창, 고령, 남원, 담양, 사천, 산청, 진주
밤									9	10	11		공주, 광양, 합천
방울토마토			3	4	5								강동, 고흥, 광주, 김해, 담양, 대전, 부산, 창원, 함안
배									9	10	11		산청, 순창, 진주, 장수, 하동, 나주, 안성, 천안, 평택
복숭아							7	8					밀양, 청도, 진주
사과									9	10	11		음성, 예산, 충주, 거창, 산청, 함양
사과-부사									9	10	11		문경, 봉화, 상주, 영주, 영천, 청송, 청주
사과-아오리								8	9	10	11		상주, 의성, 예천
사과-홍옥									9	10	11		거창, 가평, 충주
사과-후지										10	11		거창, 안동, 의성
산딸기					5	6	7						김해
수박							7	8		10			밀양, 의령, 진주, 창녕, 함안
오렌지	1	2	3							10	11	12	진주, 제주도
옥수수						6	7	8	9				대전, 봉화, 의령, 의성, 청송
자두							7	8					김천, 밀양, 청도
찰토마토					5	6	7	8	9	10			전국

계절식품	겨울		봄			여름			가을			겨울	전국 주요생산지
	1월	2월	3월	4월	5월	6월	7월	8월	9월	10월	11월	12월	
참외							7	8	9				김해, 성주, 영천, 의령, 함안, 경산, 고령, 김천, 달성, 성주, 의령
참외							7	8	9				김해, 성주, 영천, 의령, 함안, 경산, 고령, 김천, 달성, 성주, 의령
키위										10	11		고성, 남해, 보성, 사천, 완도, 의성, 장흥, 제주, 진주, 통영, 해남
토마토	1	2	3	4	5	6	7	8	9	10	11	12	광주, 김해, 대동, 대저, 보성, 봉화, 장유, 주촌, 청송
포도									9	10			김천, 거창, 밀양, 영천
포도(켐벨, 거봉, 청포도)								8	9	10			김천, 옥천, 영월, 천안
가자미								8	9	10	11	12	군산, 남해, 녹동, 동해, 삼척, 서산, 소흑산도, 제주, 중부해역, 충무, 포항
갈치									9	10	11		제주, 군산, 마산, 목포, 삼천포, 여수
갑오징어	1	2	3								11	12	남해안, 삼천포, 목포, 여수, 인천
고등어	1	2	3						9	10	11	12	목포, 여수, 제주, 부산
굴	1	2									11	12	고성, 고흥, 연근해, 여수, 통영
김	1	2	3							10	11	12	고흥, 군산, 대천, 서산, 완도, 진도, 하동, 해남
꼬막	1	2	3								11	12	고흥, 벌교, 여수
꽁치					5	6				10	11	12	동해, 부산, 삼척, 속초, 주문진
꽃게					5	6			9	10			연근해, 군산, 대천, 목포, 백령도, 여수, 인천, 태안
낙지			3	4	5					10	11	12	연근해, 서남해안
다시마	1	2									11	12	남해안
대구										10	11	12	고성, 동해, 부산, 삼척, 속초, 연근해, 주문진, 포항
대하									9	10	11	12	태안
대합			3	4	5	6	7			10	11	12	연근해, 거제, 남해, 삼천포, 충무, 북한
명태	1	2	3							10	11	12	연근해, 함경도, 거진, 묵호, 삼척, 속초
모시조개	1	2	3								11	12	마산, 삼천포, 여수, 충무
모자반	1	2	3								11	12	완도, 제주, 통영
문어	1	2	3	4	5	6	7	8	9	10	11	12	군산, 남해, 목포, 부산, 여수, 제주
물오징어								8	9	10	11	12	거진, 동해, 묵호, 속초, 울릉도, 충무
미역	1	2	3	4							11	12	고흥, 기장, 삼척, 영덕, 완도, 울산, 울진, 진도
바지락			3	4	5	6				10	11		고흥, 남해, 벌교, 부안, 여수
방어	1	2	3	4	5					10	11	12	연근해, 군산, 부산, 여수, 옥포, 제주
백조기	1	2				6	7						남서해안, 부산
병어			3	4	5	6	7						군산, 대천, 마산, 목포, 부산, 여수, 인천

계절식품	겨울		봄			여름			가을			겨울	전국 주요생산지
	1월	2월	3월	4월	5월	6월	7월	8월	9월	10월	11월	12월	
복어	1	2									11	12	동해안
붕장어			3	4	5	6	7			10	11	12	남, 서해안
삼치	1	2	3	4	5								군사, 남해, 목포, 부산, 삼천, 여수
새우									9	10	11	12	보령, 서해, 안면도, 천수만
조기	1	2	3	4	5					10	11	12	남해, 부산
아귀	1	2	3	4	5					10	11	12	연근해
오만디	1	2							9	10	11	12	연근해, 남해
오징어							7	8	9	10	11	12	거진, 군산, 대천, 동해, 묵호, 속초, 울릉도, 인천, 충무, 흑산도
임연수어			3	4	5	6	7						동해, 속초, 삼척, 주문진
장어			3	4	5	6				10	11	12	남, 서해안
재첩			3	4	5	6	7	8	9	10	11		벌교, 하동
전복				4	5	6	7	8	9	10	11	12	거문도, 고흥, 안면도, 여수, 완도, 제주, 통영
전어									9	10	11		광양, 보성, 사천, 서천
정어리				4	5	6	7	8					삼천포, 포항
주꾸미			3	4	5				9	10	11		남해안, 연근해
참미더덕		2	3	4	5	6	7						거제, 서산, 연근해, 여수
참조기	1	2	3	4	5	6				10	11	12	거문도, 남해, 부산, 제주, 추자도
톳	1	2	3	4						10	11	12	서남해안, 제주도, 완도
파래	1	2									11	12	남해, 완도, 통영
한치			3	4									연근해, 남해안
해삼			3	4	5	6	7						거제, 대천, 안면, 여수, 완도, 제주도, 충무
홍합	1	2	3	4						10	11	12	연근해, 고성, 고흥, 마산, 삼척, 여수, 제주, 통영

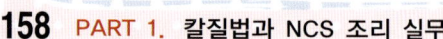

PART 1. 칼질법과 NCS 조리 실무

3 전처리 식재료 신선도 유지

1. 식품의 미생물과 온도

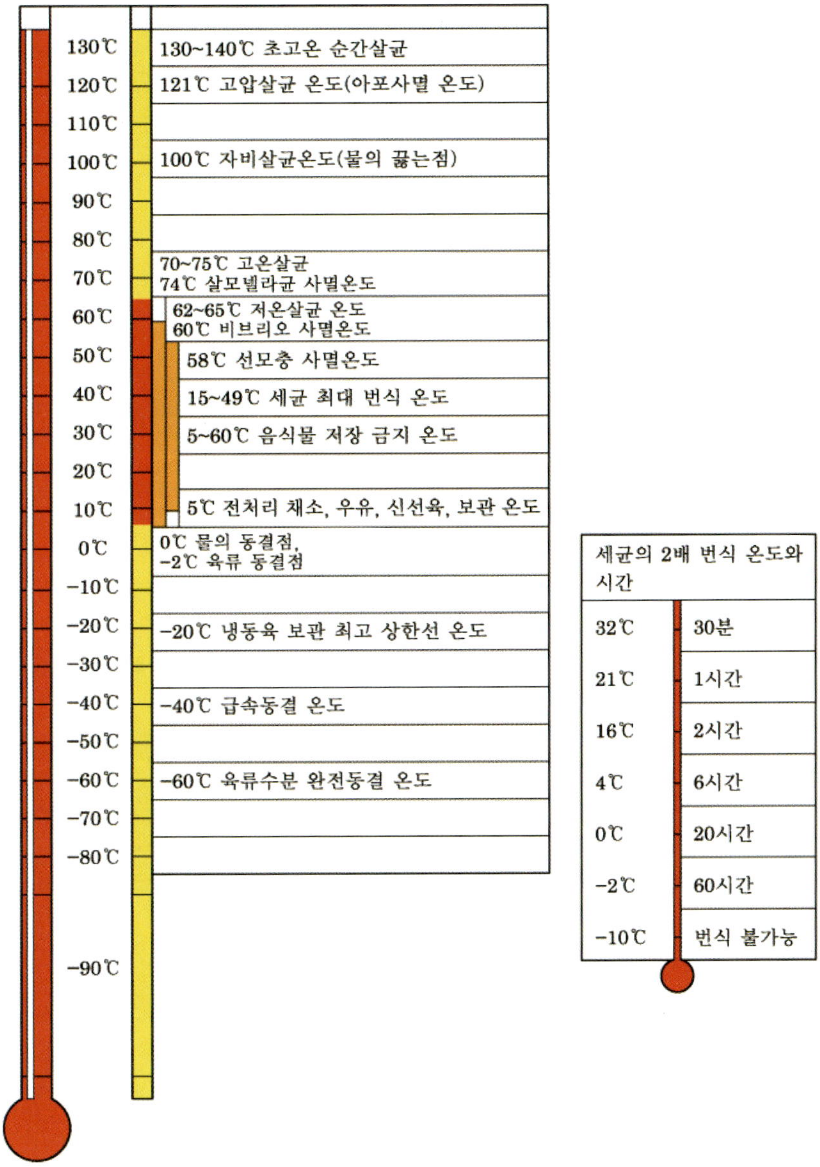

130~140℃	초고온 순간살균
121℃	고압살균 온도(아포사멸 온도)
100℃	자비살균온도(물의 끓는점)
70~75℃	고온살균
74℃	살모넬라균 사멸온도
62~65℃	저온살균 온도
60℃	비브리오 사멸온도
58℃	선모충 사멸온도
15~49℃	세균 최대 번식 온도
5~60℃	음식물 저장 금지 온도
5℃	전처리 채소, 우유, 신선육, 보관 온도
0℃	물의 동결점
-2℃	육류 동결점
-20℃	냉동육 보관 최고 상한선 온도
-40℃	급속동결 온도
-60℃	육류수분 완전동결 온도

세균의 2배 번식 온도와 시간

온도	시간
32℃	30분
21℃	1시간
16℃	2시간
4℃	6시간
0℃	20시간
-2℃	60시간
-10℃	번식 불가능

출처 : 미국육류수출협회 passport 2006.5 자료 인용 및 참조

Chapter 7. 식재료관리

2. 식품 신선도 유지 보관

(1) 곡류 및 건어물류
① 냉암소에 습기가 없고 통풍이 잘 되는 장소에 보관
② 고춧가루, 북어 등은 냉동실에 보관하는 것도 좋다.
③ 오랫동안 보관해야 하는 것은 필요에 따라 냉동 보관한다.

(2) 캔. 깡통, 병류 제품
① 냉암소에 습기가 없고 통풍이 잘 되는 장소에 보관, 특히 습기가 없는 곳에 보관해야 한다.
② 개봉하지 않은 것은 다른 제품에 비해 보관하는 것이 쉽지만 개봉한 것은 오래 두어서는 안 된다.

(3) 식용유
① 햇빛이 들지 않게 하고 냉암소에 보관한다.
② 개봉한 것은 사용한 것과 사용하지 않은 것을 따로 보관한다.(자동산화 방지)
③ 사용한 기름은 찌꺼기를 거즈로 걸러 사용해야 산패속도가 늦다.
④ 될 수 있으면 오래 두고 사용하지 말 것

(4) 압착유(참기름, 들기름)
정제한 기름은 정제하지 않은 것에 비해 저장기간이 길고 방앗간에서 짠 것은 0.5~1개월 내에 소비한다.

(5) 육류
① 단기사용은 냉장보관하고 장기사용은 냉동보관
② 진공 포장하여 보관

(6) 두부
찬물에 담가 보관하고 하루를 지날 때마다 한 번씩 끓여서 보관(2일 이상 두지 말 것)

(7) 생선회

생식품이어서 당일에만 사용하고 그 이상 보관하는 경우는 구이, 튀김 등 다른 용도로 사용해야 한다.

(8) 조개류
바닷물 염도로 냉장 보관

(9) 우유
1~5℃ 보관. 비개봉 상태(유통기간 준수), 개봉한 것(당일 사용)

(10) 장류
① 전통 장류 : 항아리를 수시로 닦고 유리뚜껑으로 표면건조
② 공산품 장류 : 물이 튀지 않게 받침을 만들어 놓고 올려서 보관하고 위생곤충을 막기 위해 방충망을 설치한다.

3. 식재료 신선도 판정 및 식재료 검수하기

(1) 쌀(상품)
① 쌀이 윤기가 있고 투명한 것
② 통통한 것
③ 싸라기나 금이 없는 것
④ 백색부분이 없는 것
⑤ 이취, 묵은쌀 냄새, 산패취 등이 없는 것

(2) 쌀(불량)
① 쌀에 금이 많거나 깨진 것
② 쌀알 크기가 고르지 않고 싸라기가 많은 것
③ 이물질이 있는 것
④ 해충이 존재하는 것(화랑곡나방 유충, 쌀바구미)
⑤ 색이 검거나 적색을 띠는 것

(3) 소고기(상품)
① 육색기준 No.2~6에 해당하는 것
② 육색 지방색과 조직감이 좋은 것
③ 밝은 선홍색을 띠는 것
④ 육색이 광택이 좋은 것
⑤ 지방색기준 No.1~6에 해당하는 것(유백색이고, 선명하고 윤기가 있는 것)
⑥ 탄력성이 좋고 결이 곱고 섬세한 것
⑦ 고기의 광택이 좋고 지방의 질이 좋은 것
⑧ 수분이 알맞게 있는 것(건조되지 않은 것)

(4) 돼지고기(상품)
① 돈육의 육색기준 No.2~6에 해당하는 것
② 밝은 분홍색으로 광택이 좋은 것
③ 지방색은 백색이고, 광택이 있는 것
④ 단단하여 탄력성이 좋은 것
⑤ 결이 좋은 것
⑥ 수분이 알맞게 있는 것(건조되지 않은 것)
⑦ 조직감이 좋은 것

(5) 소·돼지고기(불량)
① 결함 및 이물질이 있는 것
② 농양, 방혈불량, 골절, 오염, 이물질, 응고혈, 비닐 등이 있는 것
③ 침출수가 많이 흘러나오는 것
④ 적갈색을 띠는 것
⑤ 이취가 있는 것
⑥ 끈적이는 것

(6) 닭고기(상품)
① 외관이 정상일 것(날개, 등뼈, 가슴뼈 및 다리가 굽거나 부러지지 않고 좋은 것)
② 외상이 없을 것(피부병, 녹변, 황변, 적변, 흑변 부위, 멍 자국, 질병의 흔적)

③ 가슴과 다리에 상처로 인해 껍질이 벗겨지거나 노출된 살이 없을 것
④ 기타 부위는 노출된 살의 지름이 2cm를 초과하지 않는 것
⑤ 피부색 및 육색이 좋을 것
⑥ 광택이 있으며 육질의 탄력성이 좋을 것

(7) 닭고기(불량)

① 외관상 휘어지고 부러진 것
② 외상(상처가 있거나 변색 부위가 있거나 질병 흔적이 있는 경우)
③ 변색(목 주위나 몸에 자주색, 녹색으로 변색, 날개 끝 변색(붉은색은 제외)
④ 변질(날개 밑, 관절 주위가 끈적임)
⑤ 이취 발생(불쾌한 냄새가 나는 것)
⑥ 잔털, 피멍, 내장 등의 이물의 혼입

(8) 계란 및 메추리알(상품)

① 표면에 분변이나 이물질이 없고 깨끗하고 깨진 곳이 없는 것
② 노른자는 노란색을 띠고, 흰자는 맑고 투명한 것

(9) 계란 및 메추리알(불량)

① 껍질에 금이 있거나 깨진 것
② 곰팡이가 생긴 것
③ 삶았을 때 흰자가 검게 보이는 것
④ 검은 반점이 있는 것

(10) 생선(상품)

① 비늘이 벗겨지지 않고 윤택이 있고 끈적임이 없는 것
② 아가미가 선홍색이고 냄새가 없는 것
③ 상처가 없는 것
④ 육질에 탄력이 있는 것
⑤ 고유의 색상을 가지고 있는 것
⑥ 살이 투명하고 부서지지 않는 것

⑦ 배 부위가 부풀지 않고 내장이 터지지 않은 것
⑧ 눈알이 투명하고 튀어나온 듯하고 광택이 있는 것

(11) 생선(불량)

① 비늘이 떨어지고, 광택이 없고, 냄새가 나고, 껍질이 많이 벗겨지고, 내장이 터지고, 아가미 색이 검게 변하고, 살이 물컹하고, 껍질 색이 변색된 것
② 해동할 때 암모니아 냄새나 이취가 나는 것

(12) 조개류(상품)

광택이 나며 물을 내뿜고 있는 것

(13) 조개(불량)

① 껍질이 부서지거나 열려 있는 것
② 비린내가 많이 나는 것

(14) 채소(상품)

① 웃자라지 않아 높이와 폭이 적당히 벌어진 것
② 햇볕을 충분히 받아 진한 녹색을 띠며 떡잎이 깨끗한 것
③ 뿌리 자른 부위에 검은 반점이 없는 것
④ 잘라보았을 때 중앙에 썩은 부위나 변색부위가 없을 것
⑤ 고유의 색깔을 가지고 있으며 진하고 조직이 단단한 것
⑥ 마르지 않고 싱싱한 것

(15) 채소(불량)

① 시들은 것, 마른 것
② 위로만 길게 자란 것(밀식재배, 하우스재배)
③ 색이 진하지 않고 흐린 것(밀식재배, 하우스재배)
④ 표면이 긁혀 상처가 있는 것

PART 1. 칼질법과 NCS 조리 실무

Chapter 8. 기초 기능 익히기

1 조리기구 사용법 익히기

1. 계량스푼 사용법

> 1T = 1Ts = 1큰술 = 1테이블스푼 = 15ml / 1t = 1ts = 1작은술 = 1티스푼 = 5ml

　정확한 계량을 위해서는 속이 깊은 것이 좋지만 속이 깊은 계량스푼은 숟가락 겸용으로 사용하기는 불편하다.
　계량스푼은 숟가락 겸용으로 사용할 수 있는 것이 좋다.

① 양쪽형 계량스푼
(15㎖, 5㎖)

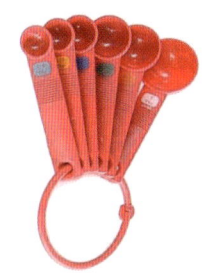
② 플라스틱
(15,,10,, 5, 2.5, 1.25, 1㎖)

③ 스테인리스
(15㎖, 10㎖, 5㎖, 2.5㎖)

④ 숟가락 겸용
(15㎖, 10㎖, 5㎖)

2. 계량컵

우리나라, 일본 = 1컵의 계량컵 기준(200㎖)
서양의 기준 = 1컵의 계량컵 기준(236.6㎖)
    계량컵은 쿼트를 기준으로 정해진 것으로
    표준용기 1컵은 1/4쿼트
    8플루이드 온스(fluid onces)
    16Ts
(시험에서는 서양식이 쓰기 용이하다)

3. 가스 불의 크기 조정

① 강한 불
볶거나 빠른 조리를 원할 때

② 강 중불
물 끓일 때, 국수 삶을 때 등

③ 중불
작은 냄비에 밥을 할 때

④ 중 약불
지단 부칠 때, 밥할 때 물 끓고 나서 온도 조절

⑤ 약불
지단 부칠 때. 전 부칠 때, 온도 유지할 때, 밥 뜸 들일 때

⑥ 약 약불
지단 부칠 때

4. 팬 돌리기

① 팬의 손잡이를 하단에서 손바닥이 하늘을 향하게 하여

② 그대로 말아 잡아야 한다. 사진처럼 검지손가락을 약간 앞으로 벌리고 엄지를 옆에서 잡아야 가장 편한 자세가 된다.

- **사진 1동작** 팬이 앞으로 약간 숙여진 상태
- **사진 2동작** 팬을 순간적으로 당기면서 끝을 약간만 들어준다는 감으로 당긴다.
- **사진 3동작** 팬이 수평이 될 정도로 오면 팬에 있는 재료가 순간적으로 뒤집히며 떨어지는 순간이 된다.
  1~3의 동작을 연속적으로 반복하며 팬을 돌려준다.

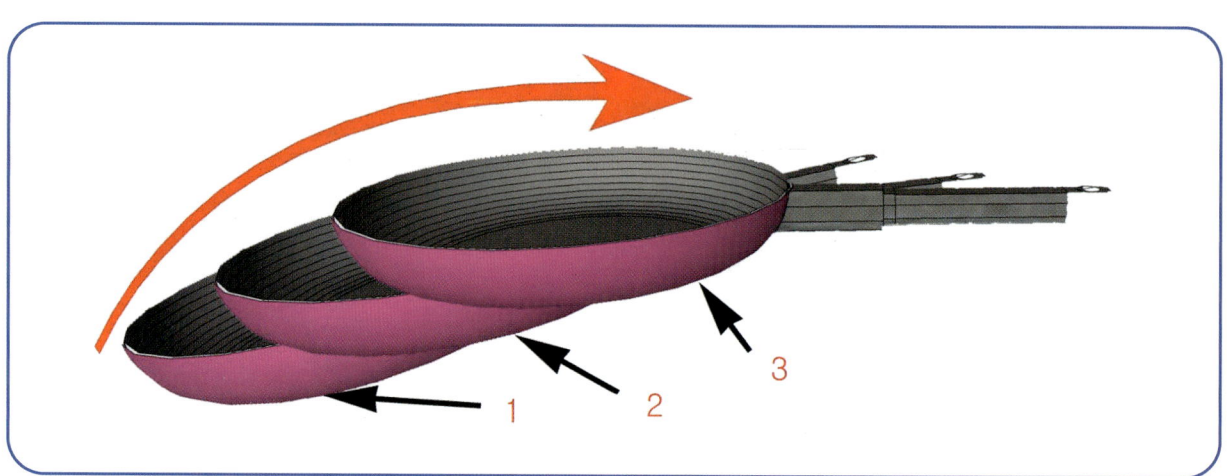

돌리는 방법(뒤집기)

① 팬 돌리기 연습을 할 때는 모래를 팬에 담고(실내에서는 쌀이나 콩) 사진처럼 팬의 끝을 약간 내리고 팬을 당기며 약간만 들어주는 형태의 동작이 필요하다.
② 팬의 가장자리를 타고 재료가 올라오게 당겨야 재료가 위로 돌아서 뒤집히며 볶을 수 있다. 반드시 왼손으로 하는 것을 연습해야 오른손으로 주걱이나 젓가락을 잡고 작업을 할 수 있다.
③ 연습을 해서 팬이 돌아가면 왼손 오른손을 모두 하고 계란 후라이나 전을 부치면서도 뒤집개를 사용하지 않고 뒤집을 수 있을 정도의 실력이 필요하다.
④ 팬을 앞으로 숙이고 순간적으로 팍 당기면서 앞쪽을 약간 들어주듯이 돌려준다.
⑤ 잘 되지 않을 때는 팬을 약간 숙이고 팍팍 당긴다는 기분으로만 해본다. 당기는 것이 되면 끝을 약간씩 든다는 기분으로 당기면 잘 될 것이다.

5. 팬 길들이기

① 팬을 씻어서 가열하고

② 기름을 넉넉히 두른 다음 연기가 날 정도까지 가열하고 기름을 버리고 식은 후에

③ 전은 그대로 부치고, 지단은 기름을 위생타월로 제거한 다음 부친다.

 전팬 길들이는 방법

① 전팬은 기름을 두르고 연기가 날 정도까지 가열한 다음 기름을 버리고 식혀서 사용하면 전을 부칠 때 붙지 않는다.
② 오래 사용해서 찌든 때가 생겼을 때는 세제로 기름을 씻어내고 팬을 레인지 위에 올려 태운 다음 부드러운 수세미로 씻어내고 기름을 둘러 연기가 날 정도까지 가열한 다음 기름을 버리고 식혀서 사용하면 이물질이 제거되어 전을 부칠 때 붙지 않는다.

③ 상태가 매우 좋지 않으면 이렇게 해도 붙어버리므로 반드시 지단을 한번 부쳐보는 것도 좋은 방법이다.

 아무리 좋은 팬이라도 코팅이 벗겨지면 붙어서 사용할 수가 없으므로 숟가락이나 젓가락 뒤집개 등의 금속재질의 도구를 사용하지 않는 것이 좋다.

2 담기

1. 담기

음식을 담는 방법은 여러 가지로 분류되고 음식의 특성과 모양, 온도, 색, 가격, 상차림 등에 따라 담는 방법과 그릇의 선택을 달리하고 있어 어떤 음식에는 어느 그릇으로 써야 한다는 법칙이 있는 것은 아니지만 먹는 사람의 편의성과 상차림의 조화, 음식의 특성 등을 고려해서 선택해야 한다.

담았을 때 통일성과 균형감을 주고 깨끗함, 따뜻함, 포근함, 신선함 등 표현하고자 하는 음식의 특성이 나타날 수 있게 담아주어야 한다.

 음식을 담을 때 고려할 것

① 음식의 온도
② 국물이 있고 없음과 국물의 양
③ 음식의 색과 그릇의 색
④ 상차림에 다른 음식과의 조화 및 음식 가짓수
⑤ 손님의 나이
⑥ 손님의 취향

PART 1. 칼질법과 NCS 조리 실무

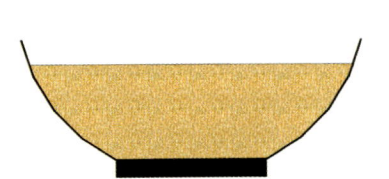
- 대접
대접의 70~75% 정도 양

- 접시
접시에 테두리를 벗어나지 않게

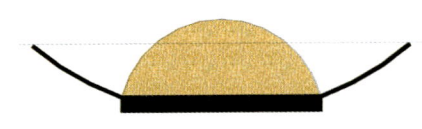
- 반찬그릇(찬기)
찬기의 테두리를 벗어나지 않게

2. 음식 담기

(1) 음식은 소복히 담는 것이 보편적으로 좋다.
(2) 접시의 내측 테두리를 벗어나지 않게 담는다.
(3) 모양이 좋지 않은 것은 밑으로, 잘 된 것은 위로 오게 담는다.
(4) 국물이 있는 것은 오목한 그릇에, 없는 것은 넓은 접시에 담는다.
(5) 고명은 나중에 올린다.
(6) 찬 음식은 먼저 담고 국물음식은 나가기 직전에 담는다.

3. 담는 방법의 분류

높이에 따라	올리는 방법에 따라	모양에 따라	줄수에 따라	가짓수에 따라
• 소복히 담기	• 모아 담기	• 돌려(원형) 담기	• 한 줄 담기	한 가지 담기
• 평평히 담기	• 겹쳐 담기	• 나란히 담기	• 두 줄 담기	두 가지 담기
• 낱개 담기	• 펼쳐 담기	• 삼각, 사각 담기	• 세 줄 담기	세 가지 담기
	• 고여 담기	• 일자 담기	• 네 줄 담기	네 가지 담기
		• 부채꼴 담기	• 여러 줄 담기	여러 가지 담기

Chapter 8. 기초 기능 익히기

① 소복히 모아 담기(원형)

② 평평히 펼쳐 담기
(삼각 세 가지 담기)

③ 평평히 펼쳐 담기
(사각 세 줄 담기)

④ 평평히 펼쳐 담기
(나란히 두 줄 담기)

⑤ 평평히 겹쳐 담기
(사각 두 줄 담기)

⑥ 평평히 겹쳐 담기
(돌려 두 줄 담기)

⑦ 평평히 펼쳐 담기
(돌려 담기)

⑧ 소복히 고여 담기(대추고임)
(돌려 담기)

⑨ 낱개 담기

3. 조리 기초 기술

1. 양념 만들기

- 소금양념기본 비율(부피) : 만두소, 완자탕, 섭산적, 표고전, 육원전

소금	설탕	파	마늘	깨소금	참기름	후추
0.1	0~0.1	0.4	0.3	0.2	0.2	0.01

- 간장양념비율(부피) : 찜양념, 표고, 고기, 목이버섯 양념

간장	설탕	파	마늘	깨소금	참기름	후추
1	0.5	0.4	0.3	0.2	0.2	0.01

- 초장(부피) : 전류

간장	설탕	식초
1	1	1

- 초고추장(부피) : 미나리강회

고추장	설탕	식초
1	1	1

- 겨자 개는 비율(부피)

겨자	물(40℃)	
1	1~1.5	겨자와 물을 같은 비율로 섞어 잘 저어 따뜻하게 10분 정도 발효시켜야 매운맛이 강하게 나타난다. 물이 많이 들어간 것은 쓴맛이 적다.

- 겨자 개는 비율(부피)

겨자 갠 것	설탕	식초	간장	소금
1	1	1.5	0.2	0.1

- 유장(부피) : 초벌구이

간장	참기름
1	3

- 고추장양념(부피) : 더덕구이, 생선양념구이

고추장	설탕	파	간장	마늘	깨소금	참기름	후추
1	0.5	0.3	0.1	0.2	0.1	0.1	0.01

- 촛물(부피) : 오이선

식초	설탕	물	소금
1	1	1	0.1

- 약고추장(부피) : 비빔밥

고추장	설탕	물	다진 고기	깨소금	참기름
1	0.3	1	1	0.2	0.1

- 양념과 간하기

간장양념장	고기, 표고, 목이
소금양념	고기+두부
소금	오이, 도라지, 당근, 호박, 석이버섯

- 파, 마늘 사용량

부수적으로 들어가는 재료에 파, 마늘이 들어가는지 여부에 따라 양념장을 만들 때 파, 마늘 양을 가감해 사용한다.

- 설탕 사용량

국 종류는 사용하지 않는 것이 보통. 찜, 조림은 간장의 반 정도 사용

2. 지단 부치기

(1) 계란 풀기

① 거즈로 짜서 풀기(대량 작업)
  ㉠ 방법 : 흰자를 분리하여 그릇에 넣고 거즈로 짜서 잔거품을 제거하고 부친다.
  ㉡ 장단점 : 가장 이상적인 방법으로 흰자도 표면이 매끈하고 팬에서 지단 부칠 때 표면에 굴곡이 없이 평평하게 된다. 좋기는 하지만 잔거품이 생기고 거품을 제거해야 하므로 시간이 조금 더 걸리고 그릇도 2개가 더 필요하고 거즈가 있어야 하므로 과정에 조금 더 잔손이 필요하다. 단, 많은 양을 해야 할 때는 이 방법이 훨씬 편리하다.

② 젓가락으로 자르는(풀어서) 방법(소량 작업)
  ㉠ 방법 : 젓가락을 양손에 하나씩 잡고 겹쳐서 가위로 자르는 것처럼 풀면 흰자가 풀린다. 이것으로 부치면 거품도 없고 신속하게 작업을 할 수 있어 소량일 때는 이 방법을 권하고 싶다.
  ㉡ 장단점 : 거품이 생기지 않으므로 쉽게 빨리 할 수 있고 표면도 지단 부칠 때 숟가락으로 펴주므로 굴곡이 표시 나지만 심하게 생기지는 않는다. 거즈로 짜는 방법보다 위생적이고 빨리 할 수 있는 것이 장점이다.

(2) 지단 부치기

① 계란부터 넣고 가열하는 방법
지단이 아주 곱게 부쳐지기는 하지만 시간이 더 걸린다. 온도 조절이 어렵고 빨리 하면 잘 찢어지기 쉽다.

② 가열하고 나서 계란 넣는 방법
팬을 가열하고 기름을 두른 다음 팬 위에 손을 가까이 대봐서 따뜻할 정도가 되면 불을 끄거나 약불~약약불 정도로 약하게 줄여 놓고 부치는 방법으로 이 방법은 달궈진 팬의 온도를 이용해서 지단이 빨리 익어 시간도 덜 걸리고 찢어질 확률도 위 방법보다 적다.
  ㉠ 처음 온도를 잘 맞추는 것이 관건인데 ⑨~⑪번 사진처럼 넣었을 때 흰자가 살짝 익어 색이 하얗게 되는 정도로 맞추는 것이 중요하다.
  ㉡ 팬을 가열하고 어느 정도 팬이 달궈지면 불을 꺼놓고 팬이 적당한 온도가 되면 흰자를 넣고 바로 넣는다. 이 사이에 팬이 식어가면서 익기 때문에 조금 시간이 흐른 후에 약한 불로 천천히 가열해주면 지단이 익어가면 나중에 넣은 노른자를 뒤집고 흰자가 투명한 것이 하얗게 변하면 뒤집어도 된다.

ⓒ 뒤집은 후에는 온도를 올려주고 바로 불을 끈다.
ⓓ 불을 끄고 노른자를 꺼내고 바로 흰자도 꺼내 접시에 담는다.

Tip
① 흰자 표면이 끈적이거나 묻어나면 덜 익은 상태이고 투명한 듯해도 덜 익은 상태이다.
② 너무 얇게 부쳐도 투명하게 되므로 숟가락으로 펴가며 두께를 조절하여 부치는 것이 좋다.
③ 기름을 많이 써도 표면이 매끄럽지 않으므로 타월로 약간만 남을 정도로 닦고서 부치는 것이 좋다.

지단 잘 부치는 방법
① 팬에 식용유를 닦고 할 것
- 전팬을 달구어 길을 들인 다음 사용하면 지단이 팬에 잘 붙지 않는다.
- 우선 팬에 기름을 약간 두르고 따뜻할 정도로 가열한 다음 불을 끈 상태에서 기름을 타월로 닦아 제거하고 해야 한다.

② 낮은 온도로 할 것
- 지단을 부치는 데 팬의 온도가 매우 중요하다.
- 팬에 불을 켜서 온도를 높여가며 지단을 부치면 기포가 생성되어 매끈하게 붙이기가 어렵고 시간도 많이 걸린다.
- 팬을 예열하고 식어가는 도중에 부치면 팬에 열이 골고루 전달되어 기포도 생기지 않고 잘 부쳐진다.
- 흰자를 먼저 시작하고 나중에 꺼내야 시간이 맞는다. 팬의 온도를 낮추어서 해야 매끈하다.

③ 노른자에 식용유 넣기
- 흰자, 노른자를 각각 분리하여 소금을 약간씩 넣는다. 노른자는 뻑뻑해서 잘 흐르지 않으므로 이럴 때는 식용유를 약간 넣고 풀어서 묽어지게 하는 것도 요령이다.

④ 흰자 먼저 넣고 노른자 넣기
- 노른자는 빨리 익고 흰자는 잘 안 익으므로 흰자를 먼저 넣고 노른자를 나중에 넣는다. 뒤집을 때도 역순으로 노른자를 먼저 뒤집고 흰자를 뒤집는 것이 순서가 맞는다.
- 흰자를 뒤집을 때는 색을 보아 약간 투명한 색이 나거나 손을 대봐서 손에 묻어나면 덜 익은 것이기 때문에 이를 잘 판단하고 뒤집어야 흰자가 찢어지지 않는다.

- 흰자를 넣고 뒤집는 시점을 잘 판단해야 하는데 지단이 익으면 투명감이 없어지고 팬과 지단 사이에 열에 의해 공기층이 생겨 바닥에 작은 기포가 생기며 이때 뒤집으면 안전하게 뒤집을 수 있다.
- 뒤집을 때도 손으로 들면 잘 찢어지므로 젓가락을 이용해서 하면 쉽게 할 수 있다.
- 뒤집은 후에는 기포가 잘 생기지 않으므로 팬의 온도를 높여서 하는 것이 좋다.

⑤ 시험에서는 필요량만 부친다.
- 작품에 따라서 사용하는 양을 생각하여 필요한 양만큼 부친다.

⑥ 보여주기(시험에서)
- 완성된 지단을 담아 둘 때는 키친타월을 깔고 놓으면 아주 깔끔해 보인다.

지단 부치기

① 달걀을 흰자, 노른자 분리

② 소금을 약간 넣고 흰자를 젓가락으로 자르듯이 풀어준다.

③ 노른자에 있는 알끈을 제거하고 풀어준다.

④ 팬을 달구어

⑤ 키친타월로 기름을 닦아주고

⑥ 사진처럼 팬에 손을 대 따뜻한 감이 오면 불을 끄고

⑦ 흰자를 먼저 넣고

⑧ 숟가락 바닥이 계란에 약간만 닿게 하여 옆으로 펼쳐 두께를 조절한다.(숟가락이 팬에 닿으면 안 됨)

⑨ 흰자를 먼저 하고 노른자를 넣는다.

⑩ 노른자도 숟가락으로 펼쳐서 두께를 조절하여 펼친 다음 약불로 익힌다.

⑪ 노른자 먼저 뒤집고 흰자를 뒤집는다.

⑫ 완성

PART I. 갈길법과 NCS 조리 실무

	원인과 결과		
원인	• 기름을 많이 넣으면 • 높은 온도로 하면	• 기름칠을 잘하면 • 온도를 낮게 하면	• 온도가 높으면
	⇩	⇩	⇩
결과			

Chapter 8. 기초 기능 익히기　179

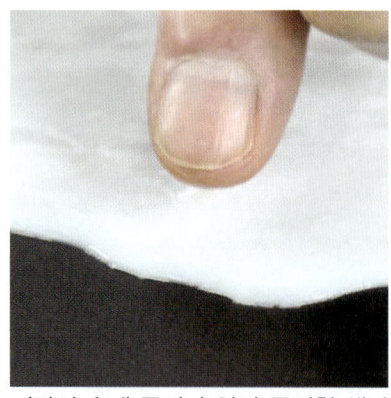
지단이 손에 묻거나 약간 투명한 색이 나는 경우는 익지 않은 상태이다.

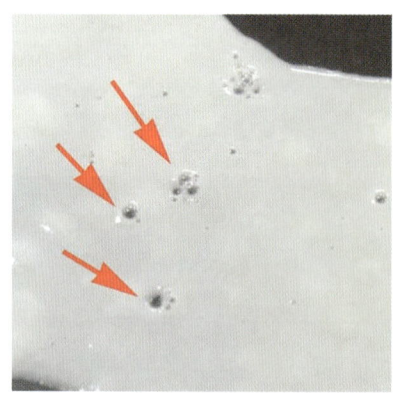
달걀의 거품을 제거하지 않고 하면 사진처럼 구멍이 생긴다.

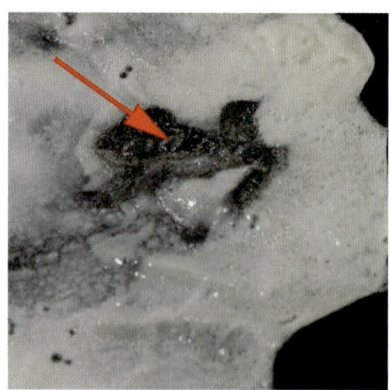
계란 흰자를 너무 얇게 펼치면 익으면서 투명해져 팬이 보인다.

흰자를 덜 익힌 상태에서 뒤집으면 지단이 힘이 없어서 사진처럼 잘 찢어진다.

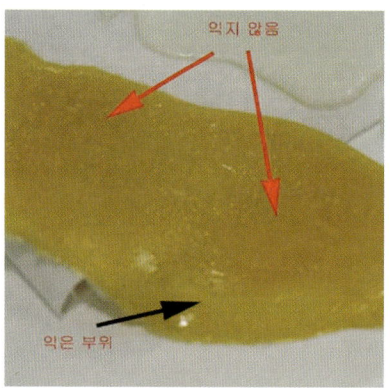
노른자를 덜 익히면 진한 노란색이 되고 완전히 익으면 밝은 노란색이 된다.

3. 겨자 발효시키기

통상 가루겨자 1T, 물 1.5T 정도의 양을 개주는 것이 좋으며 어떤 양념을 만드는가에 따라 물의 양을 조절하면 된다. 물을 40℃(손을 대면 따끈한 정도)로 하여 잘 저어서 개주고 40℃ 정도 온도가 유지되게 요리를 할 때는 냄비뚜껑 위에 10분 정도 발효시키면 충분히 매운맛이 생성되어 사용하기에 적당하다.

① 겨자 1T, 물 1.5T(40℃)를 넣고

② 겨자를 잘 치대서

③ 냄비 뚜껑 위에 엎어서

④ 10분 정도 발효시킨 후에

⑤ 갠 겨자 1T를 넣고 설탕 1T, 식초 1.5T, 간장 0.5t, 소금 0.2t를 합하여 뭉치지 않게 잘 풀어준다.

• 겨자 개는 비율(부피)

겨자	물(40℃)	
1	1~1.5	겨자와 물을 같은 비율로 섞어 잘 저어 따뜻하게 10분 정도 발효시켜야 매운맛이 강하게 나타난다. 물이 많이 들어간 것은 쓴맛이 적다.

• 겨자 양념 비율(부피)

겨자 갠 것	설탕	식초	간장	소금
1	1	1.5	0.2	0.1
1T	1T	1.5T	0.5t	0.2t

4. 고기 다지기

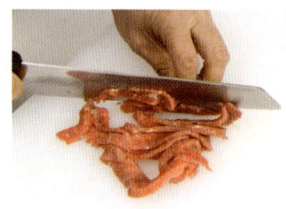 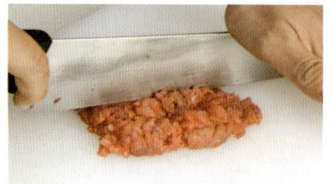 

① 채를 썰어준다. ② 사진처럼 고기를 길게 놓고 다진다 ③ 행주로 꼭 눌러 물기를 제거한다.

• 얼린 고기는 반드시 물기를 제거해야 결착력이 생기므로 필히 물기를 제거해주는 것이 좋다. 얼지 않은 고기라도 결착력을 잘 생기게 해주려면 사진처럼 물기를 제거해 주면 끈기가 있고 결착력도 생겨서 모양이 잘 흩어지지 않아 섭산적, 육원전, 표고전 등에 작업할 때 무척 수월하다.

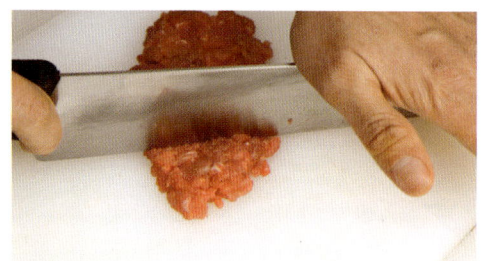 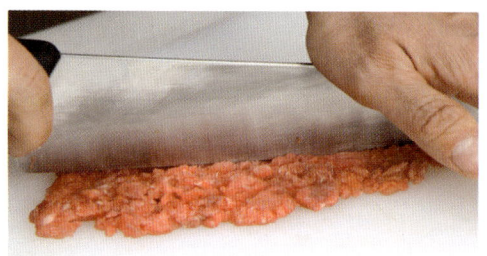

• 고기 다지기(X)
사진처럼 고기를 놓고 다지면 칼에 잘리는 부분이 적어 시간이 오래 걸린다.

• 고기 다지기(O)
사진처럼 고기를 길게 놓고 다져야 빨리 다질 수 있다.

5. 소 양념 및 치대기

① 고기 3, 두부 1의 비율로 넣고 파, 마늘 넣고

② 소금, 설탕, 깨소금, 참기름, 후추를 넣어 양념을 숟가락으로 대략적으로 치대주고

③ 손으로 치대준다.

• 손으로 치대는 것이 모양새가 좋아 보이지 않지만 사진처럼 하면 결착력이 잘 생겨서 작업하기에 용이하고 빨리 할 수 있다.
개중에는 도마에 놓고 칼로 밀어서 치대는 수검자들이 있는데 위생적으로 매우 불량하므로 절대 도마에서 치대는 일은 삼가해 줄 것을 권한다.

6. 국수 삶기

① 끓는 물에 국수를 사진처럼 펼쳐서 넣는다.

② 국수가 완전히 잠기게 저어 준다.

③ 국수물이 끓어 넘치면 찬물을 부어가며 3~4분 정도 삶는다.

④ 찬물에 국수를 헹궈 끈끈한 풀기를 씻어낸다.

- 냄비 밖으로 나온 국수가 타는 경우가 종종 있으므로 불을 잠깐만 줄이든가 빨리 저어 주어야 국수가 타지 않는다.

[사리 짓기]

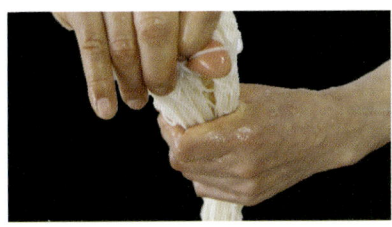
① 엄지에 걸고 쭉 펼쳐서 물을 빼 준 다음

② 돌돌 말아서

③ 국수 그릇에 가지런하게 담는다.

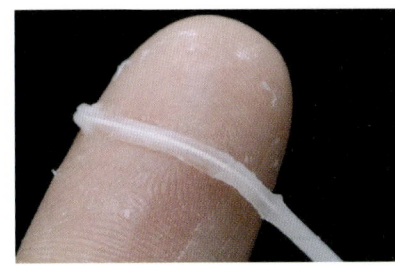

- **익은 국수 확인하기** : 삶은 국수를 찬물에 헹궈 확인한다.
  ① 투명도(색) 확인하기(불투명하면 익지 않은 것임)
  ② 잘라서 심이 보이는지 확인하기(가운데 작은 심이 보이면 덜 익은 것)
  ③ 시간으로 파악하기(3~4분 정도)
  ④ 먹어보기(씹히는 감이 붙는 느낌과 밀가루냄새가 난다)
  ⑤ 살짝 눌러보기(**가장 정확한 방법**으로 살짝 눌러서 심이 보이면 덜 익은 것)

- **사리가 흩어지지 않게 하는 방법**
  사리를 지을 때 틀어서 사리를 지어 주고 그릇에 담은 다음에 바로 육수를 부어주면 국수가 흩어지는 경우가 많다. 그러므로 사리를 지어 담고 고명을 올리고 난 다음에 육수를 천천히 부어주면 풀어지지 않는다. 사리를 짓고 바로 육수를 붓지 말고 시간이 약간 지난 다음에 부어주면 면끼리 서로 붙는 성질이 있어 잘 풀어지지 않는다.

 **왜 국수 삶을 때 찬물을 부어주는가?**

① 국수를 삶을 때나 건면을 삶을 때 찬물을 넣으면 쫄깃하게 삶기고 빨리 익는다. 이것은 면이 끓는 물에 들어가면 외부에 수분이 배어들고 가열에 의해 면의 가장자리부터 익기 시작하는데 100℃가 넘으면 물이 수증기가 되면서 공기방울이 생기는데 공기는 열전달이 잘 되지 않으므로 면의 외부에 생기는 기포로 인해 열전달이 안 되므로 찬물을 넣으면 온도가 떨어져 기포가 죽고 수분이 배어들어 가면서 열전도가 빨라지고 면이 잘 익게 된다.
② 찬물을 넣어가며 면을 익히면 면이 잘 안 익을 것 같지만 사실은 더 빨리 익는다.
③ 라면을 끓일 때도 라면을 젓가락으로 들었다 놓았다 하며 삶는 것도 같은 원리이다.
④ 건면은 면 자체에 수분이 없어서 열전달이 잘 안 되므로 생면보다 시간이 오래 걸린다.

7. 데치기

(1) 물 올리기(재료의 6배 정도)
(2) 물 끓이기
(3) 소금 넣기
(4) 데치기(물이 끓은 후에)
(5) 찬물에 헹구기

 **Tip**

① 데치는 것은 물이 끓을 때 소금을 약간 넣고 데쳐야 한다.
② 물이 끓기 전부터 채소를 넣으면 채소가 물러지고 오랜 시간 가열로 영양소의 파괴와 유출이 심해진다.
③ 데친 다음에는 반드시 찬물에 헹궈 주어야 선명한 색이 유지되고 열에 의한 영양소 손실을 방지할 수 있다.

8. 밀가루 반죽하여 만두 만들기

① 손을 대고 톡톡 두드려가며 밀가루를 체로 친다.

② 덧가루용 밀가루를 따로 남겨 놓고 소금과 물을 넣고

③ 숟가락으로 대략적으로 반죽하고

④ 손으로 반죽한다.

⑤ 반죽한 것을 비닐(젖은 행주)에 싸서 10~15분 정도 휴지를 시킨다.

⑥ 밀가루를 다시 주물러 반죽한다.

⑤ 손가락 굵기로 밀어 8g 정도 크기로 자르고

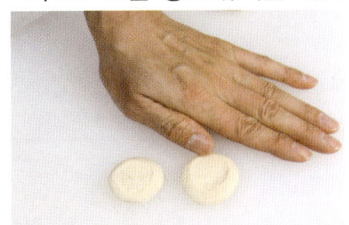
⑥ 손바닥 중앙으로 꼭 눌러 젖은 행주로 덮어 놓는다.

⑦ 밀가루를 재반죽하여 돌려가며 밀어준다.

⑧ 밀어놓은 것을 접시에 담고

⑨ 가운데 소를 넣고

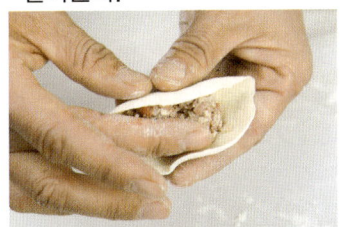
⑩ 소를 살짝 눌러준 다음

⑪ 끝을 맞추어 붙인다.

⑫ 양쪽 날개를 잡아 만두피의 끝이 전면을 향하게 붙인다.

⑬ 완성품

만두피 간단히 빨리 밀기

① 위 사진처럼 밀려면 전문적으로 배우지 않으면 어려울 것이다. 수검자들은 이러한 실력을 갖추기가 쉽지 않으므로 다음처럼 하면 쉽고 빠르게 할 수 있다.

② 칼로 반죽을 동그랗게 자른 다음 손으로 누르고 밀어준 다음 뒤집어서 90° 돌리고, 밀고 뒤집어서 90° 돌리고를 반복하며 밀면 가장 빨리 밀 수 있다.

앞면	뒷면	뒷면	앞면	앞면
① 앞면을 밀어주고	② 뒤집고 90° 돌리고	③ 밀어주고	④ 뒤집고 90° 돌리고	⑤ 밀어주고 완성

✓ 주의
1. 밀가루 반죽 시에 필히 덧가루용을 남겨 놓을 것
2. 물의 양은 밀가루 무게의 1/2 정도 넣을 것
3. 반죽 후 필히 비닐이나 젖은 행주에 싸서 휴지시킬 것
4. 휴지 후 필히 재반죽할 것
5. 칼국수는 되게 하고 만두피는 말랑말랑할 정도로 할 것

9. 밀가루 반죽하기

- 만두피, 칼국수, 매작과 = 물 40~45cc
- 수타면 = 밀가루 100g + 물 72cc + 소금 0.1g + 냉소다 약간
- 기계면 = 밀가루 100g + 물 50cc + 소다1g + 소금1g
- 부 침 = 밀가루 100g + 물 140cc
- 밀가루 **1컵(95g)**에 물은 **소주컵으로 사진만큼(42g)** 들어간다. 시험 준비를 위해서는 반드시 알고 있어야 한다.

PART I. 칼질법과 NCS 조리 실무

10. 두부 물기 짜기

① 거즈에 두부를 놓고

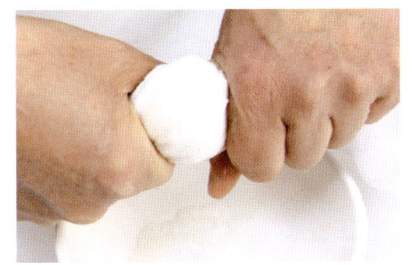
② 꼭 짠 다음

③ 도마에서 칼 바닥으로 으깨준다.

11. 생강즙 짜기

① 껍질을 까서 강판에 갈아

② 종지에 거즈를 받치고

③ 생강즙을 짠다.

✓ **주의** : 생강을 칼로 썰어서 다진 것에 물을 넣고 생강즙을 빼는 경우가 종종 있는데 생강즙이 제대로 나오지 않으므로 절대 다져서 짜는 일이 없도록 해야 한다.

12. 새우젓 짜기

① 새우젓을 종지에 넣어 짠다.

② 새우젓을 다져서

③ 물을 약간 넣고 다시 짠다.

Chapter 8. 기초 기능 익히기

13. 양념장 만들기

한식 양념의 기본은 하나하나의 양념을 넣는 것이 아니라 양념장을 만들어 조리를 하는 것이어서 양념장을 만들어 놓고 사용한다.

① 파 0.4Ts, 마늘 0.3Ts를 종지에 담고

② 간장을 1Ts 넣고

③ 설탕을 1/2Ts 넣고(설탕은 간장의 1/2 정도 넣는다.)

④ 깨소금 0.2Ts 넣고

⑤ 참기름 0.2Ts 넣고

⑥ 후추를 약간 넣고 잘 저어서 양념장을 완성한다.

- 간장양념비율(부피)

간장	설탕	파	마늘	깨소금	참기름	후추
1	0.5	0.4	0.3	0.2	0.2	0.01

※ 파와 마늘의 비율은 통상 파를 좀 더 많이 넣는 것이 좋다. 마늘은 파의 1/2~2/3 정도 들어간다.

14. 육수 만들기와 고기 삶기

　육수는 찬물에 고기를 넣고 파 마늘을 넣고 끓여야 고기 안에 있는 맛성분들이 잘 빠져나와 육수가 맛있게 된다. 육수가 끓으면 처음에는 강한 불로 끓여야 잡냄새를 없애는 데 도움이 되고 고기가 반쯤 익으면 불을 약불로 줄여 천천히 가열한다. 육수를 만들 목적일 때는 찬물에 고기를 넣고 고기를 먹을 목적일 때는 물이 끓은 후에 고기를 넣는다.

　시험에서는 육수는 다시 데워서 사용하는 경우가 대부분이므로 육수를 거른 후에는 냄비에 다시 부어놓는 것이 두 번 일이 안 된다.

　간장색과 소금간은 필요에 따라 미리 해두어도 되고 만둣국처럼 육수로 익히는 경우에는 끓은 후에 간을 해도 된다.

① 찬물에 고기, 파, 마늘을 넣고 끓인다.

② 육수가 끓은 후에는 온도를 낮추어 천천히 끓인다. 시험에서는 적어도 15분 정도는 끓이는 것이 좋다.

③ 육수를 거즈로 걸러주고

④ 간장으로 색을 내고

⑤ 소금으로 간을 한다.

 고기 삶기

　고기를 삶는 것은 고기를 먹기 위한 것이어서 물이 끓은 다음에 고기를 넣어야 고기의 영양성분이 물에 적게 용출되어 고기가 맛있다.

15. 은행 볶기

① 팬에 식용유를 두르고 온도를 약 하게 하여 은행을 넣는다.　② 소금을 약간 넣고 볶아 준다.　③ 거즈나 키친타월로 속껍질을 벗 긴다.

✓ **주의**
① 은행을 빨리 볶으려 하면 타게 되므로 온도를 낮추어서 천천히 볶는 것이 좋은데 시험 중에 가스레인지를 쓰지 않을 때 불을 약불로 켜놓고 올려 두면 타지 않고 잘 볶아진다.
② 빨리 볶으려면 불을 강하게 하고 팬을 흔들어 은행을 볶으면 된다.

16. 밥하기

(1) 씻기

처음 3회 정도 물로 씻어 놓는다.

(2) 불리기

30분 정도 불려서 사용하면 밥맛이 좋다.

(3) 밥물 잡기

 소량

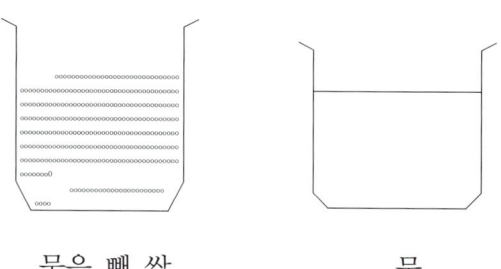

물을 뺀 쌀　　　　물　　1:1 동량으로 한다.

🍴 대량

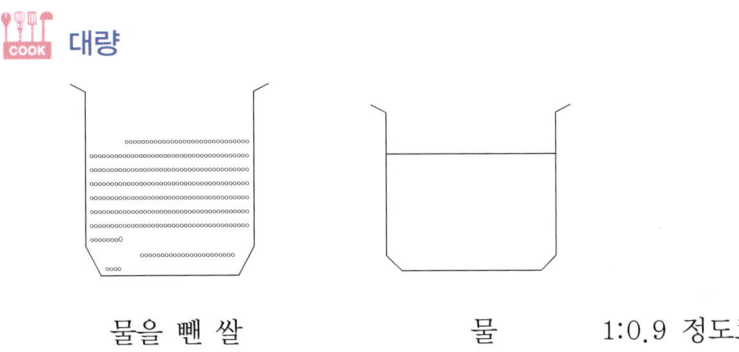

	냄비 전기밥솥		압력솥	
불린 쌀	5cm / 10cm	쌀 10cm이면 물은 쌀 위에서 5cm	3cm / 10cm	쌀 10cm이면 물은 쌀 위에서 3.5cm
안 불린 쌀	9cm / 10cm	쌀 10cm이면 물은 쌀 위에서 8~9cm	5cm / 10cm	쌀 10cm이면 물은 쌀 위에서 5cm

시험에서는 불린 쌀이 조금밖에 되지 않으므로 물을 뺀 쌀과 물을 동량으로 잡으면 된다.
빨리 밥을 하면 쌀이 미처 불기도 전에 물만 끓어 넘치기 때문에 밥도 안 되고 밥맛도 없어진다.

(4) 불조절

불에 올리고 10분 정도 후에 끓게 불조절할 것(10분 비열 조리)
- **1단계 예열하기** : 처음 밥의 양에 따라 많으면 강하게 적으면 약하게 하여 10분 정도 후에 끓게 해주는 것이 밥맛이 좋다.
- **2단계 끓이기** : 물이 끓으면 김이 살살 나올 정도로 해서 4~5분 정도 끓여 준다.
- **3단계 뜸들이기** : 김이 아주 조금씩 나올 정도로 4~5분 정도 뜸을 들여 준다.

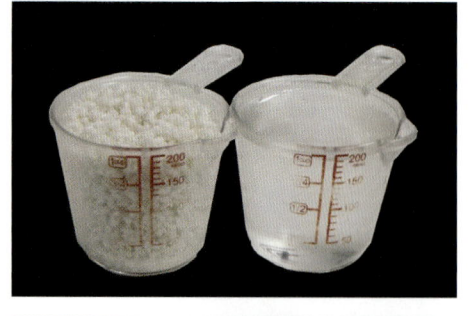

① 불린 쌀과 물을 동량으로 잡고

② 쌀과 물을 냄비에 넣고 평평하게 앉히고 콩나물밥이면 콩나물과 부수적인 재료를 넣고 뚜껑을 덮어서

③ 10분 비열(불을 켜고 10분 정도 후에 끓을 정도)로 중불보다 작은 약불 정도로 가열한다.(시험에서는 너무 소량이어서 약불로 해도 쉽게 끓는다)

④ 김이 나기 시작하면 불을 줄여 김이 살살 날 정도로 조절하여 4~5분 정도 가열한 다음

PART 1. 갈갈법과 NCS 조리 실무

⑤ 약약불(불이 꺼지지 않을 정도)에서 4~5분 정도 뜸을 들인 후에 불을 끈다. 불을 끄고 5~10분 후에 밥을 푼다. 뜸들이기 후에 밥을 섞어 두어도 상관없다.

✓ **절대 주의할 것**

불의 크기는 밥하는 용기의 크기에 비례하므로 용기가 작으면 불이 약한 불이라도 강한 불인 것이고 반대로 용기가 크면 강한 불이라도 작은 불이 된다. 그러므로 용기에 비례해서 불 조절을 해야 한다.

 **( )분 비열이란**

어떤 음식을 만들 때 끓이는 재료의 양, 용기의 크기, 용기의 재질, 가스의 종류, 버너의 크기, 주위 온도, 물의 온도에 따라 가열하는 시간이 달라진다. 가정용 가스레인지에 큰솥을 올리고 가열하면 강한 불이라 해도 상대적으로 작은 불이 되며 반대로 가정용 가스레인지에 아주 작은 용기를 올리면 작은 불이라 해도 급속이 끓어버리므로 상대적으로 강한 불이 된다. 이러한 기준이 없어 어떤 음식을 조리할 때 3분에 끓으면 3분 비열, 5분에 끓으면 5분 비열, 10분에 끓으면 10분 비열이라 명하겠다.

Chapter 8. 기초 기능 익히기 193

17. 시럽 만들기

시럽은 육안으로 농도를 정확히 알기가 쉽지 않다. 그러므로 끓이면서 꿀처럼 될 때 다시 물을 넣어 농도를 조정하면 어렵지 않게 원하는 농도의 시럽을 만들 수 있다. 단, 주의할 것은 끓이면서 숟가락으로 저으면 설탕이 다시 재결정이 되어 버리므로 숟가락으로 젓지 않는 것이 좋다.

① 설탕 2T와 물 반컵(100ml)를 넣고 끓여준다
 ※ 물을 많이 넣는 이유는 적게 넣으면 설탕이 재결정이 되는 경우가 많기 때문이다

② 처음에는 크고 잘 꺼지는 거품이 난다.

③ 어느 정도 물이 졸아들면 처음보다 잘 꺼지지 않는 거품이 생긴다.

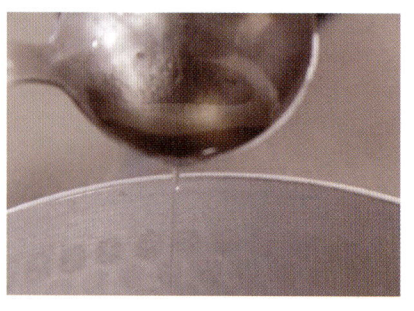

④ 시럽을 들어보아 꿀처럼 되면 불을 끄고 물 1T를 넣고 냄비에 시럽을 휘돌려주면 된다. 시럽이 식으면 꿀처럼 될 것이다.

18. 완자 빼기

손으로 둥근 완자를 빼서 모양을 만든 후에 튀기거나 끓는 물에 익히는 조리 과정을 거친다.

한식에서 자주 쓰이지 않지만 육원전이나 표고전 등 일정량씩 나눌 때 좋고 배워두면 아주 요긴하게 쓸 수 있는 기술이어서 필수적으로 배워두기를 바란다. 일본요리, 중국요리에서는 필히 익혀야만 작품을 만들 수 있는 것이 많다.

① 반죽을 잡고

② 새끼손가락부터 약지, 중지 순으로 조여 올라가면서 완자를 뺀다고 생각하면 된다.

③ 엄지로 검지 주변을 훑어 내려가며 엄지와 검지로 동그란 구멍을 만든 다음 엄지와 검지로 동그란 구멍을 만들어 그 구멍으로 완자의 크기를 조절하여 빼는 것이다.

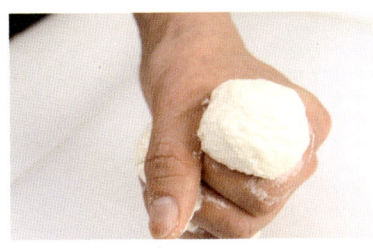

④ 새끼손가락부터 조여 올리면 원하는 크기의 완자가 위로 올라오는데 이때 검지손가락을 조여 완자를 자른다.

⑤ 오른손 중지에 물을 바르고 완자를 떼어낸다.

Chapter 8. 기초 기능 익히기

19. 더덕 손질

도라지나 더덕은 우선 씻어서 흙을 제거하고 돌려가며 껍질을 들어내듯이 벗겨 준다.

① 흙을 잘 씻는다.(흙을 대충 씻으면 오염이 되어 더덕에 묻는다.)

② 머리를 자르고 돌려가며 껍질을 벗긴다. 껍질을 깎지 말고 들어내듯이 벗긴다.

③ 칼날에 엄지를 대고 껍질을 누른 후에 들어서 돌려가며 껍질을 벗긴다.

④ 크기에 맞게 자른다.

⑤ 소금물에 더덕을 담가 쓴맛을 제거한다.(더덕생채는 두드려서 담글 것)

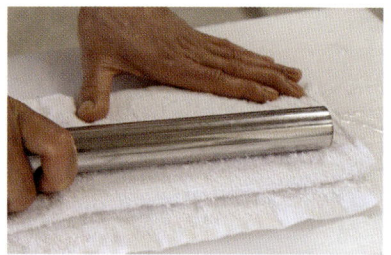

⑥ 더덕을 행주 사이에 넣고 살살 두드려 놓고

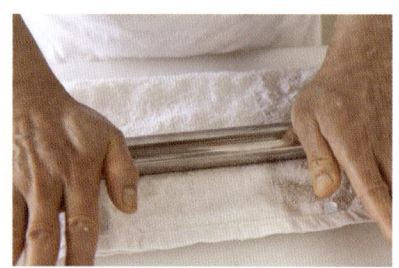

⑦ 1~3개 정도만 넣고 밀대로 살살 밀어서 펼쳐준다.

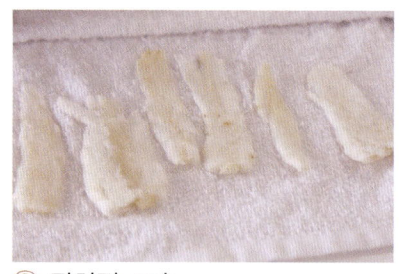

⑧ 펼쳐진 모습

PART I. 칼질법과 NCS 조리 실무

20. 잣 다지기

① 잣은 고깔을 떼고 종이를 깔고 칼 등으로 잣을 대략적으로 다지고

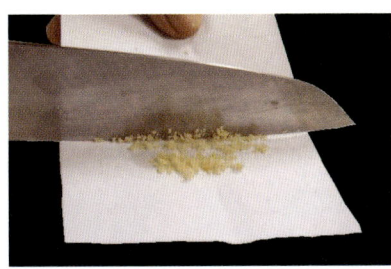
② 다시 날로 콕콕 다져준다.

③ 잣 다진 종이를 그대로 들어 잣을 조금씩 덜어내듯이 올려준다.

21. 닭뼈 자르기

닭은 뼈째로 토막을 쳐야 하는 경우가 많으므로 칼날을 상하게 하는 경우가 많다. 칼을 따로 준비하면 좋겠지만 토막 치는 일이 자주 없으므로 준비를 하지 못하는 경우가 많다.

이럴 때는 칼날로 치지 말고 칼등으로 치고 살짝 당기면 뼈가 부러진 것이 서로 벌어지면서 틈이 생기므로 이때 날로 살살 자르면 쉽게 자를 수 있다.

① 칼날로 살 부위만 자르고 뼈가 나오면 **칼등**으로 돌려서 톡 쳐서 뼈를 부러뜨리고

② 틈 사이를 당겨서 벌리고 **칼날**로 자른다.

③ 자른 모습

Chapter 8. 기초 기능 익히기   197

22. 파 다지기(소량 다지기)

사진 1　　　　　　　　　　　사진 2

사진1) 사진처럼 콕콕 눌러도 파가 엄지손가락에 걸려서 더 이상 들어가지 않게 하여 자르는 것이다.
손가락을 칼등 쪽으로 잡으면 깊이 들어가고 날 쪽으로 잡으면 낮게 들어가 자를 깊이를 결정하고 파가 손가락에 걸려 들어가지 않게 하여 자르는 방법이다.
사진처럼 하면 손을 벨 가능성이 매우 높다. 안전을 생각해서 이렇게 잡으면 안 된다.
파가 손에 걸리지 않게 잡기 때문에 불안정하고 위험한 상태이다.

방법1) 칼끝으로 길게 잘라주고

곱게 썰어

칼끝을 왼손으로 누르고 엄지와 검지로 날을 잡고 다져 준다.

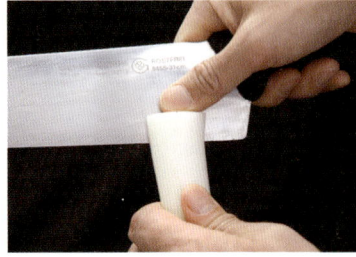

방법2) 사진처럼 엄지로 칼날을 잡고 쪼개듯이 자르고(돌려서 양쪽을 다)

✓ **방법1)** 이 방법은 소량씩 할 때 빨리 다질 수 있고 방법 2보다 시간은 조금 더 걸리지만 다칠 가능성은 적어 비교적 안전한 방법이다.
방법2) 이 방법은 적은 양을 가장 빨리 다질 수 있는 방법이긴 하지만 잘못 하면 손을 다칠 위험성을 가지고 있으나 잘만 숙지한다면 유용하게 사용할 수 있는 방법이다.

23. 마늘 다지기

    마늘 다지는 방법은 칼집을 넣어 다지거나 썰어서 다지면 미리 다져 놓아도 색이나 맛이 잘 변하지 않아 좋다. 하지만 시험에서는 그대로 칼로 눌러 다지는 것이 시간도 단축되고 바로 사용하는 것이어서 맛에 영향을 미치지 않으므로 누르고 썰어 다지는 것을 권한다.

    (1) 누르고 썰어 다지기
    (2) 칼집 넣어 다지기
    (3) 썰어 다지기

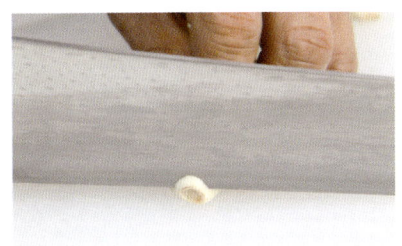

① 밑동을 제거한다.

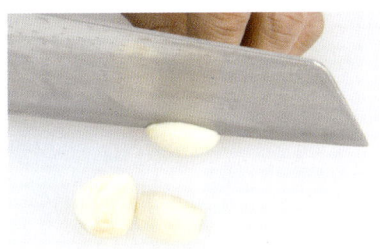

② 크기가 크면 반으로 자르고 작으면 그대로 놓고

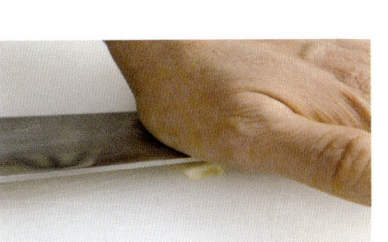

③ 칼로 눌러서

④ 곱게 썬다.

⑤ 칼끝을 누르고 엄지와 검지로 날을 잡고 다진다.

24. 배 자르기

 ① 석세포를 제거하고
 ② 껍질을 벗기고
 ③ 상하 길이에 맞게 자르고

⇨ 겨자채

 ④ 1cm 두께로 자르고
 ⑤ 얇게 편으로 썬다.

⇨ 육회

 ⑥ 납작하게 자르고
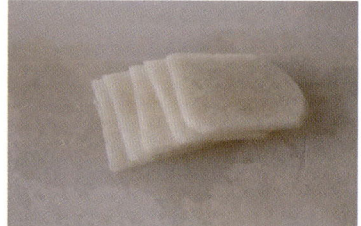 ⑦ 겹쳐서 놓고
 ⑧ 채를 썬다.

PART 1. 칼질법과 NCS 조리 실무

25. 표고 손질 및 채썰기

  시험장에서 주는 표고가 불린 것이라도 다시 불리는 작업을 반드시 해야 점수를 받을 수 있고 시험장에서 불린 표고를 준다 해도 완전히 불지 않은 경우가 많으므로 이를 감안하지 않고 했다가 불이익을 당할 수 있으니 참고하기 바란다.

  표고를 불리는 물은 넉넉하게 잡아주어야 물이 식지 않아 잘 불려지고 필요에 따라 냄비에 살짝 끓여 불리면 덜 불었을 때는 쉽게 불릴 수 있다.

① 표고를 끓는 물에 불려 놓는다.

② 불린 표고의 기둥을 제거한다.

③ 얇고 어슷하게 포를 뜬다.

④ 표고를 행주로 꼭 눌러 물기를 제거한다.

⑤ 그대로 채를 썬다

26. 석이 손질하기

 ① 석이를 미지근한 물에 불린다.

 ② 이끼를 긁어 손질한 다음 기둥을 제거하고

 ③ 씻어서 돌돌 말아

 ④ 채를 썰어 준다.

 ⑤ 소금, 참기름을 넣고

 ⑥ 살짝 볶아 놓는다.

27. 도라지 까기

도라지나 더덕은 우선 씻어서 흙을 제거하고 돌려가며 껍질을 들어내듯이 벗겨 준다.

 ① 도라지는 씻어서 머리를 잘라낸다.

 ② 껍질을 들어내듯이 돌려가며 벗긴다.

 ③ 사용할 부위까지만 벗긴다.

28. 호박 채썰기

① 호박을 원하는 길이로 자르고

② 돌려 깎는다.

③ 겹쳐서 다시 채를 썬다.

④ 소금을 약간 넣어

⑤ 살짝 버무려 15분 정도 절인다

⑥ 절인 후 물기 제거하여 볶는다.

29. 돌려 깎기

(1) 오이나 무, 당근 등을 가지고 연습하는데 칼을 사진처럼 상하로만 움직인다고 생각하고 왔다 갔다 하면 되며 올릴 때는 약간 뒤로 뺐다가 내릴 때는 깎으며 앞으로 깎아 간다.

(2) 칼날과 엄지손가락 사이로 오이가 들어가게 하여 엄지의 감각으로 오이의 두께를 조절하고 눈으로는 오이 위쪽 두께를 보면서 깎는다.

(3) 왼손은 돌려주고 잡아주는 역할을 한다.

돌려 깎는 방법

무조건 앞으로 깎으려고만 하면 끊어지는 경우가 많으므로 칼을 아래 위로 움직인다고 생각하면 오히려 힘들이지 않고 잘 깎을 수 있다.

① 엄지를 오이에 대고 칼을 상하로 움직여가며 돌려 깎는다.

② 씨가 나오기 전까지 돌려 깎는 것이 좋다.

③ 오이를 겹쳐 놓고

④ 곱게 채를 썬다.

30. 닭뼈 바르기

(1) 7분할 해체하기

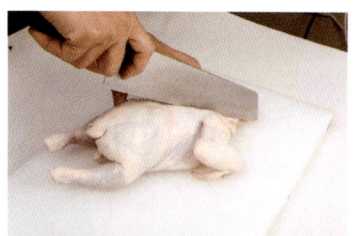

① 등에 칼집 넣기

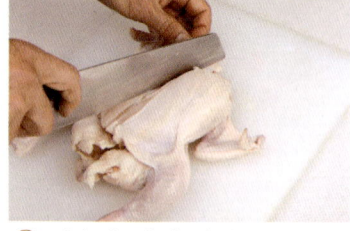

② 가슴에 칼집 넣기

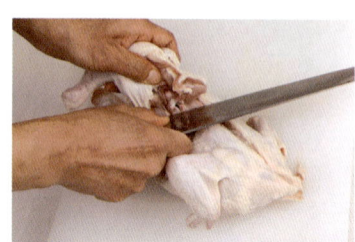

③ 다리 뒤로 젖혀

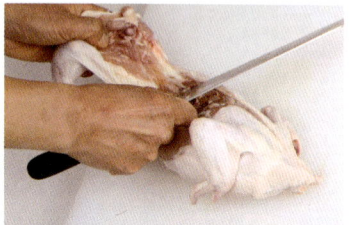

④ 껍질을 자르고 칼로 장골 부위를 누르고 당긴다.

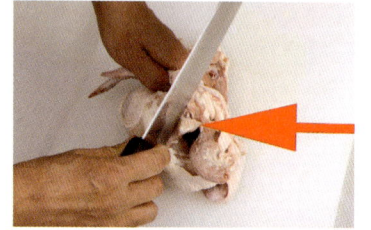

⑤ 날개를 잡고 상박골과 쇄골 사이에 칼집 넣는다.

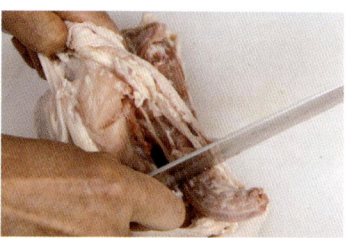

⑥ 쇄골 견갑골 부위를 누르고

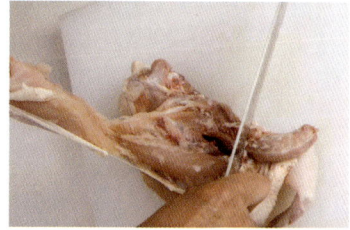

⑦ 날개를 잡아 당긴다.

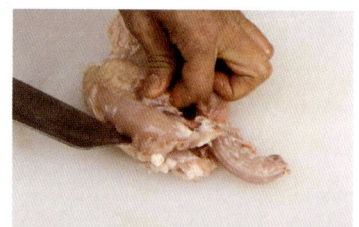

⑧ 안심 주위에 칼집을 넣고

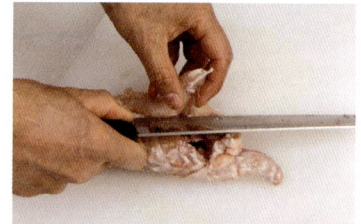

⑨ 손으로 분리한다.

(2) 다리 해체하기

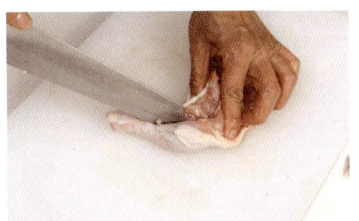

① 대퇴골과 경골에 길게 칼집 넣고

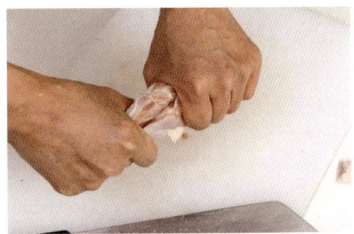

② 경골을 잡고 뒤로 분지른다.

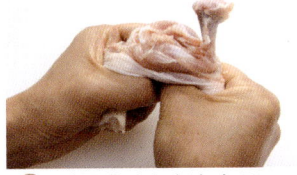

③ 경골을 분리시켜 주고

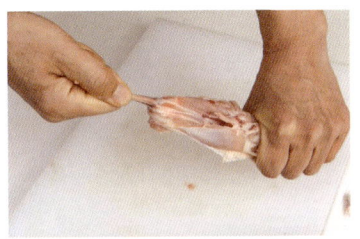

④ 경골을 잡아당긴다.

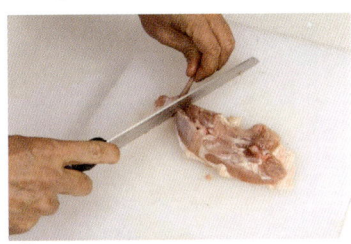

⑤ 끝을 자른다.

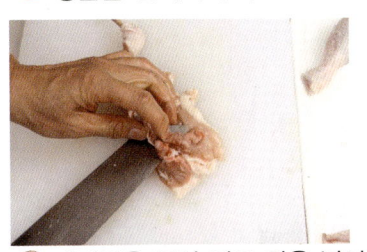

⑥ 대퇴골을 들어 뒤로 칼을 넣어 한쪽을 자른다.

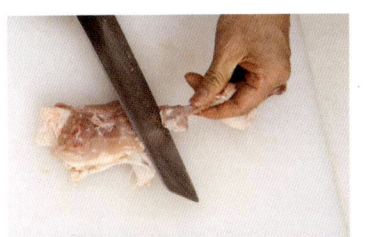

⑦ 자른쪽을 잡고 당겨서 경골을 분리한다.

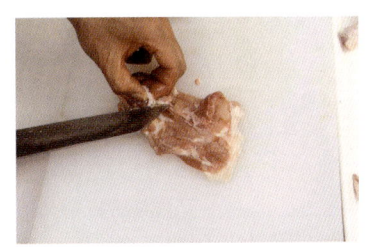

⑧ 다리뼈(경골)을 지지해주는 작은뼈 배골을 발라낸다.

(3) 가슴살 해체하기

① 날개끝 완전골과 척골 사이 관절을 잘라 완전골을 자른다.

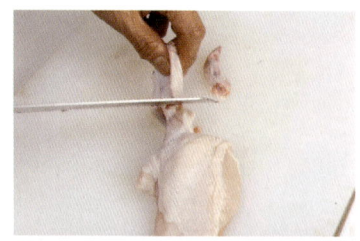

② 척골과 상박골 사이에 날개관절 안쪽에 칼집을 넣는다.

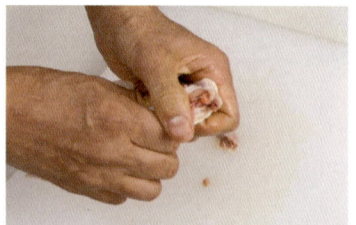

③ 날개관절을 뒤로 젖혀 분질러 척골을 분리

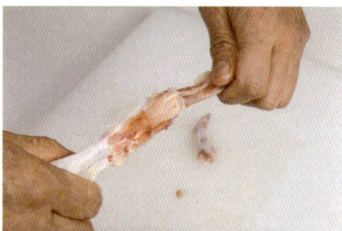

④ 날개뼈 척골을 잡아 당겨

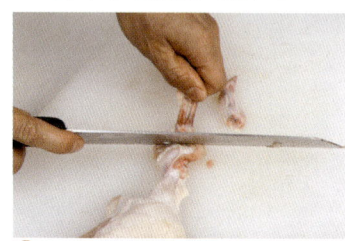

⑤ 척골 끝을 자른다.

⑥ 상박골을 잡고

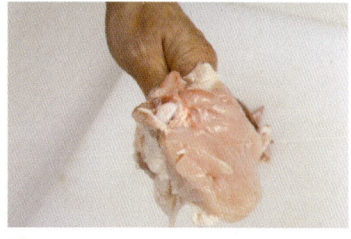

⑦ 상박골 날개뼈를 잡아

⑧ 상박골에 인대를 잘라

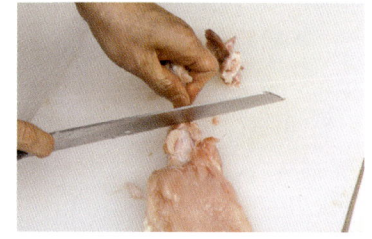

⑨ 상박골을 당겨 분리한다.

31. 생선 포 뜨기

① 비늘을 긁어내고

② 머리와 내장을 제거하고 씻어서

③ 물기를 제거하고

④ 등쪽과 배쪽 지느러미 양옆으로 모두 칼집을 넣고

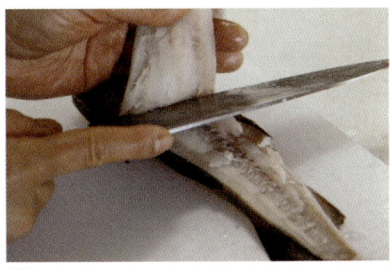
⑤ 꼬리 쪽을 살살 들어가며 포를 떠낸다.

⑥ 배쪽의 뼈를 제거한다.

⑦ 꼬리를 잡고 칼을 도마에 누르지도 말고 들지도 말고 살짝 닿을 정도만 해서

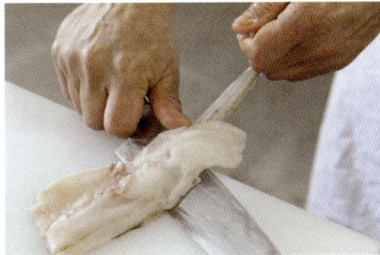
⑧ 껍질을 좌우로 당겨가며 벗긴다.

⑨ 꼬리쪽부터 껍질이 있던 부위가 도마에 닿게 하여 포를 뜬다.

• 참고 : 초보자가 쉽고 빠르게 뜨는 방식으로 뼈에 살이 조금은 묻어나 기술적으로는 보완이 필요하다.

32. 사과 깎기

① 사과를 씻어 아래위를 자르고

② 왼손으로 사과의 아래위를 엄지와 중지로 잡고 검지로 돌려준다.

③ 검지 첫마디와 둘째마디 사이를 축으로 하여 돌려준다.

④ 그대로 엄지를 사과에 대고 사과의 껍질에 대고 문지른다는 감으로 돌린다. (연습을 한 후에 칼을 잡는다)

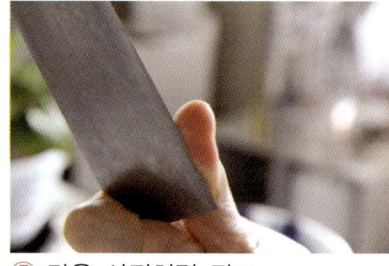

⑤ 칼을 사진처럼 잡고

⑥ 칼로 깎는다는 감보다는 엄지손가락을 대고 문지른다는 감으로 깎는다.

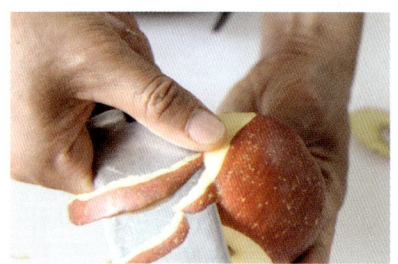

⑦ 검지를 축으로 하여 칼의 회전력을 이용해 깎아 간다.

⑧ 엄지와 검지로 깎고 왼손은 과일을 돌려준다.

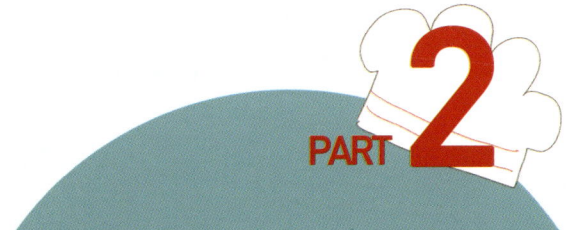

PART 2
NCS 능력단위별 고려사항

1. 국가직무능력 분류 체계
2. 직무명 : 한식 조리
3. 직무명 : 양식 조리
4. 직무명 : 중식 조리
5. 직무명 : 일식·복어 조리

Chapter 1

PART 2. 칼질법과 NCS 조리 실무

국가직무능력표준(NCS)

출처- http://www.kogl.or.kr(인용 및 재편집)

1. 국가직무능력표준(NCS, national competency standards)

국가직무능력표준(NCS)은 산업현장에서 직무를 수행하기 위해 요구되는 지식·기술·소양 등의 내용을 국가가 산업부문별·수준별로 체계화한 것으로, 국가적 차원에서 표준화한 것을 의미한다.

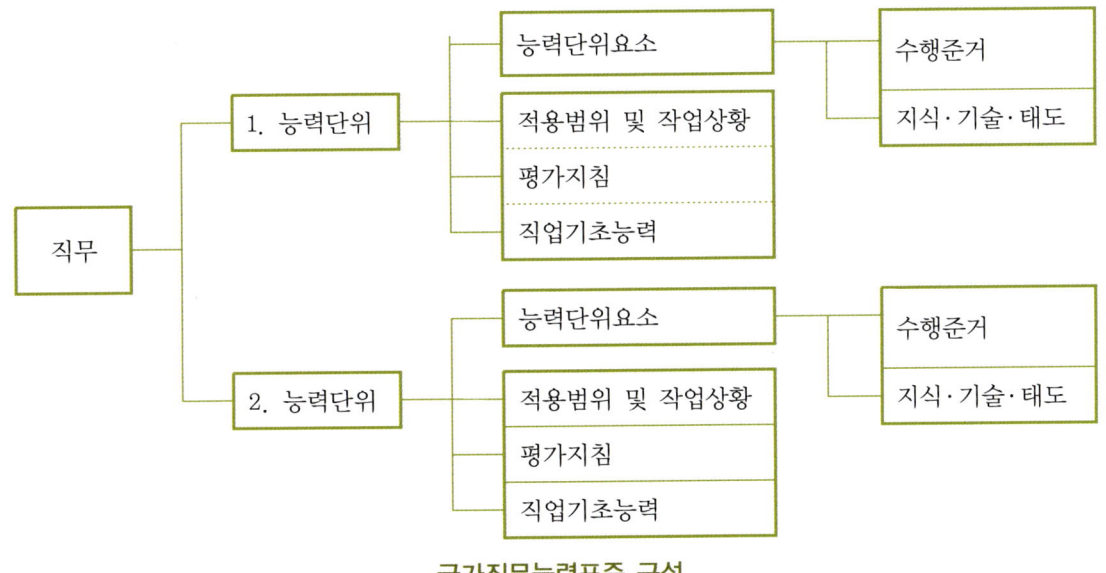

국가직무능력표준 구성

구 성 항 목	내 용
① 능력단위분류번호 (competency unit code)	• 능력단위를 구분하기 위하여 부여되는 일련번호로서 12자리로 표현
② 능력단위명칭 (competency unit title)	• 능력단위의 명칭을 기입한 것
③ 능력단위정의 (competency unit description)	• 능력단위의 목적, 업무수행 및 활용범위를 개략적으로 기술
④ 능력단위요소 (competency unit element)	• 능력단위를 구성하는 중요한 핵심 하위능력을 기술
⑤ 수행준거 (performance criteria)	• 능력단위요소별로 성취여부를 판단하기 위하여 개인이 도달해야 하는 수행의 기준을 제시
⑥ 지식·기술·태도(KSA)	• 능력단위요소를 수행하는 데 필요한 지식·기술·태도
⑦ 적용범위 및 작업상황 (range of variable)	• 능력단위를 수행하는 데 있어 관련되는 범위와 물리적 혹은 환경적 조건 • 능력단위를 수행하는 데 있어 관련되는 자료, 서류, 장비, 도구, 재료
⑧ 평가지침 (guide of assessment)	• 능력단위의 성취여부를 평가하는 방법과 평가 시 고려되어야 할 사항
⑨ 직업기초능력 (key competency)	• 능력단위별로 업무 수행을 위해 기본적으로 갖추어야 할 직업능력

2. 국가직무능력표준 수준체계

수 준	1수준 (최저수준)	2수준	3수준	4수준	5수준	6수준	7수준	8수준 (최고수준)
걸리는 시간	시 작	0.5~1년	1~3년	1~4년	1~3년	1~3년	2~4년	1~3년

수 준	직무수준 정의
8수준 (최고수준)	– 해당분야에 대한 최고도의 이론 및 지식을 활용하여 새로운 이론을 창조할 수 있고, 최고도의 숙련으로 광범위한 기술적 작업을 수행할 수 있으며 조직 및 업무 전반에 대한 권한과 책임이 부여된 수준 (지식기술) – 해당분야에 대한 최고도의 이론 및 지식을 활용하여 새로운 이론을 창조할 수 있는 수준 – 최고도의 숙련으로 광범위한 기술적 작업을 수행할 수 있는 수준 (역량) – 조직 및 업무 전반에 대한 권한과 책임이 부여된 수준 (경력) – 수준 7에서 2~4년 정도의 계속 업무 후 도달 가능한 수준
7수준	– 해당분야의 전문화된 이론 및 지식을 활용하여, 고도의 숙련으로 광범위한 작업을 수행할 수 있으며 타인의 결과에 대하여 의무와 책임이 필요한 수준 (지식기술) – 해당분야의 전문화된 이론 및 지식을 활용할 수 있으며, 근접분야의 이론 및 지식을 사용할 수 있는 수준 – 고도의 숙련으로 광범위한 작업을 수행하는 수준 (역량) – 타인의 결과에 대하여 의무와 책임이 필요한 수준 (경력) – 수준 6에서 2~4년 정도의 계속 업무 후 도달 가능한 수준
6수준	– 독립적인 권한 내에서 해당분야의 이론 및 지식을 자유롭게 활용하고, 일반적인 숙련으로 다양한 과업을 수행하고, 타인에게 해당분야의 지식 및 노하우를 전달할 수 있는 수준 (지식기술) – 해당분야의 이론 및 지식을 자유롭게 활용할 수 있는 수준 – 일반적인 숙련으로 다양한 과업을 수행할 수 있는 수준 (역량) – 타인에게 해당분야의 지식 및 노하우를 전달할 수 있는 수준 – 독립적인 권한 내에서 과업을 수행할 수 있는 수준 (경력) – 수준 5에서 1~3년 정도의 계속 업무 후 도달 가능한 수준
5수준	– 포괄적인 권한 내에서 해당분야의 이론 및 지식을 사용하여 매우 복잡하고 비일상적인 과업을 수행하고, 타인에게 해당분야의 지식을 전달할 수 있는 수준 (지식기술) – 해당분야의 이론 및 지식을 사용할 수 있는 수준 – 매우 복잡하고 비일상적인 과업을 수행할 수 있는 수준 (역량) – 타인에게 해당분야의 지식을 전달할 수 있는 수준 – 포괄적인 권한 내에서 과업을 수행할 수 있는 수준 (경력) – 수준 4에서 1~3년 정도의 계속 업무 후 도달 가능한 수준

수 준	직 무 수 준 정 의
4수준	- 일반적인 권한 내에서 해당분야의 이론 및 지식을 제한적으로 사용하여 복잡하고 다양한 과업을 수행하는 수준
	(지식기술) - 해당분야의 이론 및 지식을 제한적으로 사용할 수 있는 수준 - 복잡하고 다양한 과업을 수행할 수 있는 수준
	(역량) - 일반적인 권한 내에서 과업을 수행할 수 있는 수준
	(경력) - 수준 3에서 1~4년 정도의 계속 업무 후 도달 가능한 수준
3수준	- 제한된 권한 내에서 해당분야의 기초이론 및 일반지식을 사용하여 다소 복잡한 과업을 수행하는 수준
	(지식기술) - 해당분야의 기초이론 및 일반지식을 사용할 수 있는 수준 - 다소 복잡한 과업을 수행하는 수준
	(역량) - 제한된 권한 내에서 과업을 수행하는 수준
	(경력) - 수준 2에서 1~3년 정도의 계속 업무 후 도달 가능한 수준
2수준	- 일반적인 지시 및 감독하에 해당분야의 일반 지식을 사용하여 절차화되고 일상적인 과업을 수행하는 수준
	(지식기술) - 해당분야의 일반 지식을 사용할 수 있는 수준 - 절차화되고 일상적인 과업을 수행하는 수준
	(역량) - 일반적인 지시 및 감독하에 과업을 수행하는 수준
	(경력) - 수준 1에서 6~12개월 정도의 계속 업무 후 도달 가능한 수준
1수준 (최저수준)	- 구체적인 지시 및 철저한 감독하에 문자이해, 계산능력 등 기초적인 일반지식을 사용하여 단순하고 반복적인 과업을 수행하는 수준
	(지식기술) - 문자이해, 계산능력 등 기초적인 일반 지식을 사용할 수 있는 수준 - 단순하고 반복적인 과업을 수행하는 수준
	(역량) - 구체적인 지시 및 철저한 감독하에 과업을 수행하는 수준

3. 국가직무능력표준 분류체계

대 분 류	중 분 류	소 분 류	세 분 류
13. 음식서비스	1. 음식조리 · 서비스	1. 음식 조리	01. 한식 조리
			02. 양식 조리
			03. 중식 조리
			04. 일식·복어 조리
		2. 식음료 서비스	01. 식음료 접객
			02. 소믈리에
			03. 바리스타
			04. 바텐더
			05. 식공간 연출
		3. 외식경영	01. 외식운영관리

Memo

PART 2. NCS 능력단위별 고려사항

직무명 : 한식 조리

출처- http://www.kogl.or.kr(인용 및 재편집)

1 직무 정의

한식조리는 조리사가 메뉴를 계획하고, 식재료를 구매, 관리, 손질하여 정해진 조리법에 의해 조리하며 식품위생과 조리기구, 조리시설을 관리하는 일이다.

2 능력단위별 능력단위 요소

분류번호	능력단위(수준)	수준	능력단위요소
1301010103_16v3	한식 면류조리	4	면류 재료 준비하기 면류 조리하기 면류 담기
1301010104_16v3	한식 국·탕조리	2	국·탕 재료 준비하기 국·탕 조리하기 국·탕 담기
1301010106_16v3	한식 찜·선조리	4	찜·선 재료 준비하기 찜·선 조리하기 찜·선 담기
1301010109_16v3	한식 구이조리	4	구이 재료 준비하기 구이 조리하기 구이 담기
1301010111_16v3	김치 조리	4	김치 재료 준비하기 김치양념 배합하기 김치 조리하기 김치 담기
1301010112_16v3	음청류 조리	3	음청류 재료 준비하기 음청류 조리하기 음청류 담기
1301010113_16v3	한과 조리	5	한과 재료 준비하기 한과 재료 배합하기 한과 조리하기 한과 담기
1301010114_16v3	장아찌 조리	4	장아찌 재료 준비하기 장아찌양념 배합하기 장아찌 조리하기 장아찌 담기

PART 2. NCS 능력단위별 고려사항

분류번호	능력단위(수준)	수준	능력단위요소
1301010115_16v3	한식 위생관리	2	개인위생 관리하기
			식품위생 관리하기
			주방위생 관리하기
1301010116_16v3	한식 안전관리	2	개인안전 관리하기
			장비·도구 안전작업하기
			작업환경 안전관리하기
1301010117_16v3	한식 메뉴관리	4	메뉴관리 계획하기
			메뉴 개발하기
			메뉴원가 계산하기
1301010118_16v3	한식 구매관리	3	시장 조사하기
			구매 관리하기
			검수 관리하기
1301010119_16v3	한식 재료관리	2	저장 관리하기
			재고 관리하기
			선입선출하기
1301010120_16v3	한식 기초조리실무	2	기본 칼 기술 습득하기
			기본 기능 습득하기
			기본 조리법 습득하기
1301010121_16v3	한식 밥 조리	2	밥 재료 준비하기
			밥 조리하기
			밥 담기
1301010122_16v3	한식 죽 조리	2	죽 재료 준비하기
			죽 조리하기
			죽 담기
1301010123_16v3	한식 찌개 조리	2	찌개 재료 준비하기
			찌개 조리하기
			찌개 담기

Chapter 2. 직무명 : 한식조리

분류번호	능력단위(수준)	수준	능력단위요소
1301010124_16v3	한식 전골조리	4	전골 재료 준비하기
			전골 조리하기
			전골 담기
1301010125_16v3	한식 조림·초 조리	3	조림·초 재료 준비하기
			조림·초 조리하기
			조림·초 담기
1301010126_16v3	한식 볶음조리	4	볶음 재료 준비하기
			볶음 조리하기
			볶음 담기
1301010127_16v3	한식 전·적 조리	2	전·적 재료 준비하기
			전·적 조리하기
			전·적 담기
1301010128_16v3	한식 튀김 조리	4	튀김 재료 준비하기
			튀김 조리하기
			튀김 담기
1301010129_16v3	한식 생채·회 조리	2	생채·회 재료 준비하기
			생채·회 조리하기
			생채·회 담기
1301010130_16v3	한식 숙채 조리	4	숙채 재료 준비하기
			숙채 조리하기
			숙채 담기

3. 능력단위별 적용범위 및 작업 상황

✓ 능력단위 명칭 : 한식 면류 조리

(1) 적용범위 및 작업 상황

고려사항

- 면 조리 능력단위는 다음 범위가 포함된다.
  - 국수류 : 비빔국수, 국수장국, 칼국수, 수제비, 막국수
  - 만두류 : 만둣국, 떡만둣국, 편수, 규아상
  - 냉면류 : 비빔냉면, 물냉면
  - 기타 : 떡국, 조랭이 떡국
- 육수란 소고기, 닭고기, 멸치, 새우, 다시마, 바지락, 채소 등에 물을 붓고 끓여낸 맑은 국물이다.
- 면류조리의 전처리란 맑은 육수를 만들기 위해 사전에 육류를 물에 담가 핏물을 제거하는 과정과 채소류 등을 다듬고 깨끗하게 씻는 과정을 말한다.
- 냉면류와 비빔국수, 막국수 등은 찬 온도로 제공하며 만둣국, 국수장국, 칼국수 등은 뜨거운 온도로 제공한다.
- 만두류는 조리법에 따라 찜통에 쪄내어 제공할 수도 있다.
- 만두소는 소고기, 돼지고기, 닭고기 등을 다진 육류와 으깬 두부나 다진 버섯·채소, 양념류를 혼합한다.
- 면을 삶아낼 때는 가열 중간에 1~2회 정도 찬물을 부어주고 끓고 나면 재빨리 찬물로 냉각하므로 호화를 억제하여 매끄럽고 탄력있게 조리한다.
- 면 조리시간 : 소면 4분, 칼국수 5~6분, 냉면 40초, 면의 굵기와 생면·건면 상태, 첨가물에 따라 조절할 수 있다.
- 필요에 따라 소면, 냉면, 메밀면, 떡국용 떡, 조랭이 떡 등은 시판용을 사용할 수 있다.

✓ 능력단위 명칭 : 한식 국·탕 조리

(1) 적용범위 및 작업 상황

고려사항

- 국·탕 조리 능력단위는 다음 범위가 포함된다.
  - 국류 : 무맑은국, 시금치토장국, 미역국, 북엇국, 콩나물국, 감자국, 아욱국, 쑥국 등
  - 탕류 : 완자탕, 애탕, 조개탕, 갈비탕, 육개장, 추어탕, 우거지탕, 감자탕, 설렁탕, 머위깨탕, 비지탕 등
- 필요에 따라 양념장을 만들어 숙성하여 사용할 수 있다.
- 국·탕 조리의 전처리란 육류는 물에 담가 핏물을 제거하고, 뼈는 핏물을 제거하고 끓는 물에 데쳐내는 과정과 채소류 등을 다듬고 깨끗하게 씻는 과정을 말한다.
- 육수란 육류 또는 가금류, 뼈, 건어물, 채소류, 향신채 등을 넣고 물에 충분히 끓여내어 국물로 사용하는 재료를 말한다.
- 국을 그릇에 담을 때는 건더기와 국물의 비율이 1 : 3이 되도록 담는다.

✓ 능력단위 명칭 : 한식 찜·선 조리

(1) 적용범위 및 작업 상황

고려사항

- 찜·선 조리 준비 능력단위는 다음 범위가 포함된다.
  - 찜류 : 돼지갈비찜, 닭찜, 우설 찜, 궁중닭찜, 떡찜, 개성무찜, 북어찜, 도미찜, 대하찜, 달걀찜
  - 선류 : 호박선, 오이선, 가지선, 어선, 두부선, 무선, 배추선
- 찜은 생선, 가금류, 육류 등에 갖은 양념과 부재료를 넣어 국물을 붓고 푹 끓이거나 찜통에 찌는 요리를 말한다.
- 돼지갈비찜, 갈비찜, 닭찜 등 육류를 이용한 찜은 고기를 손질하여 핏물을 빼고 끓는 물에 살짝 데치거나 기름에 볶아 육류의 지방과 누린내를 제거하고 조리한다.
- 선은 호박, 오이, 가지, 두부, 배추 등 식물성 식품에 칼집을 내어 소금에 절인 후 헹구어 소를 넣어 볶거나 찜을 하는 요리를 말한다.

PART 2. NCS 능력단위별 고려사항

- 찜·선의 종류에 따라 겨자장이나 초간장을 곁들인다.
- 찜·선의 전처리란 조리재료와 방법에 따라 다듬기, 씻기, 밑간하기, 데치기, 핏물 제거, 썰기 등을 말한다.

✓ 능력단위 명칭 : 한식 구이 조리

(1) 적용범위 및 작업 상황

고려사항

- 구이 조리 능력단위는 다음 범위가 포함된다.
  - 구이류 : 더덕구이, 생선구이, 북어구이, 제육구이, 불고기, 너비아니구이, 뱅어포구이, 맥적구이 등
- 구이의 전처리란 다듬기, 씻기, 수분 제거, 핏물 제거, 자르기를 말한다.
- 구이의 색과 형태의 유지란 부스러지지 않고, 타지 않게 굽는 것을 말한다.
- 구이의 양념
  - 소금구이 : 방자구이, 민어소금구이 등
  - 간장 양념구이 : 너비아니구이, 염통구이, 콩팥구이, 쇠갈비구이 등
  - 고추장 양념구이 : 제육구이, 북어구이, 병어고추장구이, 더덕구이 등
- 양념하여 재워두는 시간은 양념 후 30분 정도가 좋으며 간을 하여 오래두면 육즙이 빠져 맛이 없고 육질이 질겨지므로 부드럽지 않은 구이가 된다.
- 유장처리는 (간장과 참기름을 섞은 것) 고추장 양념을 발라 구우면 타기 쉬우므로 유장처리하여 먼저 구워 초벌구이할 때 사용한다.
- 구이의 따뜻한 온도는 75℃ 이상을 말한다.
- 구이의 열원
  - 직접 구이 : 복사열로 석쇠나 브로일러를 사용하여 조리할 식품을 직접 불 위에 올려 굽는 방법
  - 간접 구이 : 금속판에 의하여 열이 전달되는 전도열로 철판이나 프라이팬에 기름을 두르고 지지는 것

Chapter 2. 직무명 : 한식조리   **223**

✓ 능력단위 명칭 : 한식 김치 조리

(1) 적용범위 및 작업 상황

고려사항

- 김치 담그기의 능력단위는 다음 범위가 포함된다.
  - 김치류 : 깍두기, 보쌈김치, 오이소박이, 장김치, 파김치, 열무김치, 배추김치, 백김치, 갓김치
- 김치의 절임은 10% 소금물에 7~8시간 절인다.
- 김치의 숙성은 실온(18~20℃)에서 2일간 두었다가 냉장온도(3~4℃)에 숙성한다.
- 김치 담그기의 전처리란 다듬기, 씻기, 절이기를 말한다.

✓ 능력단위 명칭 : 한식 음청류 조리

(1) 적용범위 및 작업 상황

고려사항

- 음청류 조리 능력단위는 다음 범위가 포함된다.
  - 음청류 : 배숙, 수정과, 식혜, 오미자화채, 배화채, 유자화채, 진달래화채, 딸기화채, 원소병, 보리수단, 떡수단, 포도갈수, 제호탕, 봉수탕, 오과차 등
- 음청류의 전처리란 다듬고 흐르는 물에 깨끗하게 씻는 과정을 말한다.
- 차 : 차잎, 열매, 과육, 곡류 등을 말려 두었다가 물에 끓여 마시거나 뜨거운 물에 우려 마시는 감로차, 결명자차, 생강차, 계지차, 구기자차, 대추차, 두충차, 모과차, 유자차, 인삼차, 꿀차 등이 있다.
- 탕 : 향약재를 달여 만들거나, 향약재나 견과류 등의 재료를 곱게 다지거나 갈아 꿀에 재워두었다가 물에 타서 마시는 것으로 오매·사인·백단향·초과 등을 곱게 가루를 내어 꿀에 버무려 끓여 두었다가 냉수에 타서 마시는 제호탕, 잣과 호두를 곱게 다져 필요할 때 끓는 물에 타서 마시는 봉수탕 등과 생맥산, 쌍화탕, 회향탕, 자소탕 등이 있다.
- 화채 : 오미자즙, 꿀물 등에 과일이나 꽃잎 등을 띄운 것으로 진달래화채, 배화채, 유자화채, 앵두화채, 귤화채, 장미화채, 딸기화채, 복숭아화채, 수박화채, 배숙 등이 있다.
- 식혜 : 밥알을 엿기름에 삭혀서 만들며 감주, 식혜, 안동식혜, 연엽식혜 등이 있다.

- 수정과 : 생강과 계피, 설탕을 넣어 끓인 물에 곶감을 담가 먹는 수정과와 가련수정과, 잡과수정과 등이 있다.
- 수단 : 가래떡을 가늘고 짧게 잘라 꿀물에 띄운 떡수단, 햇보리를 삶아 오미자 꿀물에 띄운 보리수단, 찹쌀가루를 여러 가지 색을 들여 익반죽하여 소를 넣고 동그랗게 빚어 삶아서 꿀물에 띄운 원소병 등이 있다.
- 갈수 : 과일즙을 농축하여 한약재 가루를 섞거나 한약재와 곡물, 누룩 등을 달여 만든 것으로 오미자즙에 녹두즙과 꿀을 넣고 달여서 차게 먹는 오미갈수 외에 모과갈수, 임금갈수, 어방갈수, 포도갈수 등이 있다.
- 숙수 : 꽃이나 열매 등을 끓인 물에 담가 우려낸 음료로 밤속껍질을 곱게 갈거나 물에 넣어 끓인 후 체에 걸러 마시는 율추숙수, 자소잎을 살짝 볶아 물에 달여 마시는 자소숙수와 향화숙수, 정향숙수 등이 있다.

✓ 능력단위 명칭 : 한식 한과 조리

(1) 적용범위 및 작업 상황

고려사항

- 한과 조리 능력 단위는 다음 범위가 포함된다.
    - 한과류 : 매작과, 약과, 도라지정과, 연근정과, 밤초, 대추초, 조란, 율란, 다식, 깨강정, 쌀강정, 강란, 오미자편, 귤편, 포도편 등
- 한과의 전처리란 다듬기, 씻기, 불리기, 수분 제거를 말한다.
- 유과 : 찹쌀가루를 반죽하여 썰어 건조시켰다가 기름에 튀긴 후 고물(깨, 흑임자, 잣, 튀밥)을 묻힌 과자이다.
- 숙실과 : 밤, 대추 등을 익혀서 꿀이나 설탕에 조린 밤초, 대추초와 과일의 열매에서 씨를 빼고 무르게 삶아 꿀이나 설탕에 조려서 다시 원래 과일 모양이나, 다른 모양으로 빚어서 계피가루나 잣가루를 묻힌 율란, 조란, 생란 등의 과자이다.
- 과편 : 과일과 전분, 설탕 등을 조려서 묵처럼 엉기게 하여 만든 과자이다. 과일로는 살구나 모과, 앵두, 귤, 버찌, 오미자 등을 쓴다. 대개는 질감이 부드럽고 단맛을 낸다.
- 엿강정 : 견과류나 곡물을 튀기거나 볶아서 물엿으로 버무려 만든 과자이다.
- 정과 : 과일이나 생강, 연근, 인삼, 당근, 도라지 따위를 꿀이나 설탕에 재거나 조려 만든 과자이다.

- 유밀과 : 밀가루나 찹쌀가루를 반죽하여 과줄판에 찍어 내거나 일정한 모양으로 빚어 기름에 튀겨낸 다음 꿀이나 조청을 듬뿍 먹이거나 바른다. 매작과, 약과, 다식과, 타래과 등의 과자이다.
- 즙청(汁淸)이란 약과나 주악 등을 꿀이나 시럽 등에 재워두는 것을 말한다.

✓ 능력단위 명칭 : 한식 장아찌 조리

(1) 적용범위 및 작업 상황

고려사항

- 장아찌 조리의 능력단위는 다음 범위가 포함된다.
  - 장아찌류 : 오이갑장과, 무갑장과, 오이장아찌, 매실장아찌, 고추장아찌, 고춧잎장아찌, 가죽장아찌, 마늘장아찌, 마늘종장아찌, 더덕장아찌, 깻잎장아찌, 양파장아찌, 곰취장아찌, 무말랭이장아찌 등
- 장아찌란 제철에 흔한 채소를 간장, 고추장, 된장 등에 넣어 장기간 저장하는 식품을 말한다.
- 갑장과는 오이나 무를 사용하여 즉시(바로) 먹도록 간장으로 만든 장아찌를 말한다.
- 매실장아찌는 청 매실을 사용하고 소금물(10% 정도)에 절여서 물기를 제거한 후 씨를 빼내고 설탕으로 재워 장아찌를 만든다.
- 된장이나 고추장에 박아두는 장아찌류는 물기를 제거하고 담는다.
- 늦가을에 채취하는 들깻잎이나 고춧잎 등을 강한 향을 약한 소금물에 담가 우려내고 물기를 제거하고 담아야 한다.
- 간장 물에 담는 장아찌류는 간장을 끓여서 식혀 부어주는 과정을 3~4번 정도 해줘야 저장해서 오래두고 먹을 수 있다.
- 계절별 장아찌
  - 봄 장아찌 : 마늘종은 매운맛이 있어 생으로는 잘 먹지 않고, 간장장아찌나 식초장아찌, 고추장장아찌로 담가 먹는다.
    - 더덕과 도라지는 꾸덕꾸덕 말린 뒤 된장이나 고추장에 넣어야 물이 생기지 않는다.
    - 죽순은 간장에 절여 장아찌로 담가 두었다가 짭조름하면서 아삭한 맛은 입맛을 돋궈 준다.
  - 여름 장아찌 : 깻잎이나 참외, 오이, 가지, 호박 등이 적당하다.
    - 깻잎은 향이 너무 센 것은 간장이나 된장에 넣어 잎을 연하게 삭힌 뒤 먹는다.
    - 오이간장장아찌나 애호박된장장아찌는 입맛없는 여름철, 물 말은 밥에 잘 어울린다.
    - 양파장아찌는 피클처럼 상큼한 맛이 일품이라 고기요리에 잘 어울린다.

◦ 참외는 소금에 절이거나 된장에 박아 짭조름한 장아찌로 만든다.
◦ 수박은 단단한 껍질을 도려내고, 말려 장에 넣어 한참을 두었다가 먹는다.
- 가을 장아찌 : 콩잎이나, 매운 풋고추 등 잎새가 억세지는 채소가 주재료가 되는데, 소금물에 담가 연하게 만든 뒤 다시 장에 담는다. 된장, 고추장, 간장에 삭히게 되면 채소의 결이 연해진다.
◦ 감장아찌는 된장이나 고추장에 박아 두었다가 먹는데 담백한 맛이 일품이다.
◦ 가을철 햇생강을 소금, 식초물에 절여 만든 생강 초절이는 생선요리에 곁들이면 잘 어울린다.
◦ 주로 묵은 장을 장아찌용으로 쓴다.
- 겨울 장아찌 : 무와 배추로 담그는 장아찌로 김장할 때 넉넉하게 만들어 봄에 장아찌를 담기도 한다.
◦ 늦가을에 볕에 말린 무 오가리로 김장 담그듯이 담가 장아찌를 먹는 골곰짠지가 있다.

✓ 능력단위 명칭 : 한식 위생관리

(1) 적용범위 및 작업 상황

고려사항

- 한식 위생관리 능력단위는 다음 범위가 포함된다.
  - 식품 유통기한준수, 위생적 취급기준, 종사자 건강진단 실시, 원산지 표시 등 식품위생법 준수
  - 시설·설비 청결상태 관리, 방충·방서 시설 구비 및 관리, 개인위생 관리, 유해물질을 관리하는 업무
  - 위해요소중점관리기준(HACCP) 활용에 대한 이해
  - 위생과 안전을 위한 조리복 착용을 기본으로 하는 능력
  - 조리도구의 사용 전후 세척과 소독하여 관리하는 능력
  - 식재료의 입고·저장·전처리·조리·생산·소비까지 발생할 수 있는 생물학적, 화학적, 물리적 유해요소를 관리하는 능력
  - HACCP(Hazard Analysis Critical Control Point)은 위해요소중점관리기준을 의미한다.

- 식중독 예방 수칙
  - 식중독의 원인
    - 감염형 식중독 : 살모넬라균, 비브리오균, 병원성 대장균 등 음식물에서 증식한 세균
    - 독소형 식중독 : 포도상구균 등 음식물에서 세균이 증식할 때 발생하는 독소에 의한 식중독
    - 곰팡이에 의한 식중독 : 식품을 부패·변질시키거나 독소를 만들어 인체에 해를 줌
    - 자연독에 의한 식중독 : 복어의 테트로도톡신, 모시조개의 베네루핀, 독버섯의 무스카린, 감자의 솔라닌, 황변미의 시트리닌, 이스란디톡신 등 알러지성 식중독 : 꽁치, 고등어의 히스타민 첨가 혼입독에 의한 식중독 : 식품첨가물, 농약, 오염식품의 중금속, 포장재의 유해물질 등
  - 조리 시설·기구 등은 반드시 살균소독제 등을 이용하여 철저히 세척·소독 후 사용한다.
  - 세제로 1차 세척 후, 차아염소산나트륨액(염소농도 200ppm, 물 4ℓ 당 락스(유효염소 4%)20㎖)으로 소독한다.
  - 칼, 행주 등은 끓는 물에서 30초 이상 열탕 소독한다.
  - 바닥 균열·파손 시 즉시 보수하여 오물이 끼지 않도록 관리한다.
  - 출입문·창문 등에는 방충시설을 설치한다.

- 식재료의 위생적 취급 관리
  - 유통기한 및 신선도를 확인한다.
  - 식품별 보관방법(냉장·냉동)을 준수한다.
  - 해동된 식재료는 바로 사용하고 재 냉동해서는 안된다.
  - 가열한 음식은 즉시 냉각하여 냉장 또는 냉동 보관한다.
  - 익힌 음식과 날 음식을 별도의 냉장고에 보관하여 교차오염을 방지한다. 만약 한 대의 냉장고를 사용한다면 조리된 음식은 냉장고 윗 칸에 보관하여야 한다.
  - 보관 시에는 네임텍에 품목명과 날짜를 표시한다.
  - 개봉하여 일부 사용한 통조림은 깨끗한 용기에 담아 개봉한 날짜와 품목명, 원산지 등을 표시하고 냉장 보관한다.
  - 채소·과일은 매일 신선상태를 체크한다.
  - 냉장고 청소는 정기적으로 스케줄표를 만들어 관리한다.
  - 칼, 도마, 고무장갑은 용도별(육류·어류·채소 등)로 구분하여 사용한다. 구분 사용이 어려운 경우 채소-육류-어류-가금류 순으로 하고 각각 처리 후 세척, 소독을 한다.
  - 식재료는 철저히 세척·소독하고, 조리도구를 청결하게 사용하여 교차오염을 방지한다.

- 식재료 처리는 바닥에서 60cm 이상의 높이에서 수행하여 바닥의 오물이 튀지 않게 한다.
- 식품 가열은 중심부 온도가 75℃(패류는 85℃), 1분 이상하여 제공한다.
- 조리된 음식은 가급적 즉시 섭취하고, 필요한 경우 미생물 증식 위험온도범위인 5~60℃를 벗어난 5℃ 이하 또는 60℃ 이상에서 보관한다.
- 조리 후 맛을 볼 때는 별도의 용기와 도구를 사용한다.
- 칼 손잡이는 반드시 청결하게 유지하고 칼을 만진 후 반드시 손을 씻고 조리한다.
- 전처리 과정은 25℃ 이하에서 2시간 이내에 수행하고 식재료 전처리는 내부온도가 15℃가 넘지 않도록 한다.
- 싱크대는 약알칼리성 세제를 이용하여 씻고 70% 알코올을 분무하여 소독하거나 이에 준하는 방법으로 소독한다.
- 채소나 과일은 차아염소산용액 50~75ppm 농도에서 5분간 침지하여 소독한 후 음용이 적합한 물에서 헹구어야 한다.(물 4ℓ 당 락스(유효염소 4%)5~7㎖ 사용)

• 개인 위생관리
  - 설사증세가 있는 조리종사자는 절대로 조리에 참여하거나 음식물을 취급해서는 안된다.
  - 조리복, 조리모, 앞치마, 조리안전화를 청결하게 유지하며 착용한다.
  - 지나친 화장과 장신구를 하지 않으며 시계, 반지 착용을 금한다.
  - 손에 상처가 났을 경우 치료 후 위생장갑을 착용하고 조리한다.
  - 조리·배식 전, 화장실 다녀온 후에는 반드시 손을 깨끗이 씻는다.
  - 조리과정 중 머리나, 코 등 신체부위를 만지지 않는다.
  - 손톱에 매니큐어를 하지 않으며 항상 짧고 청결하게 유지한다.
  - 조리과정 중 음식물이나 도구를 향해 기침이나 재채기를 하지 않는다.

✓ 능력단위 명칭 : 한식 안전관리

(1) 적용범위 및 작업 상황

• 안전관리는 주방에서 조리작업을 수행하는데 있어서 작업자와 시설의 안전기준을 확인하고, 안전수칙 준수·예방 활동을 수행하는데 필요한 능력이다.
• 안전관리의 대상은 개인 안전, 주방환경, 조리장비 및 기구, 가스, 위험물(가열된 기름, 뜨거운 물), 전기, 소화기 등을 말한다.

- 안전지침은 조리작업에 수반하는 장비사용 및 수작업 등에 대한 안전사고 예방·사고 발생 시 대처방법을 포함한다.
- 주방에서의 안전장구라 함은 조리복, 조리안전화, 앞치마, 조리모, 안전 장갑 등을 포함한다.

✓ 능력단위 명칭 : 한식 메뉴관리

(1) 적용범위 및 작업 상황

고려사항

- 한식 메뉴관리 능력단위는 다음 범위가 포함된다.
  - 메뉴를 관리할 수 있는 능력
  - 메뉴를 계획할 수 있는 능력
  - 메뉴를 개발할 수 있는 능력
  - 메뉴의 가격결정을 할 수 있는 능력
  - 식재료의 검수를 할 수 있는 능력
  - 식재료의 선입선출을 할 수 있는 능력
  - 식재료 재고관리를 할 수 능력
  - 식재료 원가계산을 할 수 있는 능력
  - 손익 분기점을 분석할 수 있는 능력
  - 메뉴 분석법을 활용할 수 있는 능력

- 메뉴 관리하기
  - 시장상황과 흐름에 관한 변화와 인식의 중용성
  - 메뉴수는 적게 구성하여 원가절감을 모색
  - 고객층에 따른 음식량, 서비스 속도 등 다양한 방법 모색
  - 주변상권 및 시장동향 등 발전 가능이 높은 메뉴 선정
  - 단기, 장기, 계절 메뉴 등 고려하여 연계품목 함께 판매
  - 점포 외형은 전문점으로 노출 내부는 연관된 품목과 함께 판매하는 전략
  - 불경기 메뉴와 호황기 메뉴를 달리하여 시장동향에 맞게 수요자 중심으로 교체
  - 수요와 공급측면을 고려

- 메뉴 개발하기
    - 미식적 측면 : 전체적으로 조화있게 구성하여 음식의 색상, 재료질감 등이 다양하게 배합
    - 경제적 측면 : 비용을 생각하고, 식당과 고객의 수준에 맞도록 부담이 덜되며 원가에 맞게 구성
    - 실제적 측면 : 설비, 인원 등을 고려하고, 신속 정확한 서비스
    - 관리자의 측면 : 조직의 목표와 목적, 예산, 식자재 공급 조건, 시설 및 장비, 종사원 기술, 생산 형태와 서비스 시스템 등을 고려한다.
    - 고객의 측면 : 영양적인 요구, 음식의 습관 및 선호도, 음식의 특성 등을 고려한다.
    - 고객의 필요와 욕구를 파악하고, 원가와 수익성을 고려해야 한다.

- 메뉴 원가 계산하기
    - 직접 원가 : 특정 제품의 생산을 위해 직접 투입된 비용(직접 재료비, 직접 노무비, 직접 경비)
    - 제조원가 : 직접 원가에 제조 간접비를 합한 비용(간접 재료비, 간접 노무비, 간접 경비)
    - 총원가 : 제조원가에 판매비 및 일반 관리비를 합친 원가
    - 판매가 : 총원가에 이윤을 더한 원가
    - 원가비율(%) : 총원가÷총매출액×100
    - 가격 결정, 원가관리, 예산편성, 재무제표 작성 등 경영능률을 증진

✓ 능력단위 명칭 : 한식 구매관리

(1) 적용범위 및 작업 상황

고려사항

- 한식 구매관리 능력단위는 다음 범위가 포함된다.
    - 재료의 구매, 검수, 저장, 출고
- 업장에서 필요로 하는 식재료, 소모품, 도구 및 기물의 구매를 검수, 점검하는데 필요한 능력
- 구매계획에는 복잡한 유통절차에 대한 지식, 식품이 가지는 특성과 영양성분, 보존기간 및 변질에 관한 전반적인 지식을 가진 인력수급계획 등을 포함한다.
- 식재료 손질, 조리과정과 판매에 이르기까지 전 과정을 시스템으로 관리
- 정기적이고 치밀한 시장조사와 구매품목에 대한 특성 고려

- 이 능력단위는 다음 범위가 포함된다.
  - 식품위생법규, 개인위생, 식품위생, 공중위생
  - 위해요소중점관리기준(HACCP) 활용에 대한 이해
  - 가스, 전기, 화재, 위험물 관리 등
  - 식재료 구매, 원산지, 검수관리와 원가관리, 메뉴 구성의 이해 등
  - 식재료의 품질, 식품영양, 식재료의 특성
- 검수해야 할 각 재료, 도구, 기타 소모품의 범위 구성, 품목의 특성에 포함되는 사항
  - 관리해야 할 주방 도구

✓ 능력단위 명칭 : 한식 재료관리

(1) 적용범위 및 작업 상황

고려사항

- 한식 재료관리 능력단위는 다음 범위가 포함된다.
  - 재료의 선입선출을 할 수 있는 능력
  - 재료 재고관리를 할 수 있는 능력
  - 재료 저장관리를 할 수 있는 능력
  - 사용량에 따라 재료를 소분하여 저장관리할 수 있는 능력
  - 식품 제조일자에 따라 품목명 네임텍을 작성하여 관리할 수 있는 능력
  - 재료의 유통기한을 관리할 수 있는 능력
  - 재료의 신선도와 숙성상태를 관리할 수 있는 능력
  - 재료의 유실방지 및 보안 관리할 수 있는 능력
  - 식재료 사용방법 준수하기
  - 원산지 표기, 유통기한 준수, 변질용이 식품 냉동냉장보관 준수 등 식재료 위생법규 준수하기
  - 부적절한 저장으로 인한 재료유실과 도난 등의 부정 유출 방지
  - 재료의 품질, 식품영양, 식재료의 특성
- 저장 및 재고 관리
  - 식재료를 냉동·냉장하는 것은 장기저장에 목적이 있는 것이 아니라 미생물의 발육과 증

식을 억제하고 식품의 산패나 변패 등을 지연시키는 것이다. 미생물은 보존온도 및 시간과 밀접한 관계가 있어 증식분열에 영향을 받는다.
- 냉장·냉동고는 0~5℃의 김치보관온도, 2~5℃의 채소 및 메인 냉장 온도, -5~-2℃의 고기 냉장온도가 적당하고 -20℃의 급냉고, -50℃의 선어 보관 냉동고, 2~5℃의 육수 냉장고 등을 주방 특성에 따라 사용할 수 있다.
- 냉장·냉동고는 계획을 세워 정기적으로 청소하고 성에가 생기지 않도록 관리한다.
- 특히 냉동고는 내용물 확인이 어려우므로 네임텍으로 품목의 구분과 선입선출이 잘 이루어져야 한다.
- 냉장고 용량의 70%만 재료를 보관해야 냉기 순환이 원활하여 적정 온도가 유지된다.
- 냉장·냉동고의 적정온도는 1일 3회 확인하고 이상이 있을 경우 즉시 조치한다.
- 조리된 재료는 상단에 생 재료는 하단에 저장하여 교차오염을 예방한다.
- 각 저장창고 품목별로 위치를 정하고 이와 동일한 순서대로 재고조사지에 품목명을 정리하면 신속한 재고 조사 시스템을 구축할 수 있다.

- 식재료 사용 방법
  - 큰 그릇의 남은 음식은 작은 그릇으로 옮기고, 반드시 뚜껑을 덮는다.
  - 흐르는 물에 육수를 식히거나 고기의 핏물을 제거하기 위하여 물을 흘려 놓을 때에는 표시를 하거나 담당자에게 미리 알린다.
  - 공산품은 유통기한을 충분히 고려하고 고춧가루, 깨소금 등은 오래 보관하지 않고 소분하여 냉장, 냉동실에 보관하는 것이 좋다.
  - 시장에서 들어온 검은 비닐은 벗겨내고 투명한 비닐이나 규격 그릇에 보관한다.
  - 바람이나 냉기가 나오는 곳은 마르지 않도록 뚜껑을 덮거나 래핑을 한다.
  - 1차 조리된 것은 반드시 뚜껑을 덮어 교차오염이 일어나지 않도록 관리한다.

- 선입선출(First-In, First-Out : FIFO method)에 의한 출고
  - 재고 물품의 손실과 신선도 유지를 위해 먼저 입고된 재료는 먼저 출고하여 사용하고 이를 위해 적재할 때도 나중에 입고된 것은 먼저 입고된 물품의 뒤쪽에 적재를 해야 한다.
  - 사용된 식재료의 원산지는 식품위생법에 의해 반드시 표시하여 공지하여야 한다.

✓ 능력단위 명칭 : 한식 기초 조리실무

(1) 적용범위 및 작업 상황

고려사항

- 한식 기초 조리실무 능력단위는 다음 범위가 포함된다.
  기초 기능 연마하기
  - 채썰기 : 무 0.2cm 두께, 6cm 길이로 채썰기
  - 돌려깎기 : 오이나 호박을 5cm 길이로 썰어 0.2cm 두께로 껍질 돌려깎기
  - 황백지단을 조리하여 각각 골패형, 마름모형, 지단채로 썰기
  - 석이버섯 불려 손질하여 0.2cm 두께로 채썰어 볶기
  - 표고버섯 불려 손질하여 포 떠서 0.3cm 넓이로 채썰기
- 조리도구의 사용 전후 세척하여 관리하는 능력
- 칼을 용도별로 다룰 수 있는 능력
- 계량을 정확히 할 수 있는 능력
- 고명을 준비하고 사용할 수 있는 능력
- 육수 조리에 사용되는 재료와 조리방법
- 양념을 준비하고 사용할 수 있는 능력
- 조리도구를 정리하고 보관할 수 있는 능력
- 한식 조리방법의 종류를 알 수 있는 능력
- 한식 식재료의 종류와 특성을 알 수 있는 능력
- 조리도구의 사용 전후 세척하여 관리하는 능력

✓ 능력단위 명칭 : 한식 밥 조리

(1) 적용범위 및 작업 상황

고려사항

- 한식 밥 조리 능력단위는 다음 범위가 포함된다.
  - 밥류 : 흰밥, 잡곡밥, 오곡밥, 영양밥, 굴밥, 콩나물밥, 비빔밥, 김치밥, 곤드레밥 등
- 밥 조리하기 : 콩나물밥, 곤드레밥 등은 부재료를 첨가하여 밥을 짓고, 비빔밥은 부재료를 조리법 대로 무치거나 볶아서 밥 위에 색을 맞춰 담는다.

- 밥의 종류에 따라 간장 혹은 고추장 양념장을 곁들인다.
- 호화란 전분에 물을 넣고 가열하면 팽윤하고 점성도가 증가하여 전체가 반투명인 거의 균일한 콜로이드 물질이 되는 현상(예 : 쌀에 물을 붓고 가열하여 밥과 죽이 되는 현상)을 말한다.
- 전처리란 마른 재료의 경우 불리거나 데치거나 삶아서 다듬는 것을 말하고, 해산물일 경우 소금물에 담가 해감시키고, 육류일 경우 지방과 힘줄을 제거하고 키친타올이나 면보에 싸서 핏물을 제거하는 것을 말하며, 채소일 경우 다듬고 씻어 써는 것을 말한다.
- 밥짓는 과정 : 쌀을 씻어 상온(20℃ 정도)에서 최소 30분 정도 담가두었다가 밥을 지으면 물과 열이 골고루 전달되어 전분 호화가 빨리 일어나 맛있는 밥이 된다.
- 밥 뒤적이기 : 다 지어진 밥을 그대로 방치하면 솥이 식어 물방울이 생기고 밥의 중량으로 밥알이 눌려지므로 뜸들이기 완료 즉시 주걱으로 위아래를 가볍게 뒤섞어 준다.

✓ 능력단위 명칭 : 한식 죽 조리

(1) 적용범위 및 작업 상황

고려사항

- 한식 죽 조리 능력단위는 다음 범위가 포함된다.
  - 죽류 : 장국죽, 호박죽, 전복죽, 녹두죽, 팥죽, 잣죽, 흑임자죽 등
- 죽 조리하기 : 부재료를 볶거나 첨가하여 죽을 끓일 수 있다.
- 호화란 전분에 물을 넣고 가열하면 팽윤하고 점성도가 증가하여 전체가 반투명인 거의 균일한 콜로이드 물질이 되는 현상(예 : 쌀에 물을 붓고 가열하여 밥과 죽이 되는 현상)
- 전처리란 마른 재료의 경우 불리거나 데치거나 삶아서 다듬는 것을 말하고, 해산물일 경우 소금물에 담가 해감시키고, 육류일 경우 지방과 힘줄을 제거하고 치킨타올이나 면보에 핏물을 제거하는 것을 말하며, 채소일 경우 다듬고 씻어서 써는 것을 말한다.

✓ 능력단위 명칭 : 한식 찌개 조리

(1) 적용범위 및 작업 상황

고려사항

- 찌개조리 능력단위는 다음 범위가 포함된다.

- 찌개류
    - ○ 맑은 찌개류 : 두부젓국찌개, 명란젓국찌개, 호박젓국찌개
    - ○ 탁한 찌개류 : 된장찌개, 생선찌개, 순두부찌개, 청국장찌개, 두부고추장찌개, 호박감정, 오이감정, 게감정 등
- 감정이란 고추장으로 조미하여 끓인 찌개의 한 종류이며 찌개와 비슷한 말로 궁중용어인 조치, 국물이 찌개보다 적은 지짐이가 있다.
- 찌개 조리의 전처리란 맑은 육수를 만들기 위해 사전에 육류를 물에 담가 핏물을 제거하고, 뼈는 핏물을 제거하고 끓는 물에 데쳐내는 과정과 채소류를 깨끗하게 다듬고 씻는 것을 말한다.
- 육수는 소고기를 주로 사용하고 닭고기, 어패류, 버섯류, 채소류, 다시마 등을 사용하며 끓일 때 향신채(파, 마늘, 생강, 통후추)와 함께 끓인다.
- 조개류로 육수를 만들 때는 소금물에 해감을 제거한 후 약한 불로 단시간에 끓여낸다.
- 멸치로 육수를 낼 때는 내장을 제거하고 15분 정도 끓인다.
- 찌개를 그릇에 담을 때는 건더기를 국물보다 많이 담는다.
- 찌개 종류에 따라 상 위에서 끓이도록 그릇에 담아 그대로 제공하거나 끓여서 제공한다.

✓ 능력단위 명칭 : 한식 전골 조리

(1) 적용범위 및 작업 상황

고려사항

- 전골조리 능력단위는 다음 범위가 포함된다.
    - 전골류 : 두부전골, 소고기전골, 버섯전골, 도미면, 낙지전골, 신선로 등
- 전골조리의 전처리란 맑은 육수를 만들기 위해 사전에 육류를 물에 담가 핏물을 제거하고, 뼈는 핏물을 제거하고 끓는 물에 데쳐내는 과정과 채소류를 깨끗하게 다듬고 씻는 것을 말한다.
- 육수는 소고기를 주로 사용하고 닭고기, 어패류, 버섯류, 채소류, 다시마 등을 사용하며 끓일 때 향신채(파, 마늘, 생강, 통후추)와 함께 끓인다.
- 조개류로 육수를 만들 때는 소금물에 해감을 제거한 후 약한 불로 단시간에 끓여낸다.
- 멸치로 육수를 낼 때는 내장을 제거하고 15분 정도 끓인다.
- 전골을 그릇에 담을 때는 건더기를 국물보다 많이 담는다.
- 전골 종류에 따라 상 위에서 끓이도록 그릇에 담아 그대로 제공하거나 끓여서 제공한다.

PART 2. NCS 능력단위별 고려사항

✓ 능력단위 명칭 : 한식 조림·초

(1) 적용범위 및 작업 상황

고려사항

- 조림·초 능력단위는 다음 범위가 포함된다.
  - 조림류 : 두부조림, 생선조림, 감자조림, 연근조림, 호두조림, 소고기장조림, 꽈리고추조림 등
  - 초류 : 홍합초, 전복초 등
- 조림·초의 전처리란 재료의 특성에 따라 다듬기, 씻기, 썰기를 말한다.
- 조림의 종류는 수조육류와 어패류조림, 채소조림 등이 있으며 양념장과 함께 조려낸 것이다.
- 조림·초의 양념장은 간장양념장이 있다.
- 조림·초 능력단위는 다음과 같은 작업상황이 필요하다.
- 조림국물은 재료가 잠길만큼 충분하게 부어 조린 후 타지 않게 약한 불로 조려야 한다.
- 소고기 장조림은 고기를 먼저 무르게 삶아 양념장을 넣고 조려야 간도 잘 배고 육즙과 어우러져 국물 맛이 좋으며 고기도 연하다.(양념장을 처음부터 고기와 함께 넣고 삶으면 육즙이 빠져 고기가 질겨진다)
- 초는 해삼, 전복, 홍합 등의 재료를 간장양념을 넣고 약한 불에서 끓이다가 조림보다 간이 약하고 달게 하며 조림국물이 거의 없게 졸이다가 윤기나게 조려내는 음식이다. 필요에 따라 마지막에 전분 물을 넣어 걸쭉하고 윤기나게 만들기도 한다.

✓ 능력단위 명칭 : 한식 볶음 조리

(1) 적용범위 및 작업 상황

고려사항

- 볶음 능력단위는 다음 범위가 포함된다.
  - 볶음류 : 제육볶음, 소고기볶음, 오징어볶음, 궁중떡볶이, 불고기, 멸치볶음, 마른새우볶음 등
- 볶음의 전처리란 재료의 특성에 따라 다듬기, 씻기, 썰기를 말한다.
- 볶음의 양념장은 간장 양념장과 고추장 양념장이 있다.

Chapter 2. 직무명 : 한식조리

✓ 능력단위 명칭 : 한식 전, 적 조리

(1) 적용범위 및 작업 상황

고려사항

- 전, 적, 능력단위는 다음 범위가 포함된다.
  - 전류 : 생선전, 육원전, 호박전, 표고버섯전, 깻잎전, 파전, 녹두전, 장떡, 메밀전병 등
  - 적류 : 섭산적, 화양적, 지짐누름적, 김치적, 두릅산적, 파산적, 떡산적 등
- 적은 고기를 비롯한 재료를 꼬치에 꿰어서 불에 구워 조리하는 것을 말하며 석쇠로 굽는 직화구이와 팬에 굽는 간접구이로 구분한다.
- 전·적에 사용하는 기름은 옥수수유, 대두유, 포도씨유, 카놀라유 등 발연점이 높은 기름을 사용한다.
- 한번 사용한 기름은 산화되기 쉬우므로 이물질을 제거하여 적합하게 폐유 처리해야 하며 하수구로 흘려보내서는 안된다.
- 전·적의 전처리란 다듬기, 씻기, 자르기, 수분 제거하기를 말한다.
- 전의 속 재료는 두부, 육류, 해산물을 다지거나 으깨서 양념한 것을 말한다.
- 전·적을 따뜻하게 제공하는 온도는 70℃ 이상이다.
- 전·적은 초간장을 곁들여 낸다.

✓ 능력단위 명칭 : 한식 튀김 조리

(1) 적용범위 및 작업 상황

고려사항

- 튀김 능력단위는 다음 범위가 포함된다.
  - 튀김류 : 새우튀김, 고구마튀김, 단호박튀김, 오징어튀김, 깻잎튀김, 채소튀김 등
- 튀김에 사용하는 기름은 옥수수유, 대두유, 포도씨유, 카놀라유 등 발연점이 높은 기름을 사용한다.
- 한번 사용한 기름은 산화되기 쉬우므로 이물질을 제거하여 적합하게 폐유 처리해야 하며 하수구로 흘려보내서는 안된다.
- 튀김의 전처리란 다듬기, 씻기, 자르기, 수분 제거하기를 말한다.

PART 2. NCS 능력단위별 고려사항

- 튀김 온도는 170~180℃이며 전분식품은 호화를 위해 단백질 식품보다 조리시간이 오래 걸리므로 조금 낮은 온도에서 튀긴다.
- 튀김을 따뜻하게 제공하는 온도는 70℃ 이상을 말한다.
- 튀김은 초간장을 곁들여 낸다.

✓ 능력단위 명칭 : 한식 생채 회 조리

(1) 적용범위 및 작업 상황

고려사항

- 한식 생채, 회 조리 능력단위는 다음 범위가 포함된다.
  - 생채류 : 무생채, 도라지생채, 오이생채, 더덕생채, 해파리냉채, 파래무침, 실파무침 등
  - 회류 : (생것)육회, (숙회)문어숙회, 오징어숙회, 미나리강회, 파강회, 어채 등
- 생채, 회 조리의 전처리란 다듬기, 씻기, 삶기, 데치기, 자르기를 말한다.
- 생채 양념장은 고추장, 고춧가루, 설탕, 식초, 소금 등을 혼합하여 산뜻한 맛이 나도록 만든 것이다.
- 냉채 양념장은 겨자장, 잣즙 등을 곁들인다.
  - 겨자는 봄 갓의 씨를 가루로 낸 것으로 갤수록 매운 맛이 짙어지므로 겨자가루에 40℃의 따뜻한 물을 넣고 개어서 따뜻한 곳에 엎어 20~30분 두었다가 매운맛이 나면 식초, 설탕, 소금, 연유를 넣고 잘 저어주면 겨자장이 된다.
- 생채는 양념장을 사용하기도 하지만 고춧가루를 주로 사용하여 무칠 경우에는 고춧가루로 먼저 색을 고루 들이고 설탕, 소금, 식초 순으로 간을 한다.
- 회 양념장은 고추장, 식초, 설탕 등을 혼합하여 만든 것이다.
- 회와 숙회의 차이는 날것과 익힌 것을 말한다.
- 어채 : 포를 뜬 흰 살 생선과 채소에 녹말을 묻혀 끓는 물에 데친 다음, 색을 맞추어 돌려 담는 음식이다. 봄에 즐겨 먹으며, 주안상에 어울리는 음식이다. 어채는 차게 먹는 음식이므로 생선은 비린내가 나지 않는 숭어, 민어 등의 흰 살 생선을 이용하고, 표고, 목이, 석이버섯 같은 버섯류와 채소류가 쓰이며 해삼, 전복 같은 어패류를 사용하기도 한다. 초고추장과 함께 낸다.

Chapter 2. 직무명 : 한식조리

✓ 능력단위 명칭 : 한식 숙채 조리

(1) 적용범위 및 작업 상황

고려사항

- 숙채 조리 능력단위는 다음 범위가 포함된다.
  - 숙채류 : 고사리나물, 도라지나물, 애호박나물, 시금치나물, 숙주나물, 비름나물, 취나물, 무나물, 방풍나물, 고비나물, 콩나물
  - 기타 채류 : 잡채, 원산잡채, 탕평채, 겨자채, 월과채, 죽순채, 대하잣즙채, 해파리냉채, 콩나물냉채 등
- 숙채 조리의 전처리란 다듬기, 씻기, 삶기, 데치기, 자르기를 말한다.
- 숙채 양념장은 간장, 깨소금, 참기름, 들기름 등을 혼합하여 만들거나 겨자장을 사용한다.

PART 2. NCS 능력단위별 고려사항

Chapter 3. 직무명 : 양식 조리

출처- http://www.kogl.or.kr(인용 및 재편집)

1 직무 개요

1. 직무 정의

  양식 조리는 서양식 음식을 조리사가 메뉴를 계획하고, 식재료를 구매, 관리, 손질하여 정해진 조리법에 의해 조리하며 식품위생과 조리기구, 조리시설을 관리하는 일이다.

2 능력단위별 능력단위 요소

분류번호	능력단위(수준)	수준	능력단위요소
1301010202_16v3	양식 스톡조리	2	스톡재료 준비하기
			스톡 조리하기
			스톡 완성하기
1301010203_16v3	양식 소스조리	4	소스재료 준비하기
			소스 조리하기
			소스 완성하기
1301010204_16v3	양식 수프조리	4	수프재료 준비하기
			수프 조리하기
			수프요리 완성하기
1301010205_16v3	양식 전채조리	2	전채재료 준비하기
			전채 조리하기
			전채요리 완성하기
1301010206_16v3	양식 샐러드조리	2	샐러드재료 준비하기
			샐러드 조리하기
			샐러드요리 완성하기
1301010207_16v3	양식 어패류조리	4	어패류재료 준비하기
			어패류 조리하기
			어패류요리 완성하기
1301010208_16v3	양식 육류조리	4	육류재료 준비하기
			육류 조리하기
			육류요리 완성하기
1301010209_16v3	양식 파스타조리	4	파스타재료 준비하기
			파스타 조리하기
			파스타요리 완성하기

PART 2. NCS 능력단위별 고려사항

분류번호	능력단위(수준)	수준	능력단위요소
1301010210_16v3	양식 조식조리	2	달걀요리 조리하기
			조찬용 빵류 조리하기
			시리얼류 조리하기
1301010211_16v3	양식 위생관리	2	개인 위생관리하기
			식품 위생관리하기
			주방 위생관리하기
1301010212_16v3	양식 안전관리	2	개인 안전관리하기
			장비·도구 안전관리하기
			작업환경 안전관리하기
1301010213_16v3	양식 메뉴관리	4	메뉴관리 계획하기
			메뉴 개발하기
			메뉴원가 계산하기
1301010214_16v3	양식 구매관리	3	시장조사하기
			구매 관리하기
			검수 관리하기
1301010215_16v3	양식 재료관리	2	저장 관리하기
			재고 관리하기
			선입선출 관리하기
1301010216_16v3	양식 기초 조리실무	2	기본 칼기술 습득하기
			기본기능 습득하기
			기본 조리방법 습득하기
1301010217_16v3	양식 샌드위치조리	2	샌드위치재료 준비하기
			샌드위치 조리하기
			샌드위치 완성하기
1301010218_16v3	양식 사이드 디쉬 조리	4	사이드디쉬재료 준비하기
			사이드디쉬 조리하기
			사이드디쉬 완성하기

Chapter 3. 직무명 : 양식조리

분류번호	능력단위(수준)	수준	능력단위요소
1301010219_16v1	양식 디저트조리	4	콜 디저트 조리하기
			핫 디저트 조리하기
			스페셜 디저트 조리하기
1301010220_16v1	연회조리	4	리셉션 메뉴 조리하기
			연회용 뷔페메뉴 조리하기
			연회용 코스메뉴 조리하기
1301010221_16v1	푸드 플레이팅	4	핫 푸드 플레이팅하기
			콜 푸드 플레이팅하기
			전시용 푸드 플레이팅하기
1301010222_16v1	조리외식경영	5	조리외식 이해하기
			조리외식경영 실무하기
			조리외식분야 창업하기

PART 2. NCS 능력단위별 고려사항

3   능력단위별 적용범위 및 작업 상황

✓ 능력단위 명칭 : 양식 스톡 조리

(1) 적용범위 및 작업 상황

- 이 능력단위가 다루는 요리의 범위에는 다음이 포함된다.
  - 화이트 스톡(White Stock)
  - 브라운 스톡(Brown Stock)
  - 퓨메(Fumet)
  - 부용(Bouillon)
  - 브라운 스톡은 뼈를 오븐에 구울 때 재료의 양과 상태에 따라 차이가 있으며 200℃에서 1시간 정도 구워서 준비한다.(참고문헌 미국조리학교 CIA 기준)
  - 와인은 스톡용 뼈에 있는 맛난 성분을 추출하는데 사용한다.

- 조리 용어
  - 부케가니(Bouquet Garni) : 양파에 월계수잎, 통후추, 클로브, 타임, 파슬리 줄기와 같은 것을 사용하여 만든 향초다발이다.
  - 미르푸아(Mirepoix) : 스톡의 맛을 돋우기 위해 네모나게 썬 양파, 샐러리, 당근이다.
  - 스키밍(Skimming) : 액체 위에 뜬 기름이나 찌꺼기를 걸러낸다.

- 이 능력단위는 더운 요리 부문에 해당한다.

✓ 능력단위 명칭 : 양식 소스 조리

(1) 적용범위 및 작업 상황

- 이 능력단위가 다루는 요리의 범위에는 다음이 포함된다.

Chapter 3. 직무명 : 양식조리

- 5모체 소스(5 Mother Sauce)와 파생 소스
  - 5모체 소스 : 에스파뇰 소스(Espagnol Sauce), 벨루테 소스(Veloute Sauce), 베샤멜 소스(Bechamel Sauce), 토마토 소스(Tomato Sauce), 홀렌다이즈 소스(Hollandaise Sauce)
- 퓨레 소스와 파생 소스
- 버터 소스와 파생 소스
- 소스 평가 시 완성된 소스의 색깔과 맛, 투명감, 풍미, 온도는 다양한 소스의 종류와 특성이 상이하여 하나로 된 기준으로 표현하기 어렵다.(각각의 완성된 소스는 관능평가 기준에 따른다.
- 육류 : 소, 돼지, 양 고기 등의 고기와 부속물
- 가금류 : 닭, 거위, 오리 등의 고기와 부속물

- 조리 용어
  - 부케가니(Bouquet Garni) : 양파에 월계수잎, 통후추, 클로브, 타임, 파슬리 줄기와 같은 것을 사용하여 만든 향초다발이다.
  - 미르푸아(Mirepoix) : 스톡의 맛을 돋우기 위해 네모나게 썬 양파, 샐러리, 당근이다.
  - 농후제 : 소스나 수프의 농도를 조절하는 것으로 루, 전분, 베르마니, 달걀이 있다.
  - 루(Roux) : 녹인 버터에 밀가루를 동량으로 넣어 볶은 것으로 색에 따라 화이트 루(White Roux), 블론드 루(Blond Roux), 브라운 루(Brown Roux)로 나뉘고 요리의 특징에 따라 적합한 것을 사용한다.
  - 베르마니(Beurre Manie) : 부드러운 버터에 밀가루를 섞은 것으로 소스나 수프의 농도를 맞출 때 사용한다.

- 이 능력단위는 더운 요리 부문에 해당한다.

✓ 능력단위 명칭 : 양식 스프 조리

(1) 적용범위 및 작업 상황

고려사항

- 이 능력단위가 다루는 요리의 범위에는 다음이 포함된다.

- 차우더 수프(Chowder Soup)와 파생 수프
- 미네스트로니 수프(Minestrone Soup)
- 콘소메(Consomme)와 파생 콘소메
- 크림 수프(Cream Soup)와 파생 수프
- 프렌치 어니언 수프(French Onion Soup)
- 수프 평가 시 완성된 수프의 색깔과 맛, 투명감, 풍미, 온도는 다양한 종류와 특성이 상이하여 하나로 된 기준으로 표현하기 어렵다.(각각의 완성된 수프는 관능평가 기준에 따른다.)

- 조리 용어
  - 부케가니(Bouquet Garni) : 양파에 월계수잎, 통후추, 클로브, 타임, 파슬리 줄기와 같은 것을 사용하여 만든 향초다발이다.
  - 미르푸아(Mirepoix) : 스톡의 맛을 돋우기 위해 네모나게 썬 양파, 샐러리, 당근이다.
  - 크루톤(Croutons) : 빵을 작은 주사위 모양으로 썰어서 팬이나 오븐에서 바삭하게 구운 것을 말한다.
  - 퀜넬(Quenell) : 가금류와 어류를 곱게 갈아 만든 타원형의 완자를 말한다.
  - 농후제 : 소스나 수프의 농도를 조절하는 것으로 루, 전분, 베르마니, 달걀이 있다.
  - 루(Roux) : 녹인 버터에 밀가루를 동량으로 넣어 볶은 것으로 색에 따라 화이트 루(White Roux), 블론드 루(Blond Roux), 브라운 루(Brown Roux)로 나뉘고 요리의 특징에 따라 적합한 것을 사용한다.
  - 베르마니(Beurre Manie) : 부드러운 버터에 밀가루를 섞은 것으로 소스나 수프의 농도를 맞출 때 사용한다.
  - 콜렌더(Colander) : 음식물의 물기를 제거할 때 사용

- 이 능력단위는 더운 요리에 해당한다.

✓ 능력단위 명칭 : 양식 전채 조리

(1) 적용범위 및 작업 상황

고려사항

- 이 능력단위가 다루는 요리의 범위에는 다음이 포함된다.

- 스터프드 달걀요리(Stuffed Egg)
- 새우 칵테일(Shrimp Cocktail)
- 참치 타르타르(Tuna Tartar)
- 카나페(Assorted Canape)
- 샌드위치(Sandwich)류
- 과일, 로우 햄(Raw Ham), 속을 채운 채소류, 베지타블 렐리쉬(Vegetable Relish), 케이퍼(Capers)
- 전채 평가 시 완성된 전채의 색깔과 맛, 풍미, 온도는 다양한 조리법과 재료의 특성이 상이하여 하나로 된 기준으로 표현하기 어렵다.(각각의 완성된 전채는 관능평가 기준에 따른다.)
- 조리실 온도 조절 관리 능력은 콜드키친에 알맞은 온도와 습도 채광을 관리하는 것이다.
- 전채요리에 사용되는 채소와 허브는 양상추, 상추, 당근, 샐러리, 양파, 당근과 같은 채소류와 파슬리, 딜, 로즈마리, 고수, 바질과 같은 허브를 말한다.

- 조리 용어
    - 콘디멘트(Condiments) : 전채요리와 어울리는 양념, 조미료, 향신료를 말한다.
    - 푸드 스타일링(Food Styling) : 요리를 완성하여 접시나 용기에 모양내어 아름답게 담는 것을 말한다.
    - 테이블 스타일링(Table Styling) : 레스토랑, 메뉴의 특징을 살려 아름답게 테이블과 실내를 연출하는 것을 말하며, 넓은 의미에서는 푸드 스타일링을 포함한다.
    - 베지터블 렐리시(Vegetable Relish) : 향미가 나는 채소와 재료들로 식욕을 돋우는 역할을 한다.

- 이 능력단위는 콜드 키친(Cold Kitchen)에 해당한다.

✓ 능력단위 명칭 : 양식 샐러드 조리

(1) 적용범위 및 작업 상황

고 려 사 항

- 이 능력단위가 다루는 요리의 범위에는 다음이 포함된다.

- 마요네즈, 비네그레트, 샐러드 드레싱
- 채소, 과일 샐러드
- 감자, 콩, 곡물, 파스타 샐러드
- 복합 샐러드
- 샐러드 평가 시 완성된 샐러드의 색깔과 맛, 풍미, 온도는 다양한 소스의 종류와 재료의 특성이 상이하여 하나로 된 기준으로 표현하기 어렵다.(각각의 샐러드는 관능평가 기준에 따른다.)
- 드레싱 재료는 양파, 당근, 샐러리, 피망, 실파와 같은 채소류와 식초, 겨자, 식용유, 난류 등이다.
- 콘디멘트(Condiments) : 샐러드 요리와 어울리는 양념, 조미료, 향신료를 말한다.
- 단순 샐러드용 양상추, 상추, 오이, 당근, 피망, 치커리와 같은 채소류는 깨끗이 세척하여 차가운 물에서 싱싱하게 살려 준비한다.
- 복합 샐러드에 사용되는 양파, 피망, 육류, 어패류, 파스타류, 채소류는 메뉴 특성에 맞게 손질하여 굽기, 삶기, 튀기기, 로스팅한다.
- 복합 샐러드의 경우 드레싱에 버무리기 전 양념을 해 준다.
- 샐러드는 음식의 색깔과 채소와 주재료 본연의 맛과 향이 살아 있어야 하며, 샐러드의 특성에 맞는 차가운 온도를 유지하여야 한다.
- 쿠르부용(Court Bouillon) : 어패류, 채소류를 포칭하는데 사용되는 육수로 미르푸아, 딜, 통후추, 타임, 바질 등 허브류와 레몬, 식초, 포도주가 첨가되기도 한다.

• 이 능력단위는 콜드 키친(Cold Kitchen)에 해당한다.

✓ 능력단위 명칭 : 양식 어패류 조리

(1) 적용범위 및 작업 상황

고려사항

• 이 능력단위가 다루는 요리의 범위에는 다음이 포함된다.
  - 생선류 요리
  - 갑각류 요리
  - 조개류 요리

- 어패류의 원산지, 조리법을 고려하여 선별할 수 있다.
- 조리에 요구되는 신선도를 갖고 있는지 검사할 수 있다.
- 구입 후 조리 이전까지 신선한 상태를 유지하여 보관할 수 있다.
- 생선류, 조개류, 갑각류를 손질하여 용도에 맞는 크기로 자를 수 있다.
- 요리에 알맞은 부재료와 소스를 준비할 수 있다.
- 필요한 경우 오일과 향신료를 이용하여 마리네이드(Marinade)할 수 있다.
- 어패류 조리에 필요한 조리도구(Kitchen Utensil)를 준비할 수 있다.
- 어패류 평가 시 완성된 어패류의 색깔과 맛, 풍미, 온도는 다양한 조리법과 재료의 특성이 상이하여 하나로 된 기준으로 표현하기 어렵다.(각각의 완성된 어패류 조리는 관능평가 기준에 따른다.)

- 조리 용어
  - 향신료 : 딜, 바질, 타임, 고수, 파슬리, 통후추와 같은 것을 용도에 알맞게 사용하는 것이다.
  - 부재료 : 양파, 당근, 샐러리, 감자, 애호박, 피망, 고구마, 오이와 같은 채소류와 사과, 레몬, 오렌지 같은 과일류를 사용하는 것이다.
  - 가니시(Garnish) : 딜, 바질, 타임, 고수, 파슬리와 같은 허브류와 통후추, 고추, 마늘과 같은 향신료, 레몬, 사과, 오렌지와 같은 과일류, 밀가루와 버터를 활용하여 구워낸 쿠키와 빵류를 사용하여 요리에 맛과 멋을 부여하여 장식하는 것이다.
  - 마리네이드(Marinade) : 맛과 풍미, 연육을 주재료에 부여하는 것으로 드라이 마리네이드(Dry Marinade)와 모이스트 마리네이드(Moist Marinade)가 있으며, 대부분의 마리네이드는 산을 포함하고 있다.
  - 쿠르부용(Court Bouillon) : 어패류, 채소류를 포칭하는데 사용되는 육수로 미르푸아, 딜, 통후추, 타임, 바질 같은 허브류와 레몬, 식초, 포도주가 첨가되기도 한다.

- 이 능력단위는 더운 요리부문에 해당한다.

✓ 능력단위 명칭 : 양식 육류 조리

(1) 적용범위 및 작업 상황

고려사항

- 이 능력단위가 다루는 요리의 범위에는 다음이 포함된다.

- 소, 돼지, 양 고기 등 육류요리
- 닭, 거위, 오리 등 가금류 요리
- 내장 등 부산물을 사용한 요리

- 조리 용어
  - 로스팅(Roasting) : 오븐에서 육류, 가금류, 감자 등을 구워내는 건열식 조리방법
  - 마리네이드(Marinade) : 고기나 생선, 채소 등을 재워두는 액상의 양념이다. 육질을 부드럽게 하거나 맛이 배게 하는 데 쓰이고 보통 레몬주스나 식초, 와인 같은 산과 향신료를 더해 만든다.
  - 가니시(Garnish) : 주재료에 곁들여지는 재료로서 감자, 고구마, 호박, 당근, 버섯 등 각종 채소들을 말한다.
  - 향신료 : 육류의 누린내를 없애는 기능으로서 로즈마리, 타임, 세이지 등이 사용된다.
  - 내장 : 간, 콩팥, 허파, 대장, 소장 등
  - 부산물 : 뼈, 껍질 등
  - 육류조리 평가 시 완성된 육류요리의 색깔과 맛, 풍미, 온도는 다양한 조리방법과 식재료 특성이 상이하여 하나로 된 기준으로 표현하기 어렵다.(각각의 육류조리는 관능평가 기준에 따른다.)

- 이 능력단위는 더운 요리부문에 해당한다.

✓ 능력단위 명칭 : 양식 파스타 조리

(1) 적용범위 및 작업 상황

고려사항

- 이 능력단위가 다루는 요리의 범위에는 다음이 포함된다.
  - 면 형태의 파스타
  - 여러 형태의 파스타 : 라자니아(Lasagne), 라비올리(Ravioli), 카넬로니(Cannelloni), 뇨키(Gnocchi), 리조또(Risotto) 등
  - 파스타 소스 : 오일과 버터를 기초로 한 단순 소스, 크림 베이스 파스타 소스, 해산물 소스, 채소 소스, 고기 소스, 토마토 소스 등

- 면 종류별 삶는 시간 : 스파게티(8분), 라자니아(7분), 라비올리(8분), 카넬로니(7분), 뇨키(5분)
- 건면파스타(Dry Pasta) : 밀가루와 물 등을 사용하여 만든 후 건조시킨 파스타
- 생면파스타(Fresh Pasta) : 밀가루와 물 등을 사용하여 직접 만든 파스타
- 인스턴트 파스타(Instant Pasta) : 공장에서 대량 생산된 건면 형태의 파스타
- 이 능력단위는 더운 요리 부문에 해당한다.

✓ 능력단위 명칭 : 양식 조식 조리

(1) 적용범위 및 작업 상황

고려사항

- 이 능력단위가 다루는 요리의 범위에는 다음이 포함된다.
  - 달걀요리(Egg)
    ○ 포치드 에그(Poached Egg), 삶은 달걀(Boiled Egg), 달걀 프라이(Fried Egg), 스크램블 에그(Scrambled Egg), 오믈렛(Omelet), 수플레(Souffle), 에그 베네딕틴(Egg Benedeictine)
  - 조찬용 빵(Breakfast Breads)
    ○ 프렌치 토스트(Fench Toast), 계피향 토스트(Cinamon Toast), 팬 케이크(Pancake), 와플(Waffle)
  - 시리얼류(Cereals)
    ○ 오트밀(Oatmeal), 버처 무슬리(Bircher Muessli)
- 조리 용어
  - 서니 사이드 업(Sunny Side Up) : 달걀의 한쪽 면만 살짝 익히고 노른자는 반숙으로 조리
  - 오버 이지(Over Easy) : 달걀의 양쪽 면을 살짝 익히고 노른자는 깨뜨리지 않게 조리
  - 오버 미디움(Over Medium) : 달걀의 양쪽 면을 적당히 익히게 조리
  - 오버 하드(Over Hard) : 달걀의 양쪽 면을 완전히 익히게 조리
  - 스크램블 에그(Scrambled Egg) : 달걀을 믹싱볼에 깨뜨려 넣고 우유나 생크림을 혼합하여 거품기로 잘 섞은 후에 프라이팬에 오일을 두르고 가열한 후에 달걀을 넣고 휘저어 익히게 조리
  - 보일드 에그(Boiled Egg) : 냄비에 물과 소량의 소금과 식초를 넣은 후 달걀을 통째로 삶

는 조리
- 오믈렛(Omelet) : 달걀을 믹싱볼에 깨뜨려 준비하고 프라이팬에 넣어 달걀을 럭비볼 모양으로 조리
- 에그 베네딕틴(Egg Benedeictine) : 토스트한 잉글리시 머핀 위에 햄과 수란 2알을 올려놓고 홀랜다이즈 소스를 끼얹어 살라만더에 연갈색으로 구워내는 요리
- 프랜치 토스트(French Toast) : 샌드위치 빵을 달걀물(달걀, 우유, 설탕, 바닐라 향 등)에 적셔 그릴 또는 프라이팬에 색을 내 오븐에서 익혀낸 것
- 시리얼(Cereals)류 : 시리얼류는 쌀, 귀리, 밀, 옥수수, 기장 등으로 만든 곡물요리로 더운 시리얼과 찬 시리얼이 있다.

- 신선한 달걀 선택 : 달걀의 껍질이 거칠고 반점이 없는 것, 비세척란으로 냉장보관된 달걀(세척 후 조리한다)
- 이 능력단위는 조찬부에 해당한다.

✓ 능력단위 명칭 : 양식 위생관리 (한식 위생관리 참조)
✓ 능력단위 명칭 : 양식 안전관리 (한식 안전관리 참조)
✓ 능력단위 명칭 : 양식 메뉴관리 (한식 메뉴관리 참조)
✓ 능력단위 명칭 : 양식 구매관리

(1) 적용범위 및 작업 상황

고려사항

- 이 능력단위는 양식 조리가 계획대로 차질 없이 이루어질 수 있게 하는 재료의 구매, 검수, 저장, 출고 등의 모든 과정에 관련된 실질적 업무는 물론, 원가관리 및 기타 재료와 관련된 사항들의 전반적인 업무에 적용한다.
- 구매관리는 원가관리를 위한 기초적인 단계부터 적정한 물품을 구매하는 것만이 아니라 사업을 계획, 통제, 관리하는 경영활동 전반에 이르기까지 고려해야 한다.
- 구매관리는 업장에서 필요로 하는 식재료, 소모품, 도구 및 기물의 구매를 수행하고, 이를 검수, 점검하는데 필요한 능력이다.
- 식재료의 구매 시 계절의 변화, 물가의 변동 등의 경제적인 요인이 작용하게 되므로 식재료의

구매 및 선정에 있어서 외부환경을 고려해야 한다.
- 구매계획에는 복잡한 유통절차에 대한 지식, 식품이 가지는 특성과 영양성분, 보존기간 및 변질에 관한 전반적인 지식을 가진 인력수급계획 등을 포함한다.
- 구매관리란 원활하게 수행하기 위해서 식재료와 식재료의 사용처를 파악하고 식재료 손질, 조리과정과 판매에 이르기까지 전 과정을 시스템으로 관리하는 것을 말한다.
- 식재료와 조리도구 및 기물의 합리적이고 효율적인 구매관리를 위해서는 정기적이고 치밀한 시장조사와 구매품목에 대한 특성을 고려해야 한다.
- 이 능력단위는 다음 범위가 포함된다.
  - 식재료 구매, 원산지, 검수관리와 원가관리, 메뉴 구성의 이해 등
  - 식재료의 품질, 식품영양, 식재료의 특성
- 검수해야 할 각 재료, 도구, 기타 소모품의 범위 구성, 품목의 특성에 포함되는 사항
  - 관리해야 할 주방 도구

✓ 능력단위 명칭 : 양식 재료관리(한식 재료관리 참고)

✓ 능력단위 명칭 : 양식 기초 조리실무

(1) 적용범위 및 작업 상황

고려사항

- 양식 기초 조리실무 능력단위는 다음 범위가 포함된다.
  - 칼에 대한 기본 지식과 활용 기술
  - 주방 조리기물과 도구의 종류와 활용 기술
  - 식재료 전처리 기술(Trimming Food Materials)
  - 기본 조리방법에 대한 지식과 활용 기술
  - 서양 조리 용어의 이해
  - 계량법
- 기초 기능 익히기 썰기
  - 꽁카세(Concasse) : 0.5cm의 육면으로 잘게 써는 것(0.5cm×0.5cm×0.5cm)
  - 느와젯트(Noisette) : 지름이 3cm 정도의 둥근 형태
  - 다이스(Dice) : 채소나 요리재료를 주사위 모양으로 써는 법

- 민스(Mince) : 1mm 정도로 곱게 다지는 것
- 바토네(Batonnet) : 굵은 채 썰기(4cm×0.4cm×0.4cm)
- 파리지엔느(Parisienne) : 둥근 구슬같이 써는 것으로 스쿠프(Scoop)를 이용한다.
- 페이잔느(Paysanne) : 얇은 정사각형으로 써는 것(0.6cm×0.6cm×1.2cm)
- 샤토우(Chateau) : 가운데가 굵고 양쪽 끝이 가늘게 5cm 정도의 길이로 깎는 법
- 시포나드(Chiffonade) : 가는 실처럼 가늘게 써는 법
- 아세(Hacher) : 잘게 다지는 법
- 에멩세(Emincer) : 2~3mm로 얇게 저미는 것
- 올리베트(Olivette) : 올리브 모양으로 써는 방법으로 '썬다' 는 것보다 '깎는다' 가 어울린다.
- 쥬리엔느(Julienne) : 가늘고 길게 써는 것(7cm×0.2cm×0.2cm)
- 큐브(Cube) : 주사위형으로 써는 것(1.5cm×1.5cm×1.5cm)
- 퐁느프(Pont-Neuf) : 가로 세로 6mm 정도 크기, 길이 6cm로 길게 썬 것

- 기본 조리방법
  - 건열조리(Dry Heat Cooking) : 열원을 사용하는 것을 바탕으로 기름을 사용하는 방법과 기름을 사용하지 않고 조리하는 조리방법이 있다.
  - 습열조리(Moist Heat Cooking) : 물을 가열하여 조리하는 방법이다.
  - 복합조리(Combination Heat Cooking) : 건열조리방법과 습열조리방법을 혼합하여 조리하는 방법이다.
  - 비가열조리(No Heat Cooking) : 열원을 사용하지 않고 식재료를 세척한 후 다양한 형태와 모양으로 조리하는 방법이다.

✔ 능력단위 명칭 : 양식 샌드위치 조리

(1) 적용범위 및 작업 상황

고려사항

- 이 능력단위가 다루는 요리의 범위에는 다음이 포함된다.
  - 오픈 샌드위치 및 클로즈 샌드위치
  - 콜 샌드위치 및 핫 샌드위치
  - 식사용, 티 타임용, 파티용 샌드위치

- 이 능력단위는 핫 또는 콜드 키친에 해당한다.
- 샌드위치(Sandwich)류의 색깔과 맛, 풍미, 온도
- 조리방식 또는 조리법에는 다음이 포함된다.
  ○ 토스팅, 소테, 팬프라잉, 딥프라잉, 그릴, 찌기, 삶기
- 샌드위치 평가 시 완성된 샌드위치의 색깔과 맛, 풍미, 온도는 다양한 조리법과 재료의 특성이 상이하여 하나로 된 기준으로 표현하기 어렵다.(각각의 완성된 샌드위치는 관능평가 기준에 따른다.)
- 샌드위치 요리에 사용되는 빵은 식빵, 보리빵, 바게뜨, 시아빠따, 크로아상, 베이글, 토티아 등이다.

- 조리 용어
  - 스프레드(Spread) : 빵에 바르는 소스로 마요네즈나 버터와 같은 기름기가 있는 재료이다.
    ○ 단순 스프레드(Simple Spread) : 버터나 마요네즈 자체로 이용되는 소스이다.
    ○ 복합 스프레드(Compound Spread) : 버터나 마요네즈에 각종 머스타드류나 앤초비 등을 첨가하여 사용하는 소스이다.
  - 속재료(Filling) : 샌드위치의 속재료는 샌드위치의 맛을 구성하는 가장 중요한 재료이다.
  - 가니시(Garnish) : 샌드위치의 전체적인 완성도에 영향을 미치는 요소이다. 로메인 레터스나 슬라이스하나 토마토, 얇게 썬 양파, 피클과 올리브 등은 샌드위치의 장식을 구성하는 대표적인 야채이다.
  - 푸드 스타일링(Food Styling) : 요리를 완성하여 접시나 용기에 모양내어 아름답게 담는 것을 말한다.
  - 테이블 스타일링(Table Styling) : 레스토랑, 메뉴의 특징을 살려 아름답게 테이블과 실내를 연출하는 것을 말하며, 넓은 의미에서는 푸드 스타일링을 포함한다.
- 이 능력단위는 핫 키친(Kitchen) 또는 콜드 키친(Cold Kitchen)에 해당한다.

✓ 능력단위 명칭 : 양식 사이드 디쉬

(1) 적용범위 및 작업 상황

고려사항

- 이 능력단위가 다루는 요리의 범위에는 다음이 포함된다.
  - 육류 요리에 어울리는 전분류와 채소류 사이드 디쉬 요리

- 가금류 요리에 어울리는 전분류와 채소류 사이드 디쉬 요리
- 어패류 요리에 어울리는 전분류와 채소류 사이드 디쉬 요리

- 조리 용어
  - 건열식 조리 방법(Dry heat cooking) : 건열식 조리 방법은 익히고자 하는 재료에 기름이나 공기 등을 열전달 매개체로 하여 직접 열을 가하거나 간접 열을 이용하여 조리하는 것으로, 조리 방법에 따라 기름의 양이나 온도를 조절한다.
  - 습열식 조리 방법(Moist heat cooking) : 습열식 조리 방법은 조리하고자 하는 재료에 물, 수증기나 액체 등을 열전달 매개체로 하여 조리하는 것으로, 삶기, 끓이기, 찜 등이 사용된다.
  - 복합 조리 방법(Combination cooking) : 복합 조리 방법은 조리하고자 하는 재료의 특성에 따라 건열식 조리방법(Dry heat cooking), 습열식 조리 방법(Moist heat cooking)을 모두 이용하여 조리하는 것이다. 일반적으로 겉면에 색을 내는 조리 방법에서는 건열식 조리 방법을 사용하고, 마무리 조리하는 과정에서는 습열식 조리 방법을 사용한다. 맛이나 영양가의 손실을 줄여 조리하기 위한 방법으로, 질긴 부위나 맛이 덜한 부위를 조리할 때 많이 사용한다.
  - 마리네이드(Marinade) : 고기나 생선, 채소 등을 재워두는 액상의 양념이다. 육질을 부드럽게 하거나 맛이 배게 하는 데 쓰이고 보통 레몬주스나 식초, 와인 같은 산과 향신료를 더해 만든다.
  - 가니시(Garnish) : 주재료에 곁들여지는 재료로서 감자, 고구마, 호박, 당근, 버섯 등 각종 채소들을 말한다.
  - 향신료 : 육류의 누린내를 없애는 기능으로써 로즈마리, 타임, 세이지 등이 사용된다.
  - 사이드 디쉬 조리 평가 시 완성된 사이드 디쉬 요리의 색깔과 맛, 풍미, 온도는 다양한 조리방법과 식재료 특성이 상이하여 하나로 된 기준으로 표현하기 어렵다.(각각의 사이드 디쉬 조리는 관능평가 기준에 따른다.)

- 이 능력단위는 찬 요리부문과 더운 요리부문에 해당한다.

✓ 능력단위 명칭 : 양식 디저트 조리

(1) 적용범위 및 작업 상황

고려사항

- 이 능력단위가 다루는 요리의 범위에는 다음이 포함된다.
  - 차가운 디저트(Cold Dessert) : 푸딩, 무스, 바바로아, 젤리, 샤롯트, 후르츠 샐러드, 후르츠콤포트, 텡발 엘리제, 아이스크림, 셔벗, 파르페 등
  - 핫 디저트(Hot Dessert) : 수플레, 그라탕, 플랑베, 크랩, 베니네트 등
  - 스페셜 디저트(Special Dessert) : 초콜릿 공예, 설탕 공예, 국가별 디저트, 행사 컨셉에 맞게 제작된 디저트 등

- 조리 용어
  - 에그 와시(Egg Wash) : 반죽이나 제품 등에 광택을 내기 위해 바르는 달걀물을 말함
  - 코팅(Coating) : 초콜릿이나 기타의 크림 등으로 덮어 씌우는 것을 말함
  - 아이싱(Icing) : 크림을 발라 모양을 내는 작업이나 혼당을 아이싱이라고 한다. 글라즈를 발라 광택을 내는 작업도 아이싱이라고 한다.
  - 샌드(Sand) : 케이크에서 삼단으로 된 것을 한 장 한 장 크림을 발라 포개는 것을 말한다.
  - 그랑 마르니에(Grand Marnier) : 오렌지를 주원료로 한 리큐르로 큐라소라고 한다.
  - 누아제트(Noisette) : 헤이즐넛의 프랑스어명
  - 머랭(Meringue) : 흰자에 설탕을 더해 거품을 낸 것
  - 템퍼링(Tempering) : 온도에 따라 변화하는 결정형의 성질을 이용해 안정된 결정이 만들어지도록 온도를 맞춰주는 작업이다.
  - 필링(Filling) : 빵, 케이크에 한하지 않고 여러 제품에 센터로 채우거나 끼우거나 하는 충전물의 총칭

- 이 능력단위는 디저트부에 해당한다.

✓ 능력단위 명칭 : 양식 연회 조리

(1) 적용범위 및 작업 상황

고려사항

- 이 능력단위가 다루는 요리의 범위에는 다음이 포함된다.
  - 리셉션(Reception) : 커피 브레이크, 칵테일 리셉션, 스페셜 리셉션, 와인 페어링 리셉션 등
  - 연회용 뷔페(Banquet Buffet) : 조식 뷔페, 브런치 뷔페, 점심·저녁 뷔페, 출장 뷔페, 스페셜 뷔페 등
  - 연회용 코스메뉴(Banquet a la carte dish) : 3코스 메뉴, 5코스 메뉴, 7코스 메뉴, 9코스 메뉴 등

- 조리 용어
  - 리셉션(reception) : 어떤 사람을 환영하거나 어떤 일을 축하하기 위하여 베푸는 공식적인 모임
  - 연회(Banquet) : 축하, 위로, 환영, 석별 따위를 위하여 여러 사람이 모여 베푸는 잔치
  - 일품요리(à la carte dish) : 각각의 요리마다 값을 매겨 놓고 손님의 주문에 따라 내는 요리

- 이 능력단위는 콜키친 및 핫키친부에 해당한다.

✓ 능력단위 명칭 : 양식 푸드 플레이팅

(1) 적용범위 및 작업 상황

고려사항

- 이 능력단위가 다루는 요리의 범위에는 다음이 포함된다.
  - 핫 푸드 플레이팅 : 핫 에피타이저, 수프, 메인 디쉬, 디저트 등의 조리와 푸드 플레이팅
  - 콜 푸드 플레이팅 : 콜 에피타이저, 샐러드, 디저트, 콜 플레이트 등의 조리와 푸드 플레이팅
  - 전시용 푸드 플레이팅 : 전시용 메뉴와 센타피스 제작과 설치

- 플레이팅에 적합한 가니시 만들기와 접시에 담기
- 아스픽을 활용한 음식 코팅
- 푸드 플레이팅에 필요한 조리도구(Kitchen Utensil)를 준비할 수 있다.
- 푸드 플레이팅 평가 시 완성된 푸드 플레이팅의 색깔과 맛, 풍미, 온도는 다양한 조리법과 재료의 특성이 상이하여 하나로 된 기준으로 표현하기 어렵다.(각각의 완성된 푸드 플레이팅은 해당 부문의 평가 기준에 따른다.)

- 조리 용어
  - 플레이트(Plate) : 접시담기에는 접시는 가장 기본구성요소이다. 같은 음식이라도 접시의 선택에 따라 모양과 분위기가 다르기에 음식에 어울리는 접시 선택이 중요하다.
  - 균형(Balance) : 색상, 모양, 질감, 향, 크기 등의 균형을 적절히 잘 맞추어야 성공적으로 접시 담기를 할 수 있다.
  - 콜 플레이드의 3요소(The Three Elements of Cold Food Platter) : 센터피스, 주요리의 서빙포션, 가니시
  - 플레임(Frame) : 접시를 구성하는 한 부분으로 접시의 안정감을 주는 틀
  - 림(Rim) : 접시의 일부분으로 접시 안쪽의 링 형상을 한 얇은 두께의 부분
  - 캠퍼스(Campus) : 접시 중 음식을 담는 평지부분
  - 센터 포인트(Center Point) : 접시의 정중앙
  - 이너 서클(Inner Cirle) : Rim에서 1~2cm 안쪽으로 임의의 원형을 그려 놓고 그 안쪽에 음식을 담는 곳
  - 섹션 넘버 1(Section No.1) : 접시 정중앙을 중심으로 8시에서 12시 사이 구역을 말하며 주로 탄수화물 요리를 놓음
  - 섹션 넘버 2(Section No.2) : 접시 정중앙을 중심으로 12시에서 4시 사이 구역을 말하며 주로 야채 요리를 놓음
  - 섹션 넘버 3(Section No.3) : 접시 정중앙을 중심으로 4시에서 8시 사이 구역을 말하며 주로 단백질 요리를 놓음
  - 가니시(Garnish) : 딜, 바질, 타임, 고수, 파슬리와 같은 허브류와 통후추, 고추, 마늘과 같은 향신료, 레몬, 사과, 오렌지와 같은 과일류, 밀가루와 버터를 활용하여 구워낸 쿠키와 빵류를 사용하여 요리에 맛과 멋을 부여하여 장식하는 것이다.
  - 아스픽(Aspic) : 동물의 뼈, 껍질, 근육을 푹 고았을 때 우러나오는 콜라겐 성분을 정제한 것이다. 음식을 코팅시키기 위해 사용한다.

- 쇼프루와(Chaud-froid) : 데미글라스, 베샤멜 혹은 벨루테와 같은 따뜻한 소스에 젤라틴을 넣어서 만든다.
- 블루밍(Blooming) : 젤라틴을 물에 담갔을 때 물을 흡수하면서 입자가 커지는 것을 말한다.

• 이 능력단위는 더운 요리부문과 찬 요리부문 그리고 푸드 플레이팅 부문에 해당한다.

✓ 능력단위 명칭 : 조리외식경영

(1) 적용범위 및 작업 상황

고려사항

• 이 능력단위가 다루는 조리외식경영의 범위에는 다음이 포함된다.
  - 조리 : 레스토랑 메뉴 연구 개발, 식품위생안전관리, 식품 품질평가, 연회 메뉴, 조리학 연구 등
  - 외식 경영 : 주방레스토랑 경영, 외식소비자 행동, 외식산업 리더쉽, 외식인적자원관리, 외식경영, 레스토랑 프랜차이즈, 메뉴관리, 외식원가관리, 서비스매너, 외식산업창업 및 경영, 외식산업마케팅, 외식산업 수익경영, 외식기업사례 등

• 조리 용어
  - 외식 산업(Food-Service Industry) : 식사와 관련된 음식·음료·주류 등을 제공할 수 있는 일정한 장소에서 불특정 다수에게 상업적 혹은 비상업적으로 판매 및 서비스 경영활동을 하는 모든 산업
  - 외식 영업의 3요소(QSC : Quality, Service, Cleanness) : 음식의 품질(맛), 서비스, 청결
  - 패스트 푸드(Fast Food) : 주문하면 곧 먹을 수 있다는 뜻으로 나온 단어로 소수의 직원으로 고객의 주문에 신속히 응대할 수 있다.
  - 패밀리 레스토랑(Family Restaurant) : 패스트푸드보다 가격이 높은 대신 여유 있는 테이블 서비스와 함께 식사를 즐길 수 있는 특징이 있다.
  - 일반전문식당 : 단일품목 위주로 메뉴가 구성되어 있고, 비교적 가격이 저렴한 특징이 있다.
  - 고급전문식당 : 고품질의 서비스와 분위기와 함께 주로 고가격대의 전문음식이나 고급정식 위주의 요리를 제공하는 식당이다.
  - 접객서비스 : 직업에 대한 강한 의지적 욕망과 전문적인 지식을 갖고 고객에게 행사는 종

사원의 모든 행동과 태도의 표현이다.
- 카사바나와 스미스 방법(Kasavana & Smith) : 메뉴분석방법으로 공헌이익과 판매량을 이용하여 분석하는 것으로 총이익을 증가시키기 위한 방법이다. Star, Plow Horse, Puzzle, Dogs가 있다.

- 이 능력단위는 조리외식경영에 해당한다.

PART 2. NCS 능력단위별 고려사항

직무명 : 중식 조리

출처- http://www.kogl.or.kr(인용 및 재편집)

1 직무 개요

1. 직무 정의

중식 조리는 중국음식을 제공하기 위하여 메뉴를 계획하고, 식재료를 구매, 관리, 손질하여 정해진 조리법에 의해 조리하며 식품위생과 조리기구, 조리시설을 관리하는 일이다.

2 능력단위별 능력단위 요소

분류번호	능력단위(수준)	수준	능력단위요소
1301010302_16v3	중식 절임·무침조리	2	절임·무침 준비하기
			절임류 만들기
			무침류 만들기
			절임 보관·무침 완성하기
1301010303_16v3	중식 육수·소스조리	2	육수·소스 준비하기
			육수·소스 만들기
			육수·소스 완성·보관하기
1301010304_16v3	중식 냉채조리	4	냉채 준비하기
			기초 장식 만들기
			냉채 조리하기
			냉채 완성하기
1301010305_16v3	중식 딤섬조리	4	딤섬 준비하기
			딤섬 빚기
			딤섬 익히기
			딤섬 완성하기
1301010306_16v3	중식 수프·탕조리	4	수프·탕 준비하기
			수프·탕 조리하기
			수프·탕 완성하기
1301010307_16v3	중식 볶음조리	4	볶음 준비하기
			볶음 조리하기
			볶음 완성하기
1301010308_16v3	중식 튀김조리	2	튀김 준비하기
			튀김 조리하기
			튀김 완성하기

PART 2. NCS 능력단위별 고려사항

분류번호	능력단위(수준)	수준	능력단위요소
1301010309_16v3	중식 찜조리	4	찜 준비하기 찜 조리하기 찜 완성하기
1301010310_16v3	중식 조림조리	2	조림 준비하기 조림 조리하기 조림 완성하기
1301010311_16v3	중식 구이조리	4	구이 준비하기 구이 조리하기 구이 완성하기
1301010312_16v3	중식 면조리	4	면 준비하기 반죽하여 면 뽑기 면 삶아 담기 요리별 조리하여 완성하기
1301010313_16v3	중식 밥조리	2	밥 준비하기 밥 짓기 요리별 조리하여 완성하기
1301010314_16v3	중식 후식조리	4	후식 준비하기 더운 후식류 만들기 찬 후식류 만들기 후식류 완성하기
1301010315_16v3	중식 위생관리	2	개인위생 관리하기 주방 위생관리하기 식품 위생관리하기
1301010316_16v3	중식 안전관리	2	개인 안전관리하기 장비·도구 안전관리하기 작업환경 안전관리하기

Chapter 4. 직무명 : 중식 조리

분류번호	능력단위(수준)	수준	능력단위요소
1301010317_16v3	중식 메뉴관리	4	메뉴 계획하기
			메뉴개발하기
			메뉴원가 계산하기
1301010318_16v3	중식 구매관리	3	시장 조사하기
			구매 관리하기
			검수 관리하기
1301010319_16v3	중식 재료관리	2	저장관리하기
			재고관리하기
			선입선출관리하기
1301010320_16v3	중식 기초 조리실무	2	기본 칼 기술 습득하기
			기본 기능 습득하기
			기본 조리법 습득하기
1301010321_16v1	중식 식품조각	4	식품 조각 준비하기
			식품 조각 만들기
			식품 조각완성하기

3 능력단위별 적용범위 및 작업상황

✓ 능력단위 명칭 : 중식 절임 무침 조리

(1) 적용범위 및 작업 상황

 고려사항

- 중식 절임·무침조리 능력단위는 다음 범위가 포함된다.
  - 절임류 : 양배추 절임, 무절임, 피망 절임, 양파 절임, 적채 절임, 배추 절임
  - 무침류 : 짜사이 무침, 땅콩 무침, 목이버섯 무침, 건 두부 무침, 감자채 무침, 오이 무침

- 조리 용어
  - 절임·무침 조리 재료의 산지, 특산품, 메뉴 구성은 계절에 따라 다르기 때문에 계절에 맞는지 고려해야 한다.
  - 절임 : 저장성이 강한 식재료에 소금, 설탕, 식초 등을 넣어 산소를 차단하여 무산소상태로 보존하는 조리법을 말한다.
  - 무침 : 염도, 산도, 당도가 높은 재료를 이용하여 저장성을 높인 절임류나 채소, 해초를 양념을 하여 무친 반찬이다.
  - 전처리 : 건 재료와 잡곡류를 물에 불리거나 삶기, 식재료를 다듬기, 씻기 등 조리하기 적합하게 처리한 것이다.

✓ 능력단위 명칭 : 중식 육수 · 소스 조리

(1) 적용범위 및 작업 상황

고려사항

- 육수·소스 조리 능력단위는 다음 범위가 포함된다.
  - 육수류 : 닭 육수, 돈 육수, 해물 육수, 상탕
  - 소스류 : 마늘소스, 겨자소스, 탕수소스, 깐소스, 칠리소스, 짜장소스, XO소스, 유림기소스, 전복소스, 어향소스 등이 있다.

- 조리 용어
  - 닭 육수 : 닭 뼈, 닭발, 대파, 생강 등을 넣어 끓인 육수로 중식 조리에 보편적으로 사용된다.
    예) 게살스프, 팔보채, 팔진탕면 등
  - 돈 육수 : 돈 등뼈, 돈 잡뼈, 돈 사골을 배합하여 대파, 생강 등을 넣어 끓인 육수로 중식 조리에 보편적으로 사용된다.
    예) 훠궈(중국식 샤브샤브), 탄탄면(사천식 매운탕면) 등
  - 해물육수 : 갑각류, 조개류, 생선, 다시마 등과 무, 대파, 마늘 등을 넣어 끓인 육수로 해물류 중식 조리에 주로 사용된다.
    예) 생선완자탕, 삼선탕, 짬뽕 등
  - 상탕 : 노계, 돼지방심, 중국햄, 돼지정강이뼈, 대파, 생강 등을 넣어 끓인 육수
    예) 샤스핀 스프, 불도장, 제비집요리
  - 마늘소스 : 마늘, 식초, 설탕, 간장, 소금, 레몬, 물(육수) 등을 배합하여 만든 소스
    예) 해파리냉채, 오향장육, 닭고기냉채
  - 겨자소스 : 발효한 겨자, 식초, 설탕, 간장, 소금, 물(육수), 참기름 등을 배합하여 만든 소스
    예) 오징어냉채, 양장피 잡채, 삼선냉채
  - 탕수소스 : 식초, 설탕, 간장, 소금, 물, 레몬, 파, 생강, 노두유 등을 배합하여 끓인 후 전분을 이용하여 농도를 조절하여 만든 소스
    예) 탕수육, 생선살탕수, 탕수돼지갈비
  - 깐풍소스 : 간장, 설탕, 식초, 후추, 물, 건 홍고추, 레몬 등을 넣어 끓인 소스
    예) 깐풍기, 깐풍육, 깐풍 꽃게, 깐풍 새우
  - 칠리소스 : 고추기름, 마늘, 생강, 파, 두반장, 토마토케첩, 식초, 설탕, 생강, 청주 등을 배합하여 볶은 후 물(육수)을 넣어 끓인 소스
    예) 칠리새우, 칠리소스돼지갈비
  - 짜장소스 : 볶은 춘장과 돼지고기, 각종 채소류 등을 사용하여 만든 소스
    예) 짜장면, 짜장밥
- 전처리 방법에는 다음 범위가 포함된다.
  - 식재료 손질이란 가식 부분과 비가식 부분을 구분하는 것을 의미한다.
  - 뼈는 물에 담구어 핏물을 제거 후 삶아서 사용한다.
  - 중식에서 육수는 사용하지 않는 표현으로 현장에서는 육수 대신 탕이란 용어를 사용하나 혼란을 피하기 위하여 육수라 표현을 하였다.

✓ 능력단위 명칭 : 중식 냉채 조리

(1) 적용범위 및 작업 상황

고려사항

- 중식 냉채 조리 능력단위는 다음 범위가 포함된다.
  - 냉채(량차이)는 조리과정을 통하여 차갑게 내는 요리로 재료종류와 방법에 따라 구분된다.
  - 해물류 : 오징어냉채, 해파리냉채, 전복냉채, 관자냉채, 삼선냉채, 삼품냉채, 오품냉채, 왕새우냉채
  - 고기류 : 오향장육, 빵빵지(사천식 닭고기 냉채), 쇼끼(산동식 닭고기냉채)
  - 채소류·버섯류 : 봉황냉채
  - 냉채요리에 어울리는 기초 장식 만들기 : 당근, 무, 오이 등을 이용하여 장미, 나비, 나뭇잎, 국화 등을 만들기

✓ 능력단위 명칭 : 중식 딤섬 조리

(1) 적용범위 및 작업 상황

고려사항

- 중식 딤섬 조리 능력단위는 다음 범위가 포함된다.
  - 찜 딤섬 : 수정새우교자, 게살수정교자, 찐교자, 돼지고기 소룡포, 샤오마이
  - 튀김 딤섬 : 튀김교자, 춘권, 찹쌀떡튀김
  - 지짐 딤섬 : 고기교자, 채소버섯교자
  - 삶은 딤섬 : 수 교자(물만두), 새우 훈둔(완탕)

- 조리 용어
  - 딤섬(点心)이란 속이 보이는 수정만두, 튀겨서 만드는 군만두, 물에 삶는 물만두, 발효시켜 만드는 소룡포, 포자(숙성시킨 찐만두), 단팥빵, 만두소가 겉으로 보이게 만든 샤오마이 등을 딤섬이라고 한다.

✓ 능력단위 명칭 : 중식 스프 · 탕 조리

(1) 적용범위 및 작업 상황

> **고려사항**

- 수프·탕 조리 능력단위는 다음 범위가 포함된다.
  - 맑은 탕류 : 생선완자탕, 새우완자탕, 삼선탕, 배추 두부탕, 제비집탕, 불도장
  - 걸쭉한 탕류(수프) : 달걀탕, 게살팽이탕, 게살 상어지느러미탕, 산라탕, 비취탕, 옥수수 게살탕

- 조리 용어
  - 호화 : 전분을 찬물에 분산시킨 후 가열처리하면 팽윤하여 겔화되는 것으로 수분이 많을수록 호화에 용이하다. 호화의 최저 온도는 60℃로 온도가 높을수록 호화가 잘 된다.
  - 노화 : 가열되어 겔화된 전분이 굳어서 단단한 상태가 되는 것이다. 곡류 전분은 노화가 쉽게 일어나고, 감자와 고구마 같은 서류 전분은 노화가 느리다. 수분이 30~60%일 때 잘 일어나고, 빙점 이하거나 60℃ 이상일 때에는 잘 일어나지 않는다. 0~4℃일 때 잘 일어난다.

✓ 능력단위 명칭 : 중식 볶음 조리

(1) 적용범위 및 작업 상황

> **고려사항**

- 볶음 조리 능력단위는 다음 범위가 포함된다.
  - 전분을 사용하지 않는 볶음류(초채 炒菜 chao cai 차오 차이) : 부추잡채(소구차이), 고추잡채(칭지아오러우시), 당면잡채, 토마토계란볶음
  - 전분을 사용하는 볶음류(류채 熘菜 liu cai 리우 차이) : 라조육, 마파두부, 새우케첩 볶음(깐소 하인), 채소볶음, 류산슬, 전가복, 란화우육(브로콜리소고기 볶음), 하인완스(새우완자), 마라우육, 꽃게콩 소스볶음, 부용게살

✓ 능력단위 명칭 : 중식 튀김 조리

(1) 적용범위 및 작업 상황

고려사항

- 튀김 조리 능력단위는 다음 범위가 포함된다.
  - 육류튀김 : 소고기튀김, 탕수육, 마늘돼지 갈비튀김, 레몬기, 깐풍기, 유림기
  - 갑각류튀김 : 왕새우튀김, 깐소새우, 칠리바닷가재튀김, 게살튀김
  - 어패류튀김 : 관자튀김, 굴튀김, 오징어튀김, 탕수생선
  - 채소류튀김 : 채소춘권튀김, 가지튀김, 고구마튀김
  - 두부류튀김 : 가상두부, 비파두부

✓ 능력단위 명칭 : 중식 찜 조리

(1) 적용범위 및 작업 상황

고려사항

- 찜 조리 능력단위는 다음 범위가 포함된다.
  - 육류찜 : 동파육, 팔보오리찜
  - 해물류찜 : XO새우 관자찜, 홍소 상어지느러미찜, 굴소스 표고새우찜, 어향소스 전복찜, 우럭찜
  - 기초 장식 만들기 : 당근, 무, 오이 등을 이용하여 장미, 나비, 나뭇잎, 국화 등을 만들기

- 조리 용어
  - 찜의 재료 손질이란 조리재료와 방법에 따라 다듬기, 씻기, 밑간하기, 데치기, 핏물 제거 등을 말한다.
  - 찜 요리의 적정한 온도는 60℃ 이상을 말한다.

✓ 능력단위 명칭 : 중식 조림 조리

(1) 적용범위 및 작업 상황

고려사항

- 조림 조리 능력단위는 다음 범위가 포함된다.
  - 육류 조림 : 돼지족발조림, 닭발조림, 오향장육, 난자완즈
  - 생선류 : 홍쇼 도미(간장도미조림), 홍먼 도미(매운 도미조림)
  - 채소류 : 오향땅콩조림
  - 두부류 : 홍쇼 두부
  - 조림에 어울리는 기초 장식 만들기 : 당근, 무, 오이 등을 이용하여 만들기
  - 홍쇼(紅燒) : 생선류, 고기류, 가금류, 갑각류, 해삼류를 뜨거운 기름이나 끓는 물에 데친 후 부재료와 함께 볶아 간장 소스에 조림한다.

✓ 능력단위 명칭 : 중식 구이 조리

(1) 적용범위 및 작업 상황

고려사항

- 구이 조리 능력단위는 다음 범위가 포함된다.
  - 구이 : 북경오리구이, 양꼬치구이, 차샤오(叉燒, 중국식 돼지목살구이)

- 조리 용어
  - 북경오리구이 : 오리, 오향분, 마늘가루, 소금, 고량주 물엿, 식초, 녹말 등을 이용하여 오리 껍질을 바싹하게 구워낸 요리
  - 양꼬치구이 : 꼬챙이에 작게 썬 양고기를 여러 개 꿰어서 숯불에 구운 꼬치 음식
  - 차샤오(叉燒, 중국식 돼지목살구이) : 꼬챙이에 꽂아서 불에 굽는다는 뜻이다. 돼지고기 목살덩어리를 하루 정도 핏물을 제거 후 기름을 두른 팬에 구워 간장, 조청, 월계수잎, 마늘, 양파 등의 양념을 넣은 육수에 재웠다가 200℃ 오븐에서 20~30분 구워낸 요리

PART 2. NCS 능력단위별 고려사항

✓ 능력단위 명칭 : 중식 면 조리

(1) 적용범위 및 작업 상황

고려사항

- 중식 면 조리 능력단위는 다음 범위가 포함된다.
  - 온면류 : 짜장면, 유니 짜장면, 짬뽕, 기스면, 울면, 굴탕면, 해물볶음면, 사천탕면
  - 냉면류 : 중국식 냉면, 냉짬뽕

- 조리 용어
  - 짜장면 : 돼지고기, 해산물, 양파, 호박, 생강 등을 기름에 볶아 춘장과 닭 육수를 넣고 익힌 후 물 전분으로 농도를 조절하여 삶은 면 위에 얹어 만든 음식
  - 유니 짜장면 : 곱게 다진 돼지고기와 쌀알 크기로 썬 부재료(양파, 양배추 등)를 식용유에 볶아 춘장과 닭 육수를 넣고 익힌 후 물 전분으로 농도를 정하고 삶은 면 위에 얹어 만든 음식
  - 짬뽕 : 해산물, 양배추, 양파, 고추기름, 고춧가루, 마늘, 육수 등으로 매운 국물을 만들어 삶은 국수에 부어 만든 음식
  - 기스면 : 닭 가슴살, 닭 육수, 대파, 마늘, 생강, 소금, 간장, 후추 등으로 만든 맑은 닭육수와 삶아 찢은 닭가슴살을 함께 삶은 국수에 부어 만든 음식
  - 울면 : 오징어, 홍합, 바지락 등의 해산물을 넣고 끓인 국물에 물 녹말을 풀어 걸쭉하게 만들어 면을 말아 먹는 음식
  - 굴탕면 : 닭 육수에 생굴, 죽순, 청경채, 목이버섯, 마늘, 생강, 소금 등을 넣어 국물을 만들고 삶은 국수에 부어 만든 음식
  - 해물 볶음면 : 해산물, 양파, 죽순, 목이버섯, 파, 마늘, 생강, 고추기름, 두반장, 설탕, 굴소스, 전분, 청주, 굴 소스 등의 재료로 매콤하게 볶아내고 여기에 육수와 삶은 국수를 넣어 다시 볶은 후 물 전분으로 농도를 정하여 담아낸 음식
  - 사천탕면 : 해산물(바지락, 오징어, 중새우 등), 죽순, 양파, 배추, 목이버섯, 대파, 마늘, 생강, 청주, 육수, 후추, 참기름 등으로 국물을 만들어 삶은 국수위에 부어 만든 음식

〈냉면류〉
  - 중국식 냉면 : 삶은 국수 위에 손질한 해산물(새우, 오징어 등), 삶은 고기, 오이, 표고버섯 등을 올리고 시원하게 준비한 냉면 육수를 끼얹어 만든 음식
  - 냉 짬뽕 : 닭 육수에 준비한 해산물(오징어, 새우, 홍합 등)을 데쳐내고 냉 짬뽕의 육수로

Chapter 4. 직무명 : 중식 조리

사용한다. 파, 마늘, 양파, 호박, 죽순, 고추기름, 고춧가루와 준비한 육수로 짬뽕국물을 만들고 차게 식힌다. 삶아낸 해산물과 채썬 오이를 삶은 국수 위에 얹고 찬 육수를 부어 만든 음식

✓ 능력단위 명칭 : 중식 밥 조리

(1) 적용범위 및 작업 상황

고려사항

- 밥 조리 능력단위는 다음 범위가 포함된다.
  - 덮밥류 : 유산슬덮밥, 잡탕밥, 송이덮밥, 마파두부덮밥, 잡채밥
  - 볶음밥류 : 새우볶음밥, XO볶음밥, 게살볶음밥, 카레볶음밥, 삼선볶음밥
  - XO소스 : 마른 관자, 마른 오징어, 마른 새우, 고추기름 등의 양념을 혼합하여 조리한 중식 해산물 소스

✓ 능력단위 명칭 : 중식 후식 조리

(1) 적용범위 및 작업 상황

고려사항

- 후식 조리 능력단위는 다음 범위가 포함된다.
  - 더운 후식류 : 빠스 옥수수, 빠스 고구마, 빠스 바나나, 빠스 은행, 지마구(찹쌀떡 깨무침), 빠스 찹쌀떡
  - 찬 후식류 : 행인두부, 멜론시미로, 망고시미로, 홍시아이스

- 용어 정리
  - 빠스(拔絲) : 설탕이 녹을 수 있는 온도에서 설탕 시럽을 만들어 튀긴 주재료를 버무려 제공하는 대표적인 중식 후식 요리를 말하며, 이는 누에고치에서 실을 뽑는 모양에서 유래되었다.
  - 행인두부(杏仁豆腐) : 행인(살구씨)과 한천, 우유를 이용하여 만든 디저트
  - 시미로(西米露) : 타피오카 전분으로 만든 펄을 시미로라 말하며 감, 코코넛, 복숭아 등을 이용한 샤벳 디저트

– 설탕의 융점 : 설탕이 녹아 액체로 변하는 온도

✓ **능력단위 명칭 : 중식 위생관리(한식 위생관리 참고)**
✓ **능력단위 명칭 : 중식 안전관리(한식 안전관리 참고)**
✓ **능력단위 명칭 : 중식 메뉴관리(한식 메뉴관리 참고)**
✓ **능력단위 명칭 : 중식 구매관리**

(1) 적용범위 및 작업 상황

고려사항

- 이 능력단위는 중식 조리가 계획대로 차질 없이 이루어질 수 있게 하는 재료의 구매, 검수, 저장, 출고 등의 모든 과정에 관련된 실질적 업무는 물론, 원가관리 및 기타 재료와 관련된 사항들의 전반적인 업무에 적용한다.
- 구매관리는 원가관리를 위한 기초적인 단계부터 적정한 물품을 구매하는 것만이 아니라 사업을 계획, 통제, 관리하는 경영활동 전반에 이르기까지 고려해야 한다.
- 구매관리는 업장에서 필요로 하는 식재료, 소모품, 도구 및 기물의 구매를 수행하고, 이를 검수, 점검하는데 필요한 능력이다.
- 식재료의 구매 시 계절의 변화, 물가의 변동 등의 경제적인 요인이 작용하게 되므로 식재료의 구매 및 선정에 있어서 외부환경을 고려해야 한다.
- 구매계획에는 복잡한 유통절차에 대한 지식, 식품이 가지는 특성과 영양성분, 보존기간 및 변질에 관한 전반적인 지식을 가진 인력수급계획 등을 포함한다.
- 구매관리란 원활하게 수행하기 위해서 식재료와 식재료의 사용처를 파악하고 식재료 손질, 조리과정과 판매에 이르기까지 전과정을 시스템으로 관리하는 것을 말한다.
- 식재료와 조리도구 및 기물의 합리적이고 효율적인 구매관리를 위해서는 정기적이고 치밀한 시장조사와 구매 품목에 대한 특성을 고려해야 한다.
- 이 능력단위는 다음 범위가 포함된다.
  – 식재료 구매, 원산지, 검수관리와 원가관리, 메뉴 구성의 이해 등
  – 식재료의 품질, 식품영양, 식재료의 특성
- 검수해야 할 각 재료, 도구, 기타 소모품의 범위 구성, 품목의 특성에 포함되는 사항
  – 관리해야 할 주방 도구

칼질법과 NCS 조리 실무

✓ **능력단위 명칭 : 중식 재료관리(한식 재료관리 참고)**

✓ **능력단위 명칭 : 중식 기초 조리실무**

(1) 적용범위 및 작업 상황

고려사항

- 중식 기초 조리실무 능력단위는 다음 범위가 포함된다.
  - 중식 음식문화의 특징과 종류를 알 수 있는 능력
- 중식 기초 기능은 기본적인 식재료 썰기 능력과 중식 조리 용어 익히기이다.
- 중식 기초 기능 썰기 익히기
  - (片) 피엔 piàn/편 : 편 썰기
  - (條) 티어우 tiáo/조 : 채 썰기
  - (絲) 쓸 sī/사 : 가늘게 채 썰기
  - (丁) 띵 dīng/정 : 깍둑썰기
  - (粒) 리 lì/입 또는 (未) 웨이 wèi/미 : 쌀알 크기 정도로 썰기
  - (滾刀塊) dāo kuài/곤돈괴 : 재료를 돌리면서 도톰하게 썰기
  - (泥) 니 ní/니 : 으깨서 잘게 다지기
- 중식 기초 기능 조리 용어 익히기
- 볶음 조리법
  - 초(炒 chao 차오) : 볶다라는 뜻으로, 알맞은 크기와 모양으로 만든 재료를 기름을 조금 넣고 센 불이나 중간 불에서 짧은 시간에 뒤섞으며 익히는 조리법
  - 폭(爆 bao 빠오) : 정육면체로 썰거나 칼집을 낸 재료를 뜨거운 물이나 탕 기름 등으로 먼저 열처리한 뒤 센불에서 재빨리 볶아내는 조리법
  - 류(熘 liu 리우) : 조미료에 잰 재료를 녹말이나 밀가루 튀김옷을 입혀 기름에 튀기거나 삶거나 찐 뒤, 다시 여러 가지 조미료로 걸쭉한 소스를 만들어 재료 위에 끼얹거나 또는 조리한 재료를 소스에 버무려 묻혀내는 조리법

- 튀김조리법
  - 작(炸 zha 짜) : 작(炸)은 넉넉한 기름에 밑 손질한 재료를 넣어 튀기는 조리법
  - 전(煎 jian 지엔) : 전은 뜨겁게 달군 팬에 기름을 조금 두르고 밑 손질을 한 재료를 펼쳐

놓아 중간 불이나 약한 불에서 한 면 또는 양면을 지져서 익히는 조리법
- 찜조리법
  - 증(蒸 zheng 쩡) : 증은 재료를 증기로 쪄서 익히는 조리방법이다. 청증, 분증, 포증이 있다. 청증은 조미료에 재워 맛을 배게 한 재료를 그릇에 담아 수증기로 익히는 방법
- 조림조리법
  - 팽(烹 peng 펑) : 팽은 적당한 모양으로 썬 주재료를 밑간하여 튀기거나 지지거나 볶아낸 뒤, 다시 부재료, 조미료와 함께 센 불에서 뒤섞으며 탕즙을 졸이는 조리법
  - 소(燒 shao 샤오) : 소는 조림을 말한다. 튀기거나 볶거나 지지거나 쪄서 미리 가열 처리한 재료에 조미료와 육수 또는 물을 넣고 우선 센 불에서 끓여 맛과 색을 정한 다음, 다시 약한 불에서 푹 삶아 익히는 조리법
  - 배(扒 ba 바) : 배의 기본은 소와 같지만 조리 시간이 더 길다. 완성된 요리는 부드럽고 녹말을 풀어 넣어 맛이 매끄럽다. 요리의 모양새를 흐트러뜨리지 않는 것이 관건이다. 탕즙이 비교적 많이 남는다. 산동(山東)요리(북경요리)에 가장 많이 쓰이는 조리법
  - 민(燜 men 먼) : 민은 푹 고는 것이다. 약한 불에서 뚜껑을 덮고 오래 끓이는 조리법으로 소와 비슷
  - 외(煨 wei 웨이) : 외는 조금 질긴 재료를 큼직하게 잘라 물에 살짝 데친 다음 탕을 넉넉히 붓고 센 불에서 끓이다가 약한 불에서 오랫동안 은근히 삶아 탕즙을 조리는 조리법으로 완성된 요리에는 탕즙이 비교적 많다.
  - 돈(炖 dun 뚠) : 탕을 넉넉히 붓고 재료를 넣어 오래 가열하는 방법으로 가열 방식과 열처리 방법에 따라 청돈(淸炖), 과돈(侉炖), 격수돈(隔水炖)으로 나뉜다. 청돈은 재료를 끓는 물에 살짝 데친 뒤 물에 넣고 가열하고, 격수돈은 끓는 물에 데친 재료를 그릇에 담고 탕즙을 적당히 넣은 뒤 뚜껑을 꼭 닫고 직접 불 위에서 끓이거나, 큰 팬에 물을 넣고 끓여 증기로 익힌다. 과돈은 재료에 녹말가루나 밀가루를 묻히고 다시 계란을 입혀 지져서 모양을 만든 다음 물을 넣고 끓이는 방법이다.
  - 자(煮 zhu 쮸) : 자는 삶는 것이다. 신선한 동물성 재료를 작게 썰어서 넉넉한 탕에 넣고 센 불에서 끓이다가 약한 불로 바꾸어 익히는 조리법

- 구이조리법
  - 고(烤 kao 카오) : 건조한 뜨거운 공기와 복사열로 재료를 직접 익히는 조리법으로 고는 조미된 재료를 직접 굽거나 오븐에서 굽는 것이며, 원적외선 오븐은 복사열을 이용한 것이다.
- 중식 조리도(切刀, 절도, qiedāo 치에 따오) 용어의 이해

- 채도(菜刀 càidāo 차이 따오) : 채소썰기 칼
- 참도(斬刀 zhandāo 짠 따오) : 뼈자르는 칼
- 조각도(雕刻刀 diāokèdāo 띠아오 커 따오) : 조각 칼
- 딤섬도(點心刀 diansindāo 디엔 신 따오) : 딤섬 종류 소 넣을 때 사용하는 칼
- 면도(面刀 miandāo 미엔 따오) : 밀가루 반죽 자르는 칼

✓ 능력단위 명칭 : 중식 식품조각

(1) 적용범위 및 작업 상황

고려사항

- 식품조각 능력단위는 다음 범위가 포함된다.
  - 식품조각 : 꽃 조각

- 조각 용어
  - 착(戳)도법 : U형도나 V형도로 재료를 찔러서 활용하는 도법으로 각종 꽃 조각의 외형 등에 많이 쓰이는 도법이다.
  - 절(切)도법 : 원재료를 조각하는 사물의 큰 형태를 만들 때 사용하는 도법으로, 위에서 아래로 썰기할 때 쓰는 도법이다.
  - 각(刻)도법 : 식품 조각 시 많이 사용하는 도법으로, 주도를 사용하여 재료를 위에서 아래로 깎아줄 때 주로 사용하는 도법이다.
  - 선(旋)도법 : 꽃 조각 시 많이 쓰는 도법으로 칼을 타원을 그리며 재료를 깎는 도법이다.
  - 필(筆)도법 : 세밀한 부분의 조각과 외형을 그려줄 때 사용하는 도법이다.

- 밑그림 작업(드로잉), 플레이팅, 꽃 조각을 기본으로 하며, 반복학습을 통해 기본 과정을 숙련한다.
- 조각도 사용 시 안전사항
  - 식재료의 질감이나 재료에 따라 조각도의 강약조절을 하여야 한다.
  - 반복학습을 통해 조각도가 손에 익도록 숙련한다.
  - 사용 후 조각도 날이 상하지 않도록 깨끗이 닦아 보관함에 보관한다.
  - 사용 후 조각도 날이 틀어지지 않았는지 유무를 확인한다.(날이 상하거나 틀어진 경우 힘을 가하지 않은 방향으로 나가 손을 다칠 우려가 다분하다.)

Chapter 5

PART 2. NCS 능력단위별 고려사항

직무명 : 일식 · 복어 조리

출처- http://www.kogl.or.kr(인용 및 재편집)

1 직무 개요

1. 직무 정의
　일식 · 복어 조리는 다양한 식재료와 식용 가능한 복어를 선별하여 안전하게 제독 처리하고 손질한 후 재료 본연의 맛과 계절감을 살려 위생적이고 다양한 조리법으로 조리하는 일이다.

분류번호	능력단위(수준)	수준	능력단위요소
1301010402_16v3	일식 초회조리	3	초회재료 준비하기
			초회조리하기
			초회담기
1301010403_16v3	일식 무침조리	2	무침재료 준비하기
			무침조리하기
			무침담기
1301010404_16v3	일식 국물조리	2	국물재료 준비하기
			국물우려내기
			국물요리조리하기
1301010405_16v3	일식 냄비조리	4	냄비재료 준비하기
			냄비국물우려내기
			냄비요리 조리하기
1301010406_16v3	일식 조림조리	2	조림재료 준비하기
			조림하기
			조림담기
1301010407_16v3	일식 찜 조리	3	찜 재료 준비하기
			찜 소스 조리하기
			찜 조리하기
			찜 담기
1301010409_16v3	일식 튀김조리	4	튀김재료 준비하기
			튀김옷 준비하기
			튀김 조리하기
			튀김담기
			튀김소스 준비하기
1301010410_16v3	일식 구이조리	3	구이재료 준비하기
			구이 굽기
			구이 담기

PART 2. NCS 능력단위별 고려사항

분류번호	능력단위(수준)	수준	능력단위요소
1301010411_16v3	일식 면류조리	2	면 재료 준비하기 면 국물 조리하기 면 조리하기 면 담기
1301010412_16v3	일식 밥류조리	2	밥 짓기 (녹차) 밥 조리하기 덮밥소스 조리하기 덮밥 류 조리하기 죽 류 조리하기
1301010414_16v3	일식 굳힘조리	4	굳힘 재료 준비하기 굳힘 조리하기 굳힘 담기
1301010418_16v2	복어 부재료 손질	2	채소 손질하기 복떡 굽기
1301010419_16v2	복어 양념장 준비	2	초간장 만들기 양념 만들기 조리별 양념장 만들기
1301010420_16v2	복어 껍질 굳힘조리	4	부재료 썰기 복어껍질 졸이기 복어껍질 굳히기
1301010421_16v2	복어 껍질 초회조리	2	복어껍질 준비하기 복어초회 양념 만들기 복어껍질 무치기
1301010423_16v2	복어 구이조리	3	부위별 주재료 준비하기 복어갈비 양념하기 복어불고기 양념하기 복어구이 조리 완성하기
1301010424_16v2	복어 튀김조리	4	복어튀김 재료 준비하기 복어 튀김옷 준비하기 복어튀김 조리 완성하기
1301010425_16v2	복어 찜조리	4	복어 술찜 준비하기 복어수육 준비하기 복어 술찜 완성하기 복어수육 완성하기

Chapter 5. 직무명 : 일식·복어조리

2 능력단위별 능력단위 요소

분류번호	능력단위(수준)	수준	능력단위요소
1301010428_16v2	복어 죽조리	2	복어 맛국물 준비하기
			복어 죽 재료 준비하기
			복어 죽 끓여서 완성하기
1301010429_16v2	복어 술제조	2	복어 지느러미술 만들기
			복어 정소술 만들기
			복어 살술 만들기
1301010430_16v3	일식 위생관리	2	개인위생 관리하기
			식품위생 관리하기
			주방위생 관리하기
1301010431_16v3	일식 안전관리	2	개인안전관리하기
			장비·도구 안전작업하기
			작업환경 안전관리하기
1301010432_16v3	일식 메뉴관리	4	메뉴관리 계획하기
			메뉴개발 하기
			메뉴원가 계산하기
1301010433_16v3	일식 구매관리	3	시장조사하기
			구매 관리하기
			검수 관리하기
1301010434_16v3	일식 재료관리	2	저장 관리하기
			재고 관리하기
			선입선출관리하기
1301010435_16v3	일식 기초조리 실무	2	기본 칼 기술 습득하기
			기본기능 습득하기
			기본 조리방법 습득하기

PART 2. NCS 능력단위별 고려사항

분류번호	능력단위(수준)	수준	능력단위요소
1301010436_16v3	일식 흰살생선 회조리	4	곁들임 준비하기
			흰살 회 손질하기
			흰살 회 썰기
			흰살 회 담기
1301010437_16v3	일식 붉은살생선 회조리	4	붉은살 회 준비하기
			붉은살 회 손질하기
			붉은살 회 썰기
			붉은살 회 담기
1301010438_16v3	일식 패류 회조리	4	조개류 곁들임 준비하기
			조개류 회 손질하기
			조개류 회 썰기
			조개류 회 담기
1301010439_16v3	일식 롤 초밥조리	4	롤 초밥재료 준비하기
			롤 양념초 조리하기
			롤 초밥 조리하기
			롤 초밥 담기
1301010440_16v3	일식 모둠 초밥조리	5	모둠초밥 재료준비하기
			양념초 조리하기
			모둠초밥 조리하기
			모둠초밥 담기
1301010441_16v3	일식 알 초밥조리	4	알 초밥 재료준비하기
			양념초 조리하기
			알 초밥 조리하기
			알 초밥 담기
1301010442_16v1	복어 위생관리	2	개인위생 관리하기
			식품위생 관리하기
			주방위생 관리하기
1301010443_16v1	복어 안전관리	2	개인안전관리하기
			장비·도구 안전작업하기
			작업환경 안전관리하기

Chapter 5. 직무명 : 일식·복어조리

분류번호	능력단위(수준)	수준	능력단위요소
1301010444_16v1	복어 메뉴관리	4	메뉴관리 계획하기
			메뉴개발 하기
			메뉴원가 계산하기
1301010445_16v1	복어 구매관리	3	시장조사하기
			구매 관리하기
			검수 관리하기
1301010446_16v1	복어 재료 관리	2	저장 관리하기
			재고 관리하기
			선입선출하기
1301010447_16v1	복어 기초조리실무	2	기본 칼 기술 습득하기
			기본기능 습득하기
			기본 조리방법 습득하기
1301010448_16v2	복어 선별·손질관리	4	복어종류 구별하기
			복어선도 구별하기
			저장·관리하기
			기초 손질하기
			식용부위 손질하기
			제독 처리하기
			껍질 작업하기
			독성부위 폐기하기
1301010449_16v2	복어 회 학모양조리	5	복어 살 전처리 작업하기
			복어 회뜨기
			복어 회 학모양접시에 담기
1301010450_16v2	복어 회 국화모양조리	5	복어 살 전처리 작업하기
			복어 회뜨기
			복어 회 국화모양접시에 담기
1301010451_16v2	복어 샤브샤브 조리	4	복어 맛국물 만들기
			복어 샤브샤브 준비하기
			복어 샤브샤브 완성하기

PART 2. NCS 능력단위별 고려사항

분류번호	능력단위(수준)	수준	능력단위요소
1301010452_16v2	복어 맑은탕조리	4	복어 맛국물 만들기 복어 맑은탕 준비하기 복어 맑은탕 완성하기
1301010453_16v2	복어 초밥조리	4	복어 초밥용 밥짓기 복어 배합초 만들기 복어 초밥 준비하기 복어 초밥 만들기
1301010454_16v2	복어 구슬초밥조리	4	복어 초밥용 밥짓기 복어 배합초 만들기 복어 구슬초밥 준비하기 복어 구슬초밥 만들기

Chapter 5. 직무명 : 일식·복어조리

3 능력단위별 적용범위 및 작업 상황

✓ 능력단위 명칭 : 일식 초회 조리

(1) 적용범위 및 작업 상황

> 고려사항

- 이 능력단위는 다음 범위가 포함된다.
  - 식초를 통해 절임하는 초회류
  - 각종 해조류 무침
  - 문어초회, 해삼초회, 모둠초회, 껍질초회

- 초회 준비하기 중 식재료의 기초 손질에는 다음 사항이 포함된다.
  - 생선, 어패류는 여분의 수분과 비린내를 없애기 위해 소금을 사용
  - 채소류는 소금에 주무르든지 소금물에 절여서 사용
  - 불순물이 강한 것은 물이나 식초물에 씻어낸다.

- 초회 조리 시 전처리에는 다음 사항이 포함된다.
  - 소금에 살짝 절이거나 소금물에 씻어내기
  - 식초에 절이거나 씻어내기
  - 삶거나 데쳐내거나 살짝 구워내기, 볶아내기
  - 건조된 재료는 물에 불려 사용

- 혼합초에는 다음 사항이 포함된다.
  - 이배초(니바이즈), 삼배초(삼바이즈)
  - 폰즈, 단초(아마즈), 도사 초(도사즈), 남방초(남방즈), 매실초(바이니쿠즈)
  - 깨식초, 생강식초, 사과식초, 겨자식초, 난황식초, 산초식초, 고추냉이식초

- 용도에 맞는 기물 선택 설명
  - 일본요리의 기본 중 계절감에 어울리는 기물을 선택한다.
  - 화려한 기물은 주 요리를 어둡게 만들기 때문에 지양한다.
  - 3, 5, 7, 9 등 홀수로 기물을 선택

– 작은 접시를 주로 사용한다.

✓ 능력단위 명칭 : 일식 무침 조리
(1) 적용범위 및 작업 상황

고려사항

- 이 능력단위는 다음 범위가 포함된다.
  - 각종 생선, 어패류 및 채소류 무침
  - 명란젓무침, 생선살 된장무침, 두부채소무침, 해산물 참깨양념무침

- 식재료의 기초 손질 및 전처리에는 다음 범위가 포함된다.
  - 무침조리는 생선, 어패류, 고기, 채소, 건물 등을 생것으로 또는 엷은 밑간을 해서 조리한 것을 무침 소스로 버무려 재료와 조화된 맛을 즐기는 것을 포함한다.
  - 한식의 나물무침과 비슷하여 무친 것을 오래두면 재료의 물기가 배어 나오므로 상에 올리기 직전에 무친다.
  - 삶아서 간을 하여 무치는 경우가 많으나 날것으로 사용하는 경우도 있다.

- 무침양념에는 다음 범위가 포함된다.
  - 흰 두부무침(시라아에, 두부를 쓰는 무침) : 미나리, 시금치, 쑥갓, 곤약, 송이, 생표고버섯 등
  - 참깨무침(고마아에) : 미나리, 시금치, 머위, 연근, 쑥갓 등
  - 비지무침(오카라아에) : 감자, 당근, 완두, 양파, 생표고 등
  - 겨자무침(가라시아에) : 미나리, 시금치, 쑥갓, 머우, 껍질콩, 당귀, 조개류, 오이 등
  - 초무침(스아에) : 오이, 토마토, 양배추, 양파, 당근 등
  - 산초순 무침(기노메아에) : 당귀, 연근, 오징어 등 된장과 같이 무침
  - 된장 무침(미소아에) : 생오징어, 파, 조개류, 생선 등
  - 성게젓 무침(우니아에) : 조개류, 버섯류, 껍질콩 등
  - 오이무침(규리아에) 등

- 용도에 따른 기물 선택에는 다음 범위가 포함된다.
  - 일본요리의 기본인 계절감을 살려서 기물을 선택한다.
  - 화려한 기물은 주 요리를 어둡게 만들기 때문에 지양한다.

- 3, 5, 7, 9 등 홀수로 기물을 선택
- 작은 보시기를 주로 사용한다.

✓ 능력단위 명칭 : 일식 국물 조리

(1) 적용범위 및 작업 상황

> 고려사항

- 이 능력단위는 일본요리에 있어 가장 기본이 되는 요리로서 국물이 사용되는 모든 요리에 적용 가능하다.
- 맛국물에는 다음과 같은 종류가 포함된다.
  - 일번국물, 이번국물, 다시마국물(곤부 다시)

- 맛국물의 종류에는 다음과 같은 범위가 포함된다.
  - 조미국물
  - 국물요리(즙[汁]류)
  - 된장국
  - 조개 맑은 국
  - 도미 맑은 국

- 국물요리의 향미재료에는 다음과 같은 범위가 포함된다.
  - 유자, 레몬, 산초잎, 참나물(미쓰바) 등

✓ 능력단위 명칭 : 일식 냄비 조리

(1) 적용범위 및 작업 상황

> 고려사항

- 이 능력단위는 다음 범위가 포함된다.
  - 생선, 어패류, 육류, 두부, 채소를 사용하는 냄비요리
  - 등심전골, 모둠냄비, 도미냄비, 샤브샤브, 어묵냄비 등

- 냄비요리의 양념장에는 다음과 같은 범위가 포함된다.

- 신선한 재료를 사용하며, 어패류, 육류, 채소류 등을 적절하게 배합한다.
- 냄새가 나쁘거나 끓이면 부서지는 재료는 지양한다.
- 감자, 무, 당근, 토란 등은 사전에 삶아서 사용하며, 곤약, 시금치, 배추 등은 데쳐서 사용한다.
- 생선류는 국물맛이 우러나오므로 가능한 한 빨리 끓인다.
- 쑥갓이나 참나물, 팽이버섯 등은 살짝 익혀 고명으로 사용
- 튀긴 재료는 찬물에 씻어 기름기를 제거 후 사용
- 양념장은 맛술, 설탕, 간장, 정종, 흰깨, 식초, 소금, 레몬, 양파, 다시마 맛국물, 가다랑어포, 폰즈 등을 메뉴에 따라 다양하게 섞어 만들어 먹는다.

✓ 능력단위 명칭 : 일식 조림 조리

(1) 적용범위 및 작업 상황

고려사항

- 이 능력단위는 다음 범위가 포함된다.
  - 생선, 어패류, 육류, 채소를 사용하는 조림요리
  - 도미조림 등

- 조림양념에는 설탕, 맛술, 간장, 소금, 청주, 된장, 식초 등을 포함한다.
  - 단 조림 : 맛술, 청주, 설탕을 넣어 조림
  - 짠 조림 : 주로 간장으로 조림
  - 보통조림 : 장국, 설탕, 간장으로 적당히 조미하여 맛의 배합을 생각하며 조린 것
  - 소금조림 : 소금
  - 된장조림 : 된장
  - 초 조림 : 식품을 조림한 다음 식초를 넣어 조린 것
  - 흰 조림, 푸른 조림 : 색상을 살려 간장을 쓰지 않고 소금을 사용하여 단시간이 조린 것

- 곁들임 채소는 주재료의 맛을 부가시키기 위한 역할을 하는 부재료를 말한다.
  - 표고버섯, 우엉, 당근, 꽈리고추, 죽순, 두릅 등

✓ 능력단위 명칭 : 일식 찜 조리

(1) 적용범위 및 작업 상황

> 고려사항

- 이 능력단위는 다음 범위가 포함된다.
  - 달걀찜(자완무시), 도미 술찜, 대합 술찜, 닭고기 술찜 등

- 고명이라 함은 음식의 빛깔을 돋보이게 하고 음식의 맛을 더하기 위하여 음식 위에 얹거나 뿌리는 것을 말한다.

- 찜 양념 제조법에는 다음과 범위가 포함된다.
  - 술찜(사카무시) : 도미, 전복, 대합, 닭고기 등에 소금을 뿌린 뒤 술을 부어 찐 것
  - 된장찜(미소무시) : 된장을 사용해서 냄새를 제거하고 향기를 더해줘서 풍미를 살린 것
  - 무청찜(가부라무시) : 흰살생선 위에 순무를 갈아서 계란흰자 거품낸 것을 섞어 얹어 쪄낸 것
  - 신주찜(신주무시) : 흰살생선을 이용하여 메밀국수를 삶아 재료 속에 넣거나 감싸서 찜한 것
  - 찹쌀찜(도묘지무시) : 물에 불린 도명사 전분(찹쌀을 건조시켜 잘게 부숴놓은 상태)으로 재료를 감싸거나 위에 올려놓고 찌는 것
  - 산마찜(조요무시) : 강판에 간 산마를 곁들여 주재료에 감싸서 찐 것

- 스팀(steam) 기술은 다음과 같은 범위가 포함된다.
  - 찌기를 위한 준비완료 → 찜솥 속에 액체를 넣고 랙(rack)을 올린다. → 뚜껑을 덮고 물을 끓인다. → 식재료를 랙 위에 올리고 뚜껑을 덮는다. → 수증기가 찜솥에서 빠지지 않도록 한다. → 원하는 익힘 정도까지 찐다. → 찌기 과정에서 식재료를 부분 조리하지 않는다. → 음식을 즉시 제공한다.

- 폰즈소스의 재료의 비율을 이해하고, 야쿠미 만들기 중 실파, 무, 레몬의 모양내기를 한다.
- 찜기의 종류 중 나무찜통, 스테인리스통, 알루미늄통의 장점, 단점을 이해하고 찜통을 사용하는 방법 및 유의점을 숙지한다.

PART 2. NCS 능력단위별 고려사항

✓ 능력단위 명칭 : 일식 튀김

(1) 적용범위 및 작업 상황

고려사항

- 이 능력단위는 다음 범위가 포함된다.
  - 육류, 가금류, 생선, 어패류, 채소류를 재료로 사용한 튀김
  - 재료 선별능력, 생선 대신 식재료는 어패류가 어울린다.
  - 튀김용도에 맞는 양념은 다음 범위가 포함된다.
  - 튀김(고로모아게, 덴푸라) : 튀김옷을 묻혀 튀긴 것 - 튀김간장, 소금 등
  - 양념튀김(가라아게) : 재료에 양념을 한 후 밀가루와 전분을 묻혀 튀긴 것 - 레몬 등
  - 그냥튀김(스아게) : 재료자체를 그냥 튀기는 것, 꽈리고추, 당면, 피망 등 - 소금 등
  - 변형튀김(가와리아게) : 재료에 모양을 내서 튀긴 것 - 소금 등
  - 쇠고기 양념튀김, 모둠튀김, 닭고기튀김, 새우튀김, 생선튀김, 채소튀김, 도미살 튀김 등 거의 모든 식재료를 이용한 튀김류

- 튀김옷 : 튀김옷은 재료의 수분이 과도하게 탈수되는 것을 막아주며 재료가 직접적으로 기름에 닿아 부분탈수가 일어나는 것을 막아 준다.
  - 튀김옷에 쓰이는 밀가루 : 튀김옷에 쓰이는 밀가루는 글루텐 함량이 적은 박력분을 사용한다.
  - 전분 : 전분은 탄수화물로 이루어져 튀기면 딱딱한 느낌이 있다. 이는 밀가루의 글루텐 같은 구조의 물질이 없어서다. 이의 보완을 위해 계란 흰자 같은 단백질 물질을 첨가하면 안정된 형태가 된다.
  - 튀김옷 농도 조절하기 : 일식 튀김은 부드럽고 바삭한 것이 특징인데 이 특징을 잘 표현하기 위해서 튀김옷의 농도 조절이 중요하다.
    ○ 농도 조절 포인트
    1) 달걀노른자 첨가 - 밀가루의 글루텐 활성화를 최소화하기 위해서 달걀노른자를 넣어 주는데 이는 글루텐의 활성화를 막아주는 역할을 한다.
    2) 냉수(물얼음) 첨가 - 밀가루의 글루텐은 온도가 높아지면 활성화가 잘되어 튀김이 바삭하지 않고 늘어지는 현상이 일어난다. 이를 방지하기 위해서 되도록 찬물을 이용한다.
    3) 반죽농도 - 반죽의 농도는 밀가루와 냉수의 비율이 1 : 1.2 정도로 묽게 하고 반죽을 할 때 많이 젓지 않고 나무젓가락으로 툭툭 쳐서 글루텐이 활성화되지 않도록 주

Chapter 5. 직무명 : 일식·복어조리

의한다.
- 재료에 따른 식품의 적정 온도 : 튀김 온도는 튀김의 완성도를 높이는 데 영향을 준다. 식재료에 따라 온도변화를 주지 않으면 기름을 흠뻑 먹거나 태울 수 있다. 다음 표는 식재료에 따른 적정 튀김온도와 시간을 나타낸 것이다.
  ○ 식재료에 따른 적정 튀김 온도와 시간

식재료	온도(℃)	시간(분)
채소	160~180	2~3
어류	180~190	3~4
프랜치 프라이드 포테이토	190~200	4~5
크로켓	160~170	4~5
포테이토칩	140~150	1~2
도넛	160~170	4~5
닭튀김	160~180	1~2

출처 : 김희섭·유혜경·윤재영 외(2005) 『조리과학』. 대가. p283

- 튀김옷에는 다음 범위가 포함된다.
  - 고로모 : 박력분과 달걀노른자, 얼음, 물을 사용한 것
  - 하루사메아게 : 당면을 잘라 사용한 것
  - 도묘지아게 : 찐 찹쌀을 사용한 것
  - 마쓰바 : 마른 면류를 사용한 것
  - 달걀흰자 대신 밀가루 튀김옷을 사용한 것

- 재료 가공에는 다음 범위가 포함된다.
  - 속 넣기
  - 꼬치 꿰기
  - 다지기
  - 재료 혼합하기 및 성형하기

- 튀김에 쓰이는 양념 : 튀김에 쓰이는 양념을 '야쿠미'라 하고 튀김을 찍어 먹는 소스를 '다레'라고 한다. 양념과 소스의 특징은 풍미를 더해 주고 튀김에 소스가 잘 묻도록 하는 역할을 한다.

- 덴츠유(튀김 양념간장) : 튀김을 찍어 먹는 간장 소스(가다랑어포, 육수 4 : 미림 1 : 간장 1)를 말한다. 이를 기본으로 매실육, 우스타소스, 유자초를 넣어 풍미를 높이기도 한다.
- 야쿠미(곁들임 양념) : 곁들임 양념의 종류는 다양하다. 이 중에 매운맛을 내는 시치미(일곱가지 향미를 넣는 양념), 유즈코쇼(유자와 고추를 간 양념), 산미를 내는 레몬, 유자, 영귤 등이 있고 풍미를 더하기 위해 간 생강, 다진 실파, 간 무 등이 있다.
- 양념 소금 : 신선한 재료로 튀김을 할 경우 조미된 양념보다 향이 가미된 소금이 재료 고유의 맛을 더해 준다. 주로 향로를 소금에 갈아 넣는 데 산초, 말차, 카레, 파래 등이 많이 쓰인다.

- 튀김 곁들임에는 다음 범위가 포함된다.
  - 튀김간장(덴 다시), 소금, 가감초(삼바이즈), 감귤류(영귤, 레몬, 라임, 유자) 등
  - 생강즙, 실파 무즙
  - 가다랑어포(가츠오부시), 미림, 간장, 시치미, 유자, 풋고추, 레몬, 생강, 무, 매실육, 실파, 산초가루, 소금

- 튀김 담기
  - 채소 담기 : 색상이 보이도록 담아낸다.
  - 해산물 담기 : 새우는 꼬리 부분이 위로 올라오게 세우고 생선도 가는 쪽이 위로, 두꺼운 쪽이 아래로 가게 담아낸다.
  - 육류 담기 : 육류는 봉오리와 같이 쌓아 올려 담아낸다.
  - 고저법 : 여러 종류의 튀김을 담을 때는 높고 낮은 정도가 다르기 때문에 안정된 구도에 맞추어 담는 것이 중요하다. 접시 왼쪽 뒤를 높게 하고 오른쪽 앞을 낮게 하여 밑면이 가장 긴 삼각형 형태로 담는다.
  - 색감법 : 재료 고유의 색을 돋보이게 담는 방법으로 표면의 색이 보이도록 담아내며 왼쪽이 붉은색, 오른쪽이 푸른색이 오도록 담아 색감이 안정되게 보이도록 하는 방법이다.

✓ 능력단위 명칭 : 일식 구이

(1) 적용범위 및 작업 상황

고려사항

- 이 능력단위는 다음 범위가 포함된다.

- 어패류, 육류, 가금류를 재료로 사용한 구이
- 소금구이(시오야키) : 연어구이, 도미구이, 삼치구이, 은어구이, 송이구이 등
- 간장양념구이(데리야키) : 방어, 장어, 쇠고기, 닭고기 등
- 된장절임구이(미소쓰케야키), 은대구, 옥도미, 병어, 삼치, 소고기 등
- 유안야키
- 팬, 철판구이

- 구이의 열원에는 다음 범위가 포함된다.
  - 숯불 등의 직화 열기구
  - 가스 불
  - 전열
  - 오븐

- 구이의 맛에 어울리는 곁들임(아시라이)에는 다음 범위가 포함된다.
  - 초절임 연근, 무초절임, 햇생강대(하지카미), 초절임 등
  - 밤 단 조림, 고구마 단 조림, 금귤 단 조림 등
  - 머위, 우엉, 꽈리고추 간장양념조림
  - 레몬, 영귤 등

✓ 능력단위 명칭 : 일식 면류 조리

(1) 적용범위 및 작업 상황

고려사항

- 이 능력단위는 다음 범위가 포함된다.
  - 냄비우동, 튀김우동, 찬 우동, 온 우동, 우동볶음 등
  - 소면 및 라멘
  - 찬 메밀국수, 튀김 메밀국수, 온 메밀국수, 볶음 메밀국수 등

- 면 조리에 맞는 부재료와 양념에는 다음 범위가 포함된다.
  - 부재료 : 쑥갓, 팽이버섯, 당근, 오이, 표고버섯, 김, 실파, 죽순, 무, 와사비, 과일 등
  - 양념 : 가다랑어포, 다시마, 연간장, 맛술, 청주, 진간장, 소금 등

- 면 조리에 맞는 맛국물에는 우동맛국물, 다시마맛국물, 가다랑어포맛국물을 포함한다.
- 면 요리의 종류에 맞는 맛국물
    - 면 요리의 종류에 알맞은 맛국물을 만드는데 필요한 재료를 준비한다.
    - 우동에는 다시물, 간장, 소금, 설탕, 맛술, 청주로 조미하여 우동다시를 만든다.
    - 소바는 가께소바인지 자루소바인지에 따라 소바쯔유의 염도와 농도를 다르게 만든다.
    - 라멘은 보통 돼지뼈를 삶아서 돈코쯔 국물을 준비하고 소면은 맑고 담백한 맛국물을 준비한다.
    - 볶음우동이나 야끼소바처럼 국물이 없는 요리는 볶을 때 진한 소스가 필요하다. 설탕과 간장을 1 : 3~1 : 4 정도로 혼합하여 끓여서 식혀두고 사용하는데, 이것을 모도간장이라고 한다.

- 면 요리의 메뉴에 따른 알맞은 기물
    - 국물이 있는 면 요리 : 국물이 있는 우동이나 가께소바 같은 경우에는 깊이가 있고 넓이가 적당한 그릇을 준비한다.
    - 국물 없는 면 요리 : 볶음우동이나 냉우동 같은 경우에는 넓고 얕은 접시를 준비한다.
    - 자루소바(모리소바) : 자루소바(모리소바)는 물기가 빠질 수 있는 그릇을 준비한다.

- 각 요리의 특징을 살리는 고명 올리기
    - 색이 하얀 소면요리에는 붉은 어묵(찐어묵의 일종인 가마보꼬), 실파, 하리노리를 고명으로 올린다. 소면에는 달걀을 풀어서 올리는 경우가 많다.
    - 가께소바, 가께우동에는 실파, 하리노리, 덴까스 등을 고명으로 올린다. 부재료의 색상과 크기 등을 고려하여 보기 좋게 담는다.
    - 자루소바나 냉소바처럼 국물 없이 접시에 면만 담아서 제공하는 경우에는 대부분 면사리 위에 하리노리를 올린다. 와사비나 실파를 찍어 먹는 쯔유와 함께 작은 그릇에 담아낸다.

- 면의 보관 및 보존 조치에는 다음 범위가 포함된다.
    - 밀폐, 밀봉 보관
    - 냉장, 냉동
    - 건조

✓ 능력단위 명칭 : 일식 밥류 조리

(1) 적용범위 및 작업 상황

고려사항

- 이 능력단위는 다음 범위가 포함된다.
  - 쌀 또는 다른 곡류가 들어간 잡곡밥
  - 덮밥류(규동, 덴동, 카츠동)
  - 차덮밥(오차즈케, 연어차즈케, 매실, 김)

- 쌀은 밥 짓기 1시간에 전에 불려 채에 받쳐 놓는다.
- 녹차 맛국물은 녹차물과 맛국물을 1 : 1, 또는 비율에 맞게 조합하는 것을 말한다.
- 녹차밥의 고명에는 김, 깨, 와사비 등을 말한다.
- 고명이라 함은 메뉴에 따라 먹기 좋게 장식하는 것을 말한다.
- 덮밥 맛국물에는 다시마국물, 가다랑어포 국물을 포함한다.
- 덮밥용 맛국물 만들기
  - 다시물에 간장, 설탕, 맛술로 조미하여 맛국물을 만든다.
  - 덮밥은 맛국물의 농도를 비교적 진하게 맞춰서 다른 찬 없이 식사를 할 수 있도록 한다.
  - 때로는 장어덮밥처럼 맛국물이 없이 진한 소스(타레)로 조리하여 덮밥을 만드는 경우도 있다.

- 맛국물에 튀기거나 익힌 재료는 다시마국물이나 가다랑어포 국물에 데치거나, 다시마국물이나 가다랑어포 국물에 익힌 재료를 넣고 덮밥을 만들 수 있다는 것을 말한다.
- 덮밥의 종류
  - 오야코돈(親子どん)부리 : 닭고기와 파 등을 양념으로 해서 삶아 달걀을 얹은 것
  - 덴돈(天どん)부리 : 밥에 덴푸라 등을 얹어 양념에 찍어먹는 것
  - 가이카돈(開花どん)부리 : 쇠고기 혹은 돼지고기에 양파를 넣고 달걀으로 양념을 하여 밥 위에 얹은 것이라는 이름의 유래는 문명개화기에 들어온 양파를 사용한 음식이기 때문
  - 다마돈(玉どん)부리 : 파 등을 달걀에 섞어 쪄서 밥 위에 얹은 것
  - 우나기돈(鰻どん)부리 : 밥 위에 양념한 우나기를 얹은 것
  - 가레돈(カレどん)부리 : 쇠고기나 채소를 카레가루에 양념하여 삶은 후 밥에 얹은 것
  - 가루비돈(カルビどん)부리 : 밥 위에 갈비 불고기를 얹은 것
  - 고노하돈(木の葉どん)부리 : 튀김과 어묵을 달걀로 양념해서 밥 위에 얹은 것

- 뎃카돈(鐵火どん)부리 : 초밥에 참치회를 얹어 와사비를 첨가한 돈부리로서, 간장에 찍어 취식
- 다닝돈(他人どん)부리 : 돼지고기나 쇠고기를 달걀에 섞어 찐 후 밥 위에 얹음
- 가키아게돈(かきあげどん)부리 : 가키아게(조개, 새우, 채소 튀김)를 밥 위에 얹어 양념에 찍어 먹는 것
- 시지미돈(しじみどん)부리 : 바지라기(가막조개)를 익힌 후 밥 위에 얹어 먹는 것
- 교다이돈(兄弟どん)부리 : 뱀장어와 미꾸라지를 달걀에 섞어 익힌 후, 밥 위에 얹은 것

• 죽 맛국물에는 가다랑어포 맛국물, 다시마 맛국물 등을 포함한다.
• 이 능력단위는 다음과 같은 작업상황이 필요하다.
  - 밥 씻기(조우스이)
  - 쌀 씻기(오카유)
  - 죽의 농도 조절 방법
  - 불 조절 방법

✓ 능력단위 명칭 : 일식 굳힘 조리

(1) 적용범위 및 작업 상황

고려사항

• 이 능력단위는 다음 범위가 포함된다.
  - 양갱, 참깨두부, 옥수수두부, 우유두부 등

• 사각 굳힘 틀이란 굳힘 조리를 하기 위하여 스테인리스제의 사각형 상자에 이중으로 되어 있어 상자를 들어올리면 속의 재료를 꺼낼 수 있도록 사각 틀을 빼기 좋게 특별히 제작된 것을 말한다.

• 굳힘 조리의 맛국물은 가다랑어포 국물을 말한다.

✓ 능력단위 명칭 : 복어 부재료 손질

(1) 적용범위 및 작업 상황

고려사항

- 부재료 손질 능력단위는 다음 범위가 포함된다.
  - 부재료 품질상태의 검수
  - 부재료의 용도에 따른 손질
  - 조리도구의 용도별 취급 상태
  - 식재료의 성질에 따른 익히는 순서
  - 완성그릇에 담을 때 색상의 조화

✓ 능력단위 명칭 : 복어 양념장 조리

(1) 적용범위 및 작업 상황

고려사항

- 양념장 준비 능력단위는 다음 범위가 포함된다.
  - 양념장 재료 품질의 검수
  - 양념장 재료의 용도에 따른 손질
  - 조리도구의 용도별 취급 상태
  - 초간장(폰즈)
  - 양념(야쿠미)

✓ 능력단위 명칭 : 복어껍질 굳힘 조리

(1) 적용범위 및 작업 상황

고려사항

- 복어껍질 굳힘 조리 능력단위는 다음 범위가 포함된다.
  - 복어껍질 품질의 검수
  - 복어껍질의 용도에 따른 손질

PART 2. NCS 능력단위별 고려사항

- 복어껍질의 취급 상태
- 복어껍질 굳힘(니코고리)

✓ 능력단위 명칭 : 복어껍질 초회 조리
(1) 적용범위 및 작업 상황

고려사항

- 복어껍질 초회 조리 능력단위는 다음 범위가 포함된다.
  - 복어껍질 품질의 검수
  - 복어껍질의 용도에 따른 손질
  - 복어껍질의 취급 상태
  - 양념 구성 재료 배합 능력
  - 초간장(폰즈)
  - 양념(야쿠미)

✓ 능력단위 명칭 : 복어구이 조리
(1) 적용범위 및 작업 상황

고려사항

- 복어구이 조리 능력단위는 다음 범위가 포함된다.
  - 복어 양념구이
  - 복어 된장구이
  - 복어구이 재료의 처리방법
  - 구이용 도구의 사용방법

Chapter 5. 직무명 : 일식·복어조리   299

✓ 능력단위 명칭 : 복어튀김 조리

(1) 적용범위 및 작업 상황

고려사항

- 복어튀김 조리 능력단위는 다음 범위가 포함된다.
  - 복어 살튀김(덴뿌라)
  - 복어 양념튀김(가라아게)
  - 복어 원형튀김(스아게)
  - 복어 변형튀김(카와리아게)

✓ 능력단위 명칭 : 복어찜 조리

(1) 적용범위 및 작업 상황

고려사항

- 복어찜 조리 능력단위는 다음 범위가 포함된다.
  - 복어의 종류에 따른 찜용 재단
  - 술찜을 할 수 있는 능력
  - 수육용 복어살 포 뜨기 능력
  - 주재료와 부재료의 익힘 정도

✓ 능력단위 명칭 : 복어 죽 조리

(1) 적용범위 및 작업 상황

고려사항

- 복어 죽 조리 능력단위는 다음 범위가 포함된다.
  - 정소(시라코)죽
  - 밥 씻기(죠스이)
  - 쌀 씻기(오카유)
  - 복어 죽의 농도 조절 능력

✓ 능력단위 명칭 : 복어 술 제조

(1) 적용범위 및 작업 상황

고려사항

- 복어 술 제조 능력단위는 다음 범위가 포함된다.
  - 정소(시라코)
  - 지느러미, 정소, 복어살의 전처리 작업능력
  - 지느러미, 정소, 복어살을 구울 때 불 조절능력
  - 청주(사케)의 종류와 음용방법
  - 청주의 온도조절 능력

✓ 능력단위 명칭 : 일식 위생관리(한식 위생관리 참고)
✓ 능력단위 명칭 : 일식 안전관리(한식 위생관리 참고)
✓ 능력단위 명칭 : 일식 메뉴관리(한식 위생관리 참고)
✓ 능력단위 명칭 : 일식 구매관리(한식 위생관리 참고)
✓ 능력단위 명칭 : 일식 재료관리(한식 위생관리 참고)

✓ 능력단위 명칭 : 일식 기초 조리실무

(1) 적용범위 및 작업 상황

고려사항

- 기초 기능 익히기는 기본적인 식재료 썰기인 기본 썰기, 채썰기, 깍둑썰기, 돌려 깎기, 연필깎기 썰기, 모서리 깎기, 모양 썰기, 엇갈려 썰기, 모양 만들기, 다지기 등이 있다.
- 이 능력단위는 다음 범위가 포함된다.
  - 조리도구의 사용 전·후 세척하여 관리하는 능력
  - 칼을 용도별로 다룰 수 있는 능력

- 곁들임을 준비하고 사용할 수 있는 능력
- 양념을 준비하고 사용할 수 있는 능력
- 맛국물 조리에 사용되는 재료와 조리방법
- 조리도구를 정리하고 보관할 수 있는 능력
- 일식음식문화의 특징과 종류를 이해할 수 있는 능력
- 일식 조리 용어의 이해
  - 생선회칼(사시미보쵸)
  - 채소용 칼(우스바)
  - 토막칼(데바보쵸)
  - 장어손질 칼(우나기보쵸)
  - 메밀국수 칼(소바기리보쵸)
  - 김초밥 칼(노리마키보쵸)
- 어패류 품질의 검수
- 개인위생 및 작업장 위생에 대한 법률적 기준은 식품위생법 및 동법 시행령, 시행규칙과 이에 관련한 제반기준에 의한다.
- 소독, 방충 및 방서 장비와 활동에는 물리적, 화학적, 전기적인 도구·장비와 관리활동을 포함한다.
- 조리량에 따른 환산은 기준 레시피(1인, 100인)를 실제 조리량에 맞추어 환산하는 것을 의미한다.
- 어패류의 선도 유지 활동의 포함사항, 재료의 보관방법에는 냉동(-50℃~-20℃), 냉장(0℃~5℃), 건냉소 보관이 포함된다.
- 조리도구의 사용 전후 세척하여 관리하는 능력
- 기본적인 식자재 썰기에는 채썰기, 깍둑썰기, 돌려깎기, 다지기 등이 포함된다.
  (이하 내용은 한식과 동일)

✓ 능력단위 명칭 : 일식 흰살생선 회 조리

(1) 적용범위 및 작업 상황

고려사항

- 이 능력단위는 다음 범위가 포함된다.

- 흰살생선, 등 푸른 생선, 민물생선 회
- 굽거나 데친 회
- 초, 다시마 절임 회
- 도미 회, 모둠 생선 회 등
- 부재료(쓰마, 겡)의 곁들임

• 재료의 전처리에는 다음 범위가 포함된다.
- 활어의 살 처리
- 내장, 지느러미, 비늘, 잔가시의 제거
- 포 뜨기

• 생선회 재료 처리법에는 다음 범위가 포함된다.
- 담수로 씻기(아라이)
- 살짝 데치기(마쓰카와 쓰쿠리)
- 살짝 구워 식히기(야키 시모후리)
- 다시마 절임(고부지메)
- 초절임(스지메)
- 계란노른자 묻히기(기미마부시)

• 접시를 차갑게 준비한다는 것은 생선이므로 신선도를 생각하여 위생적이고 선도를 유지하기 위하여 기물을 차갑게 하거나 차갑게 느껴지는 기물을 선택한다.

• 회 자르기에는 다음 범위가 포함된다.
- 평 썰기(히라 쓰쿠리)
- 당겨 썰기(히키 쓰쿠리)
- 가늘게 썰기(이토기리)
- 얇게 썰기(우스쓰쿠리)
- 각 썰기(가쿠기리)
- 데쳐 썰기(유비키쓰쿠리)
- 뼈 채 썰기(세코시)

• 양념간장에는 다음 범위가 포함된다.
- 폰즈, 간장, 초 된장

- 회 간장 만들기
  - 도사조유 : 흰살 생선, 붉은살 생선, 등 푸른 생선을 포함한 대부분의 어패류에 잘 어울리는 도사스 회 간장은 대체로 진간장에 가다랑어포만의 독특한 감칠맛과 향기를 첨가해 만들지만, 경우에 따라 청주를 더하거나 다시마, 조림간장, 국간장을 더해 만들기도 한다.
    - 냄비에 다시마 맛국물, 알코올을 날린 청주와 미림을 넣고 약 불에 천천히 끓여 전체수분이 10% 정도 날아가면 불에서 내린다.
    - 여기에 조림간장과 가다랑어포를 넣고 그대로 식힌 다음 국물을 거른다.
  - 폰즈 : 감귤류를 짜낸 즙에 진간장을 잘 혼합한 소스이다. 보통 등자나무 열매를 사용하지만 등자나무 열매 대신에 초귤나무 열매나 유자 열매 등을 사용하는 경우도 있다. 폰즈의 맛이 너무 짙을 때는 다시마 국물이나 알코올 성분을 제거한 청주로 맛을 조절한다. 광어, 복어, 돌도다리 등 흰살 생선에 맞는 소스이다.
    - 용기에 진간장을 넣고 영귤 열매즙을 넣는다.
    - 다시마는 깨끗한 행주로 이물질을 닦아 내고 넣는다.
    - 가다랑어포를 용도에 맞게 넣는다.
    - 청주 미림을 첨가한다.
    - 1주일 동안 숙성을 시킨 후 소창에 걸러 용도에 맞게 사용하면 된다.
  - 내장 회 간장(기모조유, 肝醬油) : 전복이나 소라, 아귀, 쑤기미, 돔, 쥐치 내장과 간을 체에 걸러서 도사스 간장 등을 첨가하여 걸쭉하게 만든 회 간장이다. 끓는 물에 데치기 전에 내장을 소금으로 살짝 문질러 씻는 게 일반적이지만, 전복의 경우에는 그럴 필요가 없다. 선도가 좋을 경우 날것을 그대로 다져 사용해도 좋다. 전복이나 소라 등은 회에 잘 어울리는 간장이다.
    - 전복의 내장을 끓는 물에 살짝 데쳐낸다
    - 데쳐진 전복 내장을 얼음물에 넣어 식힌다.
    - 내장의 볼록한 부분의 모래주머니에 칼집을 넣어 모래를 제거한다.
    - 내장 주머니에서 내장을 꺼낸 후 칼로 다져 혼합한다.
    - 촘촘한 체 위에 놓고 나무 주걱으로 거른다.
    - 작은 볼에 거른 내장을 넣고 도사스 간장을 첨가하여 걸쭉하게 될 때까지 잘 저어 준다.
  - 매실 장아찌 회 간장(바이니쿠조유, 梅肉醬油) : 매실 장아찌와 간장을 혼합하여 맛술을 첨가하여 만드는 방법이 일반적이다. 그러나 매실장아찌즙만으로는 짠맛이 강해 전분을 풀어서 만든다. 분을 걸쭉하게 만들어 넣으면 회에 묻히기 쉽고 흘러내리지 않아서 좋다.

매실 장아찌 회 간장에 잘 어울리는 회는 흰살 생선류와 갯장어 그리고 양태나 문어 등이다.
- ○ 냄비에 청주과 물을 2 : 1 비율로 넣고 불을 올린다.
- ○ 끓인 뒤 전분을 물에 풀어서 끓는 냄비에 넣는다.
- ○ 투명감이 살아나면 불에서 내린다.
- ○ 체에 걸러둔 매실 장아찌즙을 잘 풀어 준다.
- ○ 진간장을 넣어 농도를 조절한다.

- 회요리에는 항상 츠마(妻)가 같이하는데 츠마의 역할은 다음과 같다.
  - 생선 특유의 비린내를 없애주며, 소화작용을 도와준다.
  - 색상을 좋게 하여 계절의 풍미를 한결 더해 준다.
  - 채소와 회요리의 종합적인 맛을 결정해 준다.
  - 개운한 맛으로 입가심 역할을 해준다.
  - 그릇에 담아낸 회요리를 계절감 있게 연출해 준다.

- 곁들임에는 생미역, 국화꽃, 모자반, 참나물, 원추리, 차조기(시소), 유채꽃, 오이꽃, 햇고사리, 난꽃, 대나무잎 등을 포함한다.
- 회를 장식하는 방법
  - 공간미를 살려서 균형있게 담는다.
  - 화려하면 생선회의 가치가 저하되기 때문에 고려해야 한다.
  - 양은 많지 않게 한다.
  - 계절감을 살린다.
  - 맛의 중복을 피한다.
  - 생선의 특성에 따라 켜는 방법을 달리한다.

- 회 담기에는 다음 범위가 포함된다.
  - 생선의 통모양 살려 담기
  - 산 모양 담기, 모둠생선회 담기, 꽃모양 담기 등
- 회 장식의 종류
  - 기수 담기 : 평썰기를 한 회를 홀수로 담는 방법
  - 혼합 담기 : 색과 맛, 형태를 맞추어 여러 종류의 재료를 혼합하여 담는 방법
  - 겹쳐 담기 : 가늘게 채 썬 회를 겹쳐서 부피감있게 장식하는 방법
  - 뭉쳐 담기 : 형태에 관계없이 장식하는 방법

- 모습 담기 : 회를 뜨고 남은 생선의 형태를 그대로 살려 장식하는 방법
- 선상 담기 : 작은 배 모양의 잎 위에 생선회를 담는 방법
- 산수 담기 : 한 폭의 아름다운 산수화처럼 담는 방법
- 화조 담기 : 꽃과 새 모양으로 회를 담아내는 방법

✓ **능력단위 명칭 : 일식 붉은살생선 회 조리(일식 흰살생선 회 조리와 동일)**

✓ **능력단위 명칭 : 일식 패류 회 조리(일식 흰살생선 회 조리와 동일)**

✓ **능력단위 명칭 : 일식 롤 초밥 조리**

(1) 적용범위 및 작업 상황

고려사항

- 이 능력단위는 다음 범위가 포함된다.
- 재료에 따른 초밥의 종류에는 다음과 같은 범위가 포함된다.
    - 김 초밥(마키즈시)
    - 생선 초밥(니기리즈시)
    - 상자 초밥(하코즈시)
    - 군함 초밥(군캉마키)
    - 유부 초밥, 알초밥
    - 참치김초밥(데카마키)
    - 오이김초밥(갑파마키)
    - 손말이 김밥(데마키)
- 초밥의 곁들임에는 락교, 초생강, 단무지, 오차, 장국 등을 포함한다.
- 스시 재료의 준비과정에는 다음 범위가 포함된다.
    - 배합초(스시즈)
    - 주재료(다네)
    - 참치(마구로)의 해동
    - 생선의 포 뜨기
    - 달걀, 유부의 조리

- 박고지 조림하기
- 오보로 만들기

- 초밥 도구
  - 강판(사메가와), 김발(마키스), 눌림 상자(오시바코), 초밥 버무리는 통(한기리), 뼈 뽑기(호네누키), 초밥 밥통(샤리비츠)

- 배합초 만들기
  - 식초, 소금, 설탕을 준비한다.
  - 은은한 불에서 식초에 소금, 설탕을 넣어가면서 천천히 저어 준다. 소금과 설탕이 녹을 수 있도록 한다.
  - 소금과 설탕이 녹을 수 있도록 한다. 끓지 않도록 해야 한다.

- 배합초 뿌리기
  - 초 양념은 밥을 짓기 30분 전에 만들어 놓는다. 30분 전에는 만들어 놓아야 재료들이 잘 섞이기 때문이다.
  - 식초와 소금, 설탕이 눌지 않게 녹인다.
  - 밥이 식으면 흡수력이 떨어지므로 한기리(나무통)에서 주걱을 이용하여 밥과 초양념을 섞는다. 부채 등을 이용하여 밥에 남아 있는 여분의 수분을 날려 보내고, 초밥의 온도가 사람 체온(36.5℃) 정도로 식으면 보온밥통에 담아 놓는다.

- 초밥간장 : 초밥간장은 일반 간장에 비해 싱겁게 만들어야 한다.

✓ 능력단위 명칭 : 일식 모둠초밥 조리

(1) 적용범위 및 작업 상황

- 이 능력단위는 다음 범위가 포함된다.
- 재료에 따른 초밥의 종류에는 다음과 같은 범위가 포함된다.
  - 김 초밥(마키즈시)
  - 생선 초밥(니기리즈시)
  - 상자 초밥(하코즈시)

- 군함 초밥(군캉마키)
- 유부 초밥, 알초밥
- 참치김초밥(데카마키)
- 오이김초밥(갑파마키)
- 손말이 김밥(데마키)

- 초밥의 곁들임에는 락교, 초생강, 단무지, 오차, 장국 등을 포함한다.
- 스시 재료의 준비과정에는 다음 범위가 포함된다.
  - 배합초(스시즈)
  - 주재료(다네)
  - 참치(마구로)의 해동
  - 생선의 포 뜨기
  - 달걀, 유부의 조리
  - 박고지 조림하기
  - 오보로 만들기

- 초밥 도구
  - 강판(사메가와), 김발(마키스), 눌림 상자(오시바코), 초밥 버무리는 통(한기리), 뼈 뽑기(호네누키), 초밥 밥통(샤리비츠)

- 배합초 만들기
  - 식초, 소금, 설탕을 준비한다.
  - 은은한 불에서 식초에 소금, 설탕을 넣어가면서 천천히 저어 준다. 소금과 설탕이 녹을 수 있도록 한다.
  - 소금과 설탕이 녹을 수 있도록 한다. 끓지 않도록 해야 한다.

- 배합초 뿌리기
  - 초 양념은 밥을 짓기 30분 전에 만들어 놓는다. 30분 전에는 만들어 놓아야 재료들이 잘 섞이기 때문이다.
  - 식초와 소금, 설탕이 눌지 않게 녹인다.
  - 밥이 식으면 흡수력이 떨어지므로 한기리(나무통)에서 주걱을 이용하여 밥과 초양념을 섞는다. 부채 등을 이용하여 밥에 남아 있는 여분의 수분을 날려 보내고, 초밥의 온도가 사람

체온(36.5℃) 정도로 식으면 보온밥통에 담아 놓는다.
- 초밥간장 : 초밥간장은 일반 간장에 비해 싱겁게 만들어야 한다.

✓ 능력단위 명칭 : 일식 알초밥 조리

(1) 적용범위 및 작업 상황

고려사항

- 이 능력단위는 다음 범위가 포함된다.
- 재료에 따른 초밥의 종류에는 다음과 같은 범위가 포함된다.
    - 김 초밥(마키즈시)
    - 생선 초밥(니기리즈시)
    - 상자 초밥(하코즈시)
    - 군함 초밥(군캉마키)
    - 유부 초밥, 알초밥
    - 참치김초밥(데카마키)
    - 오이김초밥(갑파마키)
    - 손말이 김밥(데마키)

- 초밥의 곁들임에는 락교, 초생강, 단무지, 오차, 장국 등을 포함한다.
- 초밥 재료의 준비과정에는 다음 범위가 포함된다.
    - 배합초(스시즈)
    - 주재료(다네)
    - 참치(마구로)의 해동
    - 생선의 포 뜨기
    - 달걀, 유부의 조리
    - 박고지 조림하기
    - 오보로 만들기

- 초밥 도구
    - 강판(사메가와), 김발(마키스), 눌림 상자(오시바코), 초밥 버무리는 통(한기리), 뼈 뽑기(호네누키), 초밥 밥통(샤리비츠)

- 배합초 만들기
  - 식초, 소금, 설탕을 준비한다.
  - 은은한 불에서 식초에 소금, 설탕을 넣어가면서 천천히 저어 준다. 소금과 설탕이 녹을 수 있도록 한다.
  - 소금과 설탕이 녹을 수 있도록 한다. 끓지 않도록 해야 한다.

- 배합초 뿌리기
  - 초 양념은 밥을 짓기 30분 전에 만들어 놓는다. 30분 전에는 만들어 놓아야 재료들이 잘 섞이기 때문이다.
  - 식초와 소금, 설탕이 눋지 않게 녹인다.
  - 밥이 식으면 흡수력이 떨어지므로 한기리(나무통)에서 주걱을 이용하여 밥과 초양념을 섞는다. 부채 등을 이용하여 밥에 남아 있는 여분의 수분을 날려 보내고, 초밥의 온도가 사람 체온(36.5℃) 정도로 식으면 보온밥통에 담아 놓는다.

- 초밥간장 : 초밥간장은 일반 간장에 비해 싱겁게 만들어야 한다.

✓ **능력단위 명칭 : 복어 위생관리(한식 위생관리 참고)**

✓ **능력단위 명칭 : 복어 안전관리(한식 위생관리 참고)**

✓ **능력단위 명칭 : 복어 메뉴관리(한식 메뉴관리 참고)**

✓ **능력단위 명칭 : 복어 구매관리(한식 구매관리 참고)**

✓ **능력단위 명칭 : 복어 재료관리(한식 재료관리 참고)**

✓ **능력단위 명칭 : 복어 기초 조리실무(일식과 동일)**

✓ **능력단위 명칭 : 복어 선별 손질 관리**

(1) 적용범위 및 작업 상황

고려사항

- 복어 손질 능력단위는 다음 범위가 포함된다.

- 복어의 종류에 관한 지식
- 복어의 제독 방법 숙지
- 복어를 세척 후 순서와 용도에 맞게 기초 손질
- 복어를 항상 일정한 취급 장소와 용도에 맞게 칼로 손질
- 복어의 가식과 불가식 부위를 분리
- 복어의 제독처리를 위해서 손질과 흐르는 물에서 제독
- 복어의 속껍질과 겉껍질을 분리하고 가시를 제거
- 손질한 복어의 껍질을 데치고 건조
- 복어의 불가식 부위를 안전하게 처리
- 복어손질에 사용한 도구를 청결하게 취급

✓ 능력단위 명칭 : 복어회 학모양 조리

(1) 적용범위 및 작업 상황

고려사항

- 복어 회 조리 능력단위는 다음 범위가 포함된다.
  - 복어살회
  - 약간 굽거나 데친 회
  - 재료의 처리 방법
  - 복어 회 자르기 방법
  - 학모양으로 회 담는 방법

✓ 능력단위 명칭 : 복어회 국화모양 조리(복어회 학모양 조리와 동일)

✓ 능력단위 명칭 : 복어 샤브샤브

(1) 적용범위 및 작업 상황

고려사항

- 복어 냄비 조리 능력단위는 다음 범위가 포함된다.
  - 맛국물을 우려내는 능력
  - 끓일 때 불의 강약조절능력
  - 복어냄비 조리의 숙련도
  - 복어냄비 요리의 완성도
  - 냄비의 선택과 활용능력

✓ 능력단위 명칭 : 복어 맑은탕 조리

(1) 적용범위 및 작업 상황

고려사항

- 복어냄비 조리 능력단위는 다음 범위가 포함된다.
  - 맛국물을 우려내는 능력
  - 끓일 때 불의 강약조절능력
  - 복어 냄비 조리의 숙련도
  - 복어 냄비 요리의 완성도
  - 냄비의 선택과 활용능력
  - 복어 맑은탕(복지리)

✓ 능력단위 명칭 : 복어 초밥 조리

(1) 적용범위 및 작업 상황

고려사항

- 복어 초밥 능력단위는 다음 범위가 포함된다.
  - 쥔 초밥(니기리스시)

PART 2. NCS 능력단위별 고려사항

- 배합초(샤리스)
- 주재료(다네)

✓ 능력단위 명칭 : 복어 구슬 초밥 조리

(1) 적용범위 및 작업 상황

 고려사항

- 복어 구슬 초밥 능력단위는 다음 범위가 포함된다.
  - 구슬초밥(쟈킨스시)
  - 배합초(샤리스)
  - 주재료(다네)

Memo

칼질법과 NCS 조리 실무

1판	1쇄 발행	2015. 9. 15
2판	1쇄 발행	2017. 4. 15
3판	1쇄 발행	2019. 4. 05

지은이 김태성·이은주
펴낸이 김 주 성
펴낸곳 도서출판 엔플북스
주　소 경기도 구리시 체육관로 113번길 45. 114-204(교문동, 두산)
전　화 (031)554-9334
F A X (031)554-9335

등　록 2009. 6. 16　제398-2009-000006호

정가 **22,000원**
ISBN　978 - 89 - 6813 - 276 - 6　13590

※ 파손된 책은 교환하여 드립니다.
　본 도서의 내용 문의 및 궁금한 점은 저희 카페에 오셔서 글을 남겨주시면 성의껏 답변해 드리겠습니다.
　http : //cafe.daum.net/enplebooks